용龍과 하나님上帝
기독교와 중국전통문화

동총림 저/우심화 역

■ 韩文版序 ■

拙著《龙与上帝——基督教与中国传统文化》，承蒙于心华先生译为韩文出版，是很使我高兴的事情，自当深切感谢。知道于先生前些年曾在中国的顶级学府北京大学留学，现供职于韩国亚神大学，当是资深学者了。拙著承蒙他多年来的厚爱，并使用于教学，让我感到荣幸。他在相关学术领域当深有造诣，希望更多听取他的高见。

拙著初写于20多年前，当时我研究生毕业不久，刚步入学术研究领域，尽管学术根底肤浅，但有一股勤于学习、勇于探索的劲儿。时值生活•读书•新知三联书店和台湾锦绣文化企业合作征集"中华文库"选题，便大胆申报，承蒙社方师友的厚爱和提携，惠得批准，并顺利成稿，经编辑老师审改，于1992年先后在台湾和大陆分别出版繁、简字本，并且1996年三联书店予以重印。几年前，又有广西师范大学出版社"上海贝贝特"的编辑先生，主动联系改出插图新本。乘此机会，在不作文字的大面积改动而基本维持原貌的前提下，酌情作了一些地方（包括注释）的微改和校正（前重印本已有部分校改）。本书作为自己书籍形式的处女作，不论是在内容采择还是表述方式上，都得到了读者的诸多肯定和鼓励，这成为作者学术专业道路上一方宝贵的精神基石。

这次有幸经于先生翻译，拙著能够以韩文形式走出国门，获得与韩语朋友的交流机会。中韩作为友好近邻，在近代历史上有着类似的国际环境和遭遇。至于对基督教在韩传播和影响的具体历史情况，我没有太多了解，自然也就没有发言资格。拙著对基督教与中国关系的历史状况，在借鉴、参考既有相关成果的基础上，作了史实梗概上的勾勒，更尝试进行了自己的阐释和解读，在不忽视其中政治因素的同时，特别关注了双方异质文化对撞下的反应情状。这若有助于韩语朋友对中国相关历史情节的认识，或是为中韩历史在这方面的比对提供多少有些意义的参照，对我来说都会深感欣慰。

感谢韩语朋友的阅读！也再次对译者于心华先生表示深切感谢！

2018年11月8日
原书作者　董丛林

■ 한국어판 출간에 즈음하여 ■

『용龍과 하나님上帝-기독교와 중국전통문화』졸저가 우심화 선생님의 번역으로 한국에서 출판됨은 제게 매우 기쁜 일이 아닐 수 없습니다. 우 선생님은 중국 북경대학에서 유학한 후 지금까지 한국의 아세아연합신학대학교에서 봉직하고 계십니다. 졸저가 우 선생님의 사랑 속에 교육현장에서 교재로 사용되고 있음은 영광이 아닐 수 없습니다. 우 선생님은 해당 학술영역에 깊은 조예가 있으시기에 선생님의 고견에 더 귀 기울이기 원합니다.

졸저는 20여 년 전에 처음 쓰여졌습니다. 당시 저는 대학원을 졸업한 지 얼마 안 되었고 학술연구영역에 막 발을 들여놓으며 학문의 기초가 미약하지만 배움에 힘쓰고 탐구에 적극적이었던 시절이었습니다. 그 무렵 생활·독서·신지 삼련서점生活·讀書·新知三聯書店과 타이완의 금수문화기업錦繡文化企業에서 "중화문고"中華文庫 시리즈 출간을 기획하면서 투고를 신청받고 있었습니다. 저도 신청하였고, 신청한 결과 사측의 사랑과 배려로 제게 기회가 주어졌습니다. 원고가 무리 없이 쓰여지고 편집부 선생님들의 심사를 거쳐 1992년 타이완과 대륙에서 번체자와 간체자로 각각 출간되었습니다. 1996년에는 삼련서점에서 재판再版도 하였습니다. 몇 년 전에는 중국 광서사범대학교출판사廣西師範大學出版社 상하이베이베이터문화전파유한공사上海貝貝特文化傳播有限公司의 편집장으로부터 책자에 관련 도안을 삽입하여 새롭게 출판할 것을 요청받았습니다. 본문에 대한 큰 수정 없이 원래의 모습을 유지하는 선에서 주석을 포함한 약간의 수정(이전 개정본에 이미 수정함)만을 가하여 출간하기로 하였던 것입니다. 이러한 졸저는 저의 처녀작으로 내용의 취사선택이나 표현방식에 있어서 독자들로부터 많은 긍정적 평가와 격려가 있었습니다. 이 모두는 저자에게 학문의 길을 걷는데 귀한 정신적 초석이 되었습니다.

그런 가운데 이번에는 우 선생님의 번역을 통해 한국어로 한국의 독자들과 교류할 수 있는 기회를 얻게 되어 뜻밖의 기쁨을 누리게 되었습니다. 중국과 한국은 가까운 이웃 나라이며, 근대사로 접어들면서는 유사한 국제 환경 속에서 비슷한 경험을 겪기도 하였습니다. 그러나 기독교의 한국에서의 전파와 영향에 관한 구체적인 역사적 정황에 대해서 저는 별 이해가 없고, 당연히 뭐라 말할 처지가 아닙니다. 졸저는 지금까지의 연구성과들을 참고하며 기독교와 중국과의 관계에 대해 역사적 사실의 윤곽을 그리고, 제 자신의 이해와 해석을 더하고자 노력하였습니다. 특히 정치적 요소를 소홀히 하지 않는 동시에 기독교와 중국 양측의 이질적 문화가 맞부딪친 후 전개되는 반응에 관심을 두었습니다. 이런 내용이 한국의 독자들에게 중국의 상관된 역사적 과정을 이해하거나, 중국과 한국의 이 분야의 비교에 의미 있는 참고가 된다면 저에게는 커다란 기쁨과 위로가 될 것입니다.

한국 독자 여러분께서 이 책을 열람하여 주심에 감사드리고, 우심화 선생님께도 다시 한번 심심한 감사를 표합니다.

2018년 11월 8일
저자 동총림

■ 목 차 ■

들어가는 말 안개 속에 망루를 찾아 … 10

제1장 첫 물결
　　　대진경교비大秦景敎碑로부터 … 14
　　　예속된 신세 … 21
　　　몰아치는 비바람 … 29

제2장 말 등 위의 나그네
　　　예리커원也里可溫의 흥망 … 33
　　　다섯 손가락과 한 주먹 … 41

제3장 반석이 열리다
　　　마테오 리치의 성공 … 51
　　　암암리에 황제의 교화에 상처를 줌 … 63
　　　같은 입지 안에서의 양극화 … 74

제4장 갑자기 따뜻해졌지만 아직은
　　　이상 다변한 기후 … 82
　　　황제龍體 투시 … 90
　　　빙하 밑 암류暗流 … 100

제 5장 융합과 분리의 이치
　　　큰 환경과 소기후 … 104
　　　문호의 독립과 혈연적 융합 … 111

■ 목 차 ■

제6장 옅은 무지개
　중국을 비춘 무지개 … 120
　무형의 충격 … 131
　단지 옅은 무지개였다 … 140

제7장 뒤틀린 십자가
　하나님의 새 시대 … 147
　한자리에 모인 세 교파 … 159

제8장 태평상제
　하나님께 나아가는 오솔길 … 167
　남쪽의 귤나무가 북쪽에선 탱자나무가 된다 … 174
　양날의 검 … 184

제9장 망해루의 불길
　삼대三大 교안教案 … 192
　장작을 쌓은 자와 불을 놓은 자 … 202

제10장 완강하게 저항하는 보루
　꿈과 현실 … 215
　공자에 예수 더하기 … 230

목 차

제11장 황당함과 합리성
  유언비어의 탄생 … 240
  몽매함과 민감함 … 249

제12장 신학문의 창구
  출판과 학교 설립 … 258
  이중 구원 … 270
  도움과 참여 … 276

나가는 말 … 284

참고문헌 … 288

부록 삽화출처 … 292

용龍과 하나님上帝

기독교와 중국전통문화

■ 들어가는 말 ■

안개 속에 망루를 찾아

"망루는 안개 속에 사라지고, 나루터는 몽롱한 달빛에 보이지 않네." 이는 송宋나라 사람 진관秦觀의 유명한 구절이다. 그 아득한 정취엔 문학적 미감이 넘치고, 철학적 여운도 다분하다. 만약 상상의 나래를 더 넓게 펼치면 역사에서 현실, 자연에서 사회에 이르기까지의 긴 세월 드넓은 세상은 까마득한 현상들로 점철되어 몽롱한 달빛과 자욱한 안개가 그러듯 사람들로 하여금 뭔가를 알고자 찾아 나서게 한다. "용"龍과 "하나님" 上帝,상제의 이야기도 그러하다.

용龍의 인위적 이미지는 우리가 자주 보았고 익히 아는 바이다. 그러나 생물학적 기원과 진화의 역사는 지구상에 이런 동물이 존재하지 않았다고 증거한다. 그렇다면 용의 모습은 어떻게 형성된 것일까? 학자들의 견해는 오늘날까지 분분하다. 혹자는 악어 같은 동물을 신격화한 것이라고 하고, 혹자는 말 머리에, 사슴 뿔, 뱀의 몸, 닭발 등으로 합성된 것이라고도 한다. 어떤 이들은 사람의 머리에 뱀의 몸을 한 복희伏羲 · 여와女媧, 중국신화에 나오는 인물의 토템 형상에서 비롯되었다고 주장하고, 어떤 이들은 천둥과 번개의 신이며 호칭은 천둥소리인 "우르릉 (쾅)"豊隆, 우르릉→롱(용)에서 비롯되었다고 단언하고 있다. … 의견이 정말로 분분하다. 그러나 어찌 되었든지 이 허구적 물체는 이미 중화민족의 상징으로 굳건히 자리 잡았고, 중국이란 나라의 상징이자 중국 전통문화의 상징이 되었다.

상징이 되었다고 함은 종교적으로 숭배한다는 것도 아니고 허구적인 것에 호소하는 것도 아니다. 일종의 심벌마크일 뿐이다. 중국인에게 용은 기독교와 같은 신적 지위와 신분을 갖고 있지 않다. 유가儒家문화가 주류인 중국의 전통문화는 윤리중심적 특징을 띠고 있다. 사람과 사람 사이의 현실적 관계와 이에 관한 규범을 가장 중시하고, 특히 도덕적 제약과 교화를 강조하고 있다. 옛 중국의 황제들 중 극소수를 제외하고는 모두 덕치와 교화를 치국의 근본으로 삼았다. 종교는 국가의 정치적 영역에서 독립적인 입지를 확보하지 못하였고, 역사적 전통은 중국민족을 종교적 왕국으로부터 멀어지게 하였다.

물론 종교에 대한 소외감과 거리감은 종교와의 관계의 단절을 뜻하는 것은 아니다. 사실 어느 민족, 어느 국가, 어느 문화든지 종교와 단절될 수 없다. 용의 나라 중국도 예외가 아니다. 중국의 초창기 역사를 떠나 성숙 단계를 살펴도 중국은 유儒·불佛·도道의 합류과정을 겪었다. 유·불·도 중 유는 유학, 불은 불교이고, 도는 학술적 도가와 종교적 도교 두 성분을 내포한다. 이것만 보아도 중국의 전통문화에 종교적 요소가 용해되어 있음을 알 수 있다.

어떤 사람들은 이정도로 끝이 아니다라고 말한다. 그들은 "유"도 "유교"로 보아야 한다고 고집한다. 동서고금을 막론하고 이런 주장을 고집하는 사람은 적지 않다. 근래 서양 학자 중에는 유가문화를 심지어 세상의 "3대 종교 중 제3의 종교"로 간주하기도 한다. 유가문화의 기본 특징을 "철인형"철학자형이라고 하여 서양의 "선지자형" 종교, 인도의 "신비형" 종교와 함께 열거한다. 유가문화가 과연 "학"學,학문이냐 아니면 "교"教,종교이냐는 것에 관해서는 상반된 견해와 논리가 있다. 저자의 견해로는 원래의 유原本之儒,원시유가뿐만이 아니라 종교가 스며든 "새로운 유"新儒,신유가도 골수엔 인본적人本的 "학"이지 신본적神本的 "교"가 아니다. 이는 용과 하나님의 관계를 제약하는 중요한 관건이다.

하나님은 기독교에서 인정하는 우주의 유일신이다. 과학이 발전하며 그의 존재감은 점점 더 심각한 도전을 받고 있다. 오늘날 단백질의 인공적 합성과 시험관 아기의 탄생은 더 이상 최신 기적이 못되고, 우주망원경은 인류의 시야를 수억만 광년 밖으로 넓혔다. 지구와 태양, 수많은 천체의 형성 이력도 점차 혼돈을 벗고 있다. 지구인들은 우주를 비행하며 고향인 푸른빛의 작은 별 지구를 굽어보고, 달을 밟으며 달나라의 천년 적막을 깼다. 기본 입자에서 쿼크 모형에 이르는 미세한 세계를 우리는 더 세밀하게 들여다 볼 수 있게도 되었다. 슈퍼컴퓨터는 1초에 수십조에서 심지어 수백조현재는 수십경 번의 연산 능력을 자랑하고 있다. … 결론적으로 자연계에서 인체에 이르기까지, 거시에서 미시, 이론에서 응용에 이르기까지 과학의 빛은 하나님이 세상과 인간을 창조하였으며, 만물을 주재한다는 신화적 환상을 제거하기에 족하며 신자들로 하여금 무신론 행렬에 무안해하며 다가가게 하고 있다.

그러나 현실은 또 다른 면을 보여주고 있다. 이 세상엔 네 사람 중 한 명이 하나님을 믿고, 그 가운데는 심지어 대자연의 신비를 연이어 걷어내는 혜안을 가진 독보적 인물들도 적지 않다. 여기에 이슬람교, 불교 및 기타 여러 종교를 더하면 신자의 수는 대략 세계 총인구의 60퍼센트 이상을 점하여 비종교인을 훨씬 넘고 있다. 불가사의한 종교의 경지여! 은연중에 하나님은 서양 국가는 물론 세계역사에도 너무나 분명한 영향을 미쳤다.

하나님에 대한 신앙을 중심으로 응집된 기독교 신학의 문화체계는 중세의 긴긴 세월엔 서양의 의식을 지배하며 사회생활의 모든 층면에 깊은 영향을 주었다. 교육이 그의 영향을 받았고, 과학은 그의 시녀가 되었고, 정치와 법률도 그의 한 갈래가 되었다. … 결론적으로, 기독교 신학은 당시 서양사회에서 최고의 지위와 권위를 누렸던 것이다. 서양이 중세에서 근대로 이행하는 데엔 인문주의의 이성적 각성이 불가결한 조건이었다. 그러나 서양사회와 기독교문화가 서로 대립한다는 것을 의미하지 않는다. 사실 기독교문화는 이성적 정신을 일정 정도 생육시킨 요람이기도 하다. 또한 근대로의 이행이 기독교신학에 대한 전면적인 부정을 뜻하는 것도 아니다. 다만 적절한 개조를 요구하는 것이다. 그러므로 기독교문화는 전혀 중단되지 않았고, 오히려 "시대적 갱신"을 통해 세상을 향해 나아가는 역량을 더욱 강화시켰다. 분명한 것은 "하나님"도 시대에 따라 변화한다는 것이다. 다만 어찌 변하든지 "하나님"의 근본적인 문화적 특징은 시종 유지되었고 일정한 정치적 품격도 항상 잃지 않았다.

용과 하나님에게는 모두 신비로운 면이 있다. 다만 이 저서는 용과 하나님 양자 간의 관계사關係史를 밝히는 데 있지 양자에 대한 개별적 탐구에 있지 않다. 관계사의 시한은 양자가 조우하였던 당唐나라 때부터 청淸나라 말기까지로 제한하였다. 천여 년간 용과 하나님은 전후 수차례의 조우와 헤어짐을 겪으며 기쁨과 슬픔을 쌓아갔고, 상호 배척과 수용, 분쟁과 평화를 이어갔다. 양자의 뒤엉킨 복잡한 관계는 마치 안개 속에 사라진 망루요, 몽롱한 달빛에 보이지 않는 나루터 같았다.

저자가 볼 때 용과 하나님의 관계사에는 두 흐름이 시종일관 이어지고 있었다. 하나는 문화적 관계이고 하나는 정치적 관계이다. 두 흐름은 서로 독립적이면서도 맞물려져 떼어놓을 수 없는 관계였다. 관계사의 핵심을 파악하고 진실을 헤아리기 위해선 두 흐름을 간과하지 않아야 한다. 물론 특정 역사 시기 마다 이 두 흐름의 지위와 기능의 우열은 같지 않았다. 아편전쟁을 전후로 분명한 차이를 나타내고 있다.

이 저서는 이 두 흐름을 따라 아편전쟁 이전과 이후 두 단계의 용과 하나님의 관계사에 대해 구체적인 고찰을 하였다. 또한 두 문화를 순수 학리적으로 비교하기보다는 문화적 시야에 초점을 두었다. 특히 이질적 문화 간의 충돌을 통해 중국의 전통문화의 특징을 조명하는데 노력하고자 하였다.

제1장 첫 물결

예수가 탄생한지 6백여 년이 지날 때 그를 신봉하는 한 무리의 비非 적통嫡傳 제자들이 중국에 도착하였다. 그러나 그 후 2백여 년이 지나면서 그들의 자취는 중국에서 사라졌다. 그들이 누구였는가에 대해서는 그로부터 근 8백년의 세월이 흐른 뒤에야 비로소 세인들에게 알려지게 되었다.

대진경교비大秦景敎碑로부터

대진경교유행중국비

만약 용과 하나님의 관계사關係史를 굽이굽이 흐르는 강물에 비유한다면 첫 번째 물결은 언제 어느 곳에서 시작 되었을까? 이 질문에 대한 견해는 다양하다. 그 중 오늘날까지 최상의 증언자로 우뚝 서 있는 증인은 "대진경교유행중국비" 大秦景敎流行中國碑, 일반적으로 "대진경교비" 또는 "경교비"라고 함라는 석각石刻이다. 대진大秦은 동로마 제국을 말하고 대진경교大秦景敎는 기독교의 한 지파이다. 이 비석을 통해 기독교가 늦어도 당대唐代에는 중국에 전래되었다는 것을 우리는 확실히 알 수 있다.

이 비석은 당唐 덕종德宗 건중建中 2년(781)에 세워졌다. 그러나 지하에 몇백 년 동안 묻혀 있다 명明 천계天啓 3년(1623) 우연한 기회에 섬서성陝西省에서 출토되어 다시 햇빛을 보게 되었다. 지금은 섬서성 박물관에 소장되어 있다. 비석의 높이는 2.36, 너비는 0.86, 두께는 0.25미터이다. 비석의 상단螭首部 이수부에는 십자가 도안과 비석의 명칭碑名이, 중앙碑身部 비신부에는 1,780개 한자가 새겨져 있다. 중앙 양 측면과 하단에는 고대 시리아어로 된 70여 명의 경교 선교사들의 이름이 새겨져 있다. 이 비석은 산전수전을 겪은 덕망 높은 노인장耆老처럼 우리에게 진귀한 역사적 사실을 밝혀주고 있다.

황실로부터 예우를 받음

경교비는 당唐 정관貞觀 9년(635) "대진국"大秦國의 아뤄번阿羅本, Alopen이라는 경교 선교사가 불원천리 중국의 수도 장안에 도착하였고, 당 조정의 환대 속에 황실 도서관에 머무르며 경교문헌을 번역하였음을 우리에게 알려주고 있다. 태종 이세민은 번역한 경교의 교리를 본 후 "올바름을 파악하였으니 전수하도록 명하였다"고 한다. 정관 12년(638) 7월 태종은 다음과 같이 조詔를 내렸다. "아뤄번이 멀리서 경교의 경전과 성화를 지니고 상경하여 내게 올렸노라. 그 가르침을 알아보니 오묘하고 … 사람에게 유익하니 마땅히 천하에 전파되어야 할 것이다." 이에 태종은 수도 의녕방義寧坊에 대진사大秦寺, 경교 예배당. 처음엔 "파사사"波斯寺, 즉 페르

당 태종 이세민의 초상화

시아사라고 함를 짓도록 명하고 선교사 21인을 머물게 하였다. 얼마 뒤에는 해당 부처로 하여금 자신의 초상화를 예배당 벽면에 그리도록 하여 총애를 내보였고, "황제의 모습에서 광채가 발하고 경교를 밝게 비추는" 영예가 뒤따랐다.

고종 이치李治는 경교에 은택을 더하여 아뤄번을 "진국대법주"鎭國大法主로 높이고 여러 주州에 경교 예배당을 세우게 하였다. 이로써 "경교의 가르침이 전국에 전파되어 나라는 부유하고 백성들은 안락함을 누리게 되었고, 경교 예배당이 도시 여러 곳에 세워지므로 많은 가정에 구원의 은혜가 가득하게"되는 성황을 이루었다.

여황제 무측천의 초상화

경교는 무측천이 다스리는 기간과 당 현종 이융李隆이 즉위한 초년에 불교와 도교의 비방을 받는다. 그러나 황실의 환심을 사려는 경교 선교사들의 다양한 노력 끝에 경교는 유지되었고 상황이 곧 호전되었다. 현종은 양귀비와의 사랑에 빠져 조정회의를 열지 않는 지경에까지 이르지만 경교를 돌보는 배려는 잃지 않았다. 그는 형과 네 아우를 경교 예배당에 보내 제단을 세우게 하고, 다섯 선조들의 초상화를 예배당에 안치토록 하였으며, 경교 선교사 10여 명으로 하여금 흥경궁興慶宮에서 경전을 읊고 선조들을 위해 종교의식을 거행하도록[1] 명하였다.

그 후 안사의 난安史之亂, 755-763년에 일어난 반란 중 5, 6년 동안만 제위에 올랐던 숙종肅宗 이형李亨도 자신이 즉위한 곳 영무靈武와 기타 4개 군에 전란으로 파괴된 경교 사원을 재건토록 하였다. 대종代宗 이예李豫는 예를 더욱 갖추어 자신의 생일날에 향天香을 하사하고 선교사들에게 잔치를 베풀어 환대하였다. 뒤 이은 덕종德宗 이적李適도 선조들을 본받아 경교 관계자들에게 존경을 표하였다. 대진경교비는 바로 덕종의 재위 기간에 세워졌다. 이 비석에는 덕종이 "민생을 안정시키는 정사에 상벌을 분명

---

1. 황제의 명에 따라 뤄한羅含과 푸룬普論 등 경교 선교사 17인이 지허佶和 주교와 함께 흥경궁에서 세상을 떠난 다섯 황제들을 위해 회개의식 등을 거행한 것을 말함.

히 하고, 천하를 치리하는 법을 천명하여 정령政令을 혁신하였다"[2]며 공적을 부각시키고 있다.

경교의 전파는 대진경교비가 위에서 밝히듯이 늘 순탄치만은 않았다. 그러나 경교는 태종 때 전해진 뒤 덕종 때까지 대부분의 시기에 황실의 예우를 받으며 일정한 발전이 있었음을 알 수 있다. 그 후의 상황은 비문으로는 알 수 없지만 다른 사료를 통해서 문종文宗 이앙李昻 무렵까지 황제들은 경교에 대해 관용적이었고 경교는 매우 흥왕하였음을 알 수 있다. 문종 말년에서 태종 정관 초기로 거슬러 올라가는 기간은 약 210년에 이른다. 경교에게 이 기간은 "황제의 모습에서 광채가 발하는" 행운의 색채에 빛나던 때였다고 할 수 있다.

다재다능한 경교 선교사들

경교 선교사들은 황실의 은혜를 거저 누리지만은 않았다. 적극적이고 능동적인 그들의 활약은 사람들의 시선을 끈다.

그들 가운데 혹자는 경전 번역에 힘썼다. 번역엔 높은 지적 수준을 요구하는데, 경정景淨, Adam이라는 저명한 선교사는 혼자서 경전 30권을 번역하였다. 대진경교비의 비문도 그가 찬술한 것이다.

어떤 경교 선교사는 자금을 모아 건물을 짓고, 기이한 물건을 만들어 황실의 환심을 샀다. 아브라함阿羅憾, Abraham 선교사는 무측천 집정 기간에 거금을 모아 낙양의 황궁 단문端門 밖에 "칭송 천추天樞"라는 건축물이 세워지도록 힘썼다. 이는 무측천의 공적을 기념하고 칭송하는 거대한 구리기둥이었다. 깎아 내리는 듯한 독특한 기둥은 하늘을 향해 높이 뻗쳤다. 경교도들은 이를 위해 모금하며 수고를 아끼지 않았다.

가브리엘及烈, Gabriel 주교는 당 현종 때 기이한 많은 물건들을 만들어 황실에 진상하고, 황실에서는 이를 기쁘게 받아들였다. 이는 당시 경교로 하여금 불교 도교 등 인사들이 가한 곤경에서 벗어나 다시 진흥토록 하는데 중요한 역할을 하였다. 당 조정의 일부 관원들이 경교도들이 "황

---

2. 이상의 인용문은 대진경교비 비문의 내용이다.

제에게 아첨하여 황제의 마음을 흔들었다"³고 힐난하는 대목에서도 알수 있다.

어떤 경교 선교사들은 의술이 뛰어났고, 이는 황실의 호감을 사는 효과적인 수단이 되었다. 개원開元 28년인 740년 현종의 동생 이헌李憲이 큰 병에 걸리자 황실과 대신들은 매우 애가 탔다. 그런데 숭일崇一이라는 경교 선교사의 치료로 병세가 호전되었다. 현종은 크게 기뻐하며 "비포緋袍와 어대魚袋를 하사하여 숭일의 의술을 크게 칭찬"하였다. "비포"는 붉은 색의 관품을 나타내는 의복이고, "어대"는 당대唐代 대관들이 사용하는 것으로 그 위에 관원의 이름을 새겨 착용하는 것이었다. 이로 볼 때 하사한 선물이 매우 융숭하였음을 알 수 있다. 문헌에는 또 경교 선교사들이 안질을 잘 치료하고 심지어는 두개골도 시술하였다는 기록이 전해지고 있다.

더욱 돋보이는 것은 한 경교 선교사가 중요한 군무軍務에 참여토록 위임받고 고위직을 부여 받았다는 것이다. 대진경교비 비문에 기록된 이쓰伊斯, Iazebouzid라는 인물이 그렇다. 그는 숙종으로부터 곽자의郭子儀 휘하에서 군무를 돕도록 파견되었고, 공로로 금자광록대부金紫光祿大夫, 동삭방절도부사同朔方節度副使, 시전중감試殿中監 등의 직함을 수여 받았다.

이렇게 보면 당 왕조 때의 경교는 나름대로 영향력이 있어 보인다. 그러나 경교는 회창會昌 5년(845) 무종武宗이 일으킨 전국적인 불교 말살 폭풍 권역에 들고 그 파급으로 인해 갑자기 해체되고 하루아침에 막을 내렸다. 경교의 표면적 영향력에 비해 체질적 허약함은 너무 조화롭지 못하다. 당 왕조 때의 경교의 진정한 역량은 과연 어느 정도였을까?

페르시아와의 문화교류

아뤄번이 중국에 오게 된 데에는 특별한 배경과 원인이 있다. 그가 전한 경교는 기독교의 네스토리우스파에 속한다. 이 교파의 창시자는 네스토리우스Nestorius이다. 그는 콘스탄티노플의 대주교였다. 그의 신학적 주장은 당시 성행한 기독교 교의와 불일치하였다. 특히 "삼위일체"교

3.『唐會要』, 卷62(北京: 中華書局, 1955), 1078.

의에 어긋나는 "이위이성"二位二性설을 주장하여 431년에 개최된 에베소 Ephesus회의에서 이단으로 정죄 받게 되었다. 네스토리우스는 주교직에서 파문되어 추방되었고, 그를 따르는 신자들은 네스토리우스파를 형성하였다.

그들은 탄압을 받으며 동쪽으로 도주하는 과정에 페르시아이란에 머물러 페르시아의 보호를 받으며 발전하게 되었다. 이른바 "대진국"의 아뤄번은 이 페르시아를 근거지로 삼아 중국에 경교를 전한 것이다. 그러므로 당시의 정통 기독교와의 관계에서 본다면 이 교파는 페르시아나 중국에서나 "정치적 도피"를 한 셈이다. 그의 중국 진출은 당시의 중·페문화교류의 "부수품"이라고 말할 수 있다.

페르시아도 오랜 역사와 문명을 이어온 국가이다. 일찍이 서한西漢, 기원전 206-기원후 8년 시대에 중국의 사신이 이곳에 당도하여 중·페의 교류를 시작하였다. 실크로드는 당시 동서를 연결하는 "인후"咽喉에 해당되는 페르시아를 거쳐 지중해 연안까지 다다른 것이다. 중국과 페르시아의 문화적 연계는 이렇게 오랜 역사적 연원을 지니고 있다. 그러나 경교가 중국에 들어오기 전 돌궐突厥, 투르크족이 가로막아 중·페 사이의 교통은 끊겨 버린다. 당唐 정관 627-649 초년에 이르러 동돌궐東突厥이 당에 의해 소멸되고, 서돌궐西突厥이 소문을 듣고 당에 항복하면서 중·페의 교통로는 다시 회복되어 경교 인사들이 동쪽으로 올 수 있었다.

중·페의 문화교류는 상당히 광범위했다. 종교는 그 중의 한 분야이고, 종교 교류에 있어서도 경교는 독점적이지 않았다. 페르시아의 "토종"인 현교祆敎, 배화교, 즉 조로아스터교는 남북조 시대에 이미 중국에 전해졌다. 마니교 또한 경교와 비슷한 시기에 페르시아로부터 중국에 전래되었다. 뿐만 아니라 아라비아 반도에서 막 요람을 벗어난 이슬람교도 중국을 향해 아장아장 다가오고 있었다. 해상루트를 통해서였고, 페르시아인들이 수고를 무릅쓰고 그들을 인도했다.

당시 중국은 이러한 외래 종교에 대해 거부하지 않고 오히려 예우하였다. 경교에 대해서만 편애하고 후히 대한 것이 아니었다. 당 왕조는 모든 외래 종교를 다 수용하고 모두에게 문호를 개방하여 흥성한 왕조의 넓은 도량, 활기찬 생기를 나타냈다.

강대하고 번영했던 국세國勢로 왕조는 자신감이 충만하였고, 대외개방을 견지하고 확대하였다. 대외개방정책은 왕조의 강성과 번영을 더욱 촉진시켰다. 이러한 선순환은 당 문화로 하여금 이전에 다져진 문화적 초석 위에 확대 발전하고 참신하며 빛을 더하게 하였다. 당 문화는 중국문화에서만이 아니라 세계문화에서도 매우 높은 수준으로 성장하였다. 그 특유의 매력은 주위 많은 국가들의 관심을 끌었다. 여러 국가의 외교사절에서 민간 방문자, 지식인들에서 선교사와 승려, 상인과 여행자에서 악공과 무인舞人 등에 이르기까지 각계각층의 인물들이 드나들며 세계문화교류의 가장 번화한 중심이 되었다.

근본적인 열세

이 시기 기독교의 본 진영인 유럽 국가들은 아직 중세 초기에 머물러 있었다. 서양의 봉건제도는 중국에 비해 천년 가까이 늦게 형성되었다. 뿐만 아니라 게르만 민족의 남침으로 인해 그동안 상당히 발전하였던 고대 그리스 로마 문명이 심각하게 파괴된 뒤 폐허에서 새롭게 세워진 상태였다. 그러므로 서양문화는 중국문화처럼 역사적 전승과 연속성을 유지 못하고 이전 시대와의 문화적 단층현상이 존재하였다. 이는 당시 서양문화로 하여금 중국 당대唐代 문화와 비교할 때 분명한 문화적 열세로 당시의 중국문화에 중대한 영향을 미칠 수 없게 하였다. 따라서 서양 기독교문화의 특이한 메신저인 경교는 근본적으로 중국에 영향을 주기에 역부족일 수밖에 없었다.

이 시기 서양의 기독교 국가들은 과거 중국과 가졌던 직접적인 관계가 거의 끊겼다. 서아시아 지역이 서양과 중국 사이의 관계를 중개하였다. 서아시아의 서부를 장악하였던 서로마제국이 멸망한 뒤 상황이 어지러워 서양의 기독교 국가들은 "이단"인 경교와 긴밀할 수 없었고, 페르시아 등의 국가와도 우호적이지 못하거나 단절되었다. 이는 경교로 하여금 본향과의 왕래를 더욱 어렵게 하였다. 또한 아라비아 지역은 이슬람교와 그 특유의 지역문화 체제가 형성되고 발전되고 있었다. 이러한 이유들은 경교로 하여금 모체로부터 충분한 영양을 공급받을 수 없게 하고 그의 성장과 타 지역에서의 경쟁력을 억제하였다.

경교가 중국에 전래된 것을 단순히 용과 하나님의 관계사에서 말한다면 이는 발단이란 의미를 갖는 큰 사건임에 틀림이 없다. 그러나 경교를 당시의 시대적 여건과 중외中外문화교류의 거시적 환경 아래서 살피면 거센 물결 속에 휘감긴 작은 물줄기처럼 솟구치는 역량과 기세가 부족하였다.

예속된 신세

개방적 사회환경이었던 당 왕조의 전반기는 문화적으로 다원적이고 공존적이었다. 그렇다고 모든 문화의 개체가 다 대등한 지위에 놓여 있었던 것은 아니었다. 당시의 문화의 주체는 유·불·도 3가三家였다. 그들은 황궁 어좌御座 가까이서 황제들의 끊임없는 시선을 모으고 중국문화의 무대 위에서 주연을 맡았다. 그들은 싸우면서도 화목한 듯 현란한 공연을 무대에서 이어가고 있었다. 아뤄번은 낯설음과 수줍음 속에 경교를 중국 무대에 들여놓았다. 그러나 공연에 중요한 영향력을 행사할 여지는 거의 없었다. 다만 유·불·도 사이에서 몸을 좌우로 기대며 3가가 나타내는 신통력을 경이롭게 지켜보고 있을 수밖에 없는 처지였다.

유·불·도 3가 위주 및 두 종교의 성세盛勢

이 시기의 불교는 중국에서의 몇백 년간의 변화와 발전을 통해 중국의 토양에 뿌리 내리고 중국화 된 불교로 전성기를 맞이하고 있었다. 여러 종파가 출범하고 사찰과 승려도 많았다. 당 무종이 불교를 소멸시키려고 했을 때 사찰 4,600여 개소와 4만여 곳의 사설 불교 장소招提, 蘭若를 일시에 제거하고 승려 26만여 명을 환속還俗시켰으며 사찰 노비 15만 명

돈황 막고굴 내 불교 채색 소조(塑像)

을 풀어주었다는 기록이 있을 정도였다. 불교의 규모가 당시 얼마나 대단했는지를 충분히 알 수 있다.

더 높은 문화적 단계에서 본다면 불교는 불교 경전의 수집과 번역, 교의教義 이론의 풍성함과 깊이에 있어 당대唐代에 전무후무한 성과를 내고 있었다. 현장玄奘과 의정義淨 두 인물만 보더라도 경론經論 136부, 총 1,547권의 불경을 번역하였다. 특히 선종禪宗 남종南宗의 생성과 발전을 통해 불교는 중국 사대부의 취향에 맞는 불교가 되어 유학과의 융합에 더욱 유리한 기초를 마련하였다.

발전의 기세로 볼 때 불교에 훨씬 못 미쳤던 도교도 당 왕조의 개국에 이르러서는 지위가 비약적으로 높아졌다. 그 계기엔 전기적傳奇的 색채가 짙다. 고조高祖 이연李淵은 도교에서 신봉하는 시조인 노자 이이李耳를 당 황실과 성이 같다는 이유만으로 자기 가문의 조상으로 삼았다. 신선이 된 노자가 황실과 인연을 맺고자 아첨하며 빌붙은 것이 아니라 이연이 원했던 것이다. 이연은 철학자이면서도 신선인 노자를 조상으로 삼는다면 왕권에 신성한 금빛을 둘러 이씨의 천하를 지키는데 유리하다고 여겼던 것이다.

도교의 시조를 조상으로 모셨으니 그 지위와 호칭도 당연히 불교를 앞서야 할 것 아닌가? 이연과 이세민은 앞선다고 선언하였다. 고종 때는 노자를 "태상현원황제"太上玄元皇帝로 추존追尊했다. 현종은 더 나아가 "대성조고상대도금궐현원천황대제"大聖祖高上大道金闕玄元天皇大帝로 높이고加尊 도교의 제단을 널리 세우도록 하였으며 도경道經 도교경전을 대대적으로 필사 및 전파하게 하여 도교의 기세가 천하에 가득한 듯하였다.

송대 도교 석각 노군암老君岩(福建 泉州 清源山)

도교가 당대唐代에 이렇게 각별한 영화를 누리게 된 것은 참으로 행운이 아닐 수 없다. 그러나 도교가 가장 융성하였을 때도 불교와의 차이는 현저하였다. 신도의 수와 사찰의 수량에 있어서 도교는 불교의 20분의 1에 지나지 않았다. 도교의 지위가 하루아침에 불교를 능가하게 된 것은 당 왕조의 "황제들"이 그를 끌어올렸기 때문이다.

그러나 불·도 양가家 중 누가 형이고 누가 아우냐는 문제는 당 왕조의 황제들 사이에서도 일치하지 않았다. 예를 들면 측천무후는 즉위한 뒤 불·도의 명분과 서열을 뒤집었다. 불교가 도교 위에 있도록 규정하였다. 이는 어쩌면 그녀가 과거 불교 암자에 몸을 의탁하여 불교와 특별한 인연을 맺은 것과 관계가 있을 것이다. 무종 이전의 여러 황제들은 불·도에 대해 우열 가리지 않고 모두 포용하였다. 그 예로 고조는 도교를 존숭하는 동시에 또 "불교는 종교로서 가르침이 현묘하여 배울 바가 있다"라고 인정하였다. 태종도 불교에 냉담하지 않았다. 현장玄奘에 대한 그의 태도에서 이를 볼 수 있다. 현종도 도교를 일으키면서 "도·불 두 종교는 다 성교聖敎이다"라고 천명하였다. 무측천도 불교에 아첨하였지만 도교를 멸하지는 않았다. 심지어는 도교 경전 중의 『화호경』化胡經을 특별히 보호했다. 이들이 이렇게 한 이유는 불·도 두 종교를 황제의 호신부로 사용할 수 있음을 알고 있었기 때문이다. 그 어느 한쪽도 저버릴 수 없었고 사실 저버리지도 못하였다.

여전히 으뜸인 유가孔門

불·도 두 종교가 온갖 재주를 드러내며 치열하게 경쟁하는 것을 바라보면서 유가는 표면적으로는 멀리 물러나 있어 대중을 압도하는 기세가 부족한 것 같았다. 그러나 사실 유가는 여전히 불·도 위 맏형의 자리에 확고부동하게 자리 잡고 있었다. 당대唐代의 황제들은 그를 각별히 중시하고 이용하지 않을 수 없었다. 당나라를 개국한 고조가 그랬고 뒤이은 태종은 더욱 더 그러했다. 그는 다음과 같이 명확히 선언하고 있다.

> 짐이 선호하는 것은 오직 요·순·주공과 공자의 가르침이다. 이는 새에게 날개가 있고, 물고기에게 물이 있는 것과 같다. 이를 잃으면 죽게 되어 잠시도 없어서는 안 될 것이다.[4]

후세에 그린 공자의 초상화

당태종은 유생들을 지극히 떠받들었다. 심지어는 조詔를 내려 안사고顔師古로 하여금 오경五經을 점검하고 표준이 될 정본定本을 편찬토록 하였다. 공영달孔穎達 등에게는 『오경정의』五經正義를 펴내도록 하여 당시까지 전해지는 오경 관련 모든 판본版本에서 주와 소注疏, 원문에 대한 주석과 그 주석에 대한 설명에 이르기까지 통일성을 갖추게 하였다. 이는 이후 과거시험이나 경서經書를 전수하는 데에 표준이 되었다. 그간 서로 반목하며 각자 멋대로 행동했던 유가 학자들은 서로 손을 붙잡고 화해하였다. 마음과 힘을 합하자

4.『資治通鑑』, 卷192(北京: 古籍出版社, 1956), 6054.

유가의 대열은 더욱 장대해진다. 공자는 당 황실로부터 "선성"先聖, "선부"宣父, "태사"太師, "문선왕"文宣王 등의 존함을 흔쾌히 부여받아 그의 영광이 오히려 예전보다 더욱 빛나게 되었다.

유가는 불교 및 도교와 음양으로 다툴 수밖에 없었지만 절대적 우위를 유지하는 점에 있어서는 자신감이 있었다. 물론 당 왕조의 사대부들 가운데는 불교를 신봉하는 자가 매우 많았다. 그러나 유가의 가르침은 그들과 그들의 이익을 대표하는 왕권을 유지하는 영혼이었다. 불교의 영향을 깊이 받은 대시인 백거이白居易의 견해가 대표적이다. 그는 유·불·도 3가가 버티고 있지만 천하를 다스리는 데는 유가 하나면 족하다고 여겼다. 비록 불교의 어떤 내용은 "사람의 마음을 유도하여 황제의 교화에 도움을 주지만" 불교로 유가를 대체하여 본말을 전도하여서는 절대로 안 된다고 생각하였다. 불교의 그 내용들은 이미 유가에 있는 것들로서 "왕도王道가 갖추어 있는데 굳이 사람으로 하여금 이를 버리고 저것을 취하도록 할 필요가 없었기"[5] 때문이었다.

중국 "황제의 교화"王化에 있어서 불교나 도교는 다만 보조적으로 기능했다. 이는 유학이 주체가 되어 불·도의 일부 내용을 흡수하는 3가가 합류의 흐름을 결정지었다. 당대唐代에도 이미 예외가 아니었다. 상당히

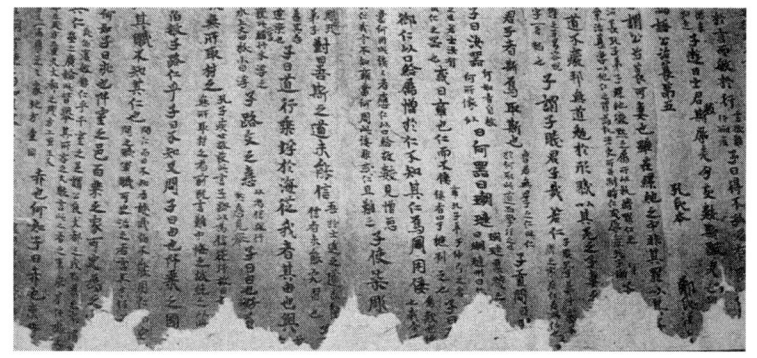

정현鄭玄의 『논어주論語注』 당唐 사본

---

5. 『白居易集』, 卷65(北京: 中華書局, 1979), 1367-1368.

두드러진 모습까지 보였다. 합류는 3가가 음양으로 다투는 사이 부지중에 점차 완성되어진 것인데 당대는 이 흐름의 결정에 중요한 시기였다. 당 왕조의 유학은 개인의 주관적 견해로 유가 경전을 강론하고, 경전의 중요한 내용을 임의로 해석하는 새로운 풍토를 일으켜 한학漢學에서 점차 송학宋學으로 전입하는 과도적 특징을 분명히 띠고 있다.

큰 무당을 만난 작은 무당

경교는 유·불·도 3가 중 어느 1가와 단독 비교하더라도 그 강약의 정도는 하늘과 땅 차이로 견줄 수가 없었다.

당 무종이 불교를 멸할 때 파급된 재앙으로 환속된 "대진 목호 현"大秦穆護祆, 즉 경교, 이슬람교, 조로아스터교 등의 신자를 모두 합해도 2, 3천명에 지나지 않았다.[6] 환속된 승려나 비구니 수의 대략 백분의 일 정도였다. 이후 경교는 거의 멸절되다시피 하였다. 경교의 신자 수가 얼마나 적었는지는 이것만으로도 충분히 알 수 있다. 게다가 경교 신자들 가운데 대다수는 중국에 온 서양인과 소수 민족이었다. 한인漢人, 중국의 주체 민족 한족의 구성원으로 소위 "중국인"은 극소수에 불과하였을 것이다.

경교 사원과 불교 사찰의 현저한 양적 차이 또한 비석에 기록된 다음 사료에서 짐작할 수 있다. 불교 사찰의 비석이 새겨진 시기는 당 목종穆宗 장경長慶 4년인 824년 앞뒤로 무종이 불교 등을 탄압하기 전 경교가 아직 흥왕하던 시기이다.

> (당 왕조는) 여러 이민족도 용납하였다. 마니교, 경교, 조로아스터교가 그렇다. 국내에 있는 이 세 종교의 사원三夷寺을 모두 합해도 일개 작은 읍에 있는 우리 불교 사찰의 수에도 못 미친다.[7]

경전도 그렇다. 당대 경교 문헌인 『삼위몽도찬』三威蒙度讚 뒤에 부록된 『존경』尊經에 의하면 대진大秦의 경전은 530부인데 그 가운데 중국어로 번역된

---

6. 『舊唐書』, 『唐會要』 등 사적의 기록은 일치하지 않다. 혹자는 2천여 명, 혹자는 3천여 명이라고 말한다.
7. 『全唐文』, 卷727(北京: 中華書局, 1983, 영인본), 7498.

것은 30부뿐이고 나머지는 번역도 되지 않은 상태였다. 경교에서 번역한 경전의 양은 당시 유행한 불경과 비교할 때 그야말로 보잘 것 없는 정도다. 또한 경교의 이 얼마 안 되는 역경마저도 이후 대다수가 사라진 것을 볼 때 경교의 경전은 당시 널리 전해지지 못했던 것 같다.

경교는 불교처럼 규모가 크고 형태가 완비된 조직과 시설을 끝내 갖추지 못하였고, 자신의 신학교육 기관도 없었다. 중국인 신자를 많이 모으고 발전시키지 못하였으며, 토착화本色化된 목회자들을 배출하지 못하였다. 소위 "경교의 가르침이 전국에 전파되고, 예배당이 각 도시에 가득하였다"法流十道, 寺滿百城고 운운하는 것은 과장된 찬사일 뿐이다.

유·불·도 3가에 몸을 기대어

더 중요한 것은 당대唐代 경교는 유·불·도처럼 방대하고 조직적인 이론적 체계가 부재하고 수립할 여건도 여의치 않았다. 학문의 이론과 학파의 파생 측면에 있어서 유·불·도 3가와 경쟁하고 맞설 기본 조건이 결여되어 있었다. 이는 자신만의 독립적 영혼이 없는 것과 같다. 실제로 경교는 유·불·도 3가에 몸을 기댈 수밖에 없었다.

경교는 종교에 속한 관계로 언어 면에서 불·도의 도움을 많이 빌렸다. 예를 들어 경교는 사제를 "승"僧, 예배당을 "사"寺, 천사와 성자聖者를 "법왕"法王이라고 부르고, 심지어는 하나님 아버지天父를 "불"佛이라고 칭하였다. 이는 불교의 호칭을 명백히 본 딴 것이다. 이외의 경교 문헌 중에는 "묘신"妙身, "자항"慈航, "진적"眞寂, "공덕"功德, "대시주"大施主, "구도무변"救度無邊, "보도"普度 등 다량의 불교 용어가 사용되었다. 경교 선교사 중 가장 이름난 문장가 경정景淨은 불경의 번역 작업에 직접 종사하여 사람들과 『육바라밀경』六波羅密經을 공동번역하기도 하였다.

경교는 도교의 언어도 차용하였다. 예를 들면 하나님을 천존天尊이라고 불렀다. 만약 이렇게 차용하지 않았다면 경교는 메시지 전파에 어려움을 느꼈을 것이다. 그런데 다른 종교의 용어를 차용하면 메시지의 원뜻을 유지하기가 쉽지 않다. 게다가 불교와 도교는 경교가 끼어들고 빌붙는 것을 달갑게 여기지 않아 경교를 비방하는 사건이 자주 일어났다.

경교에 대한 유가의 적의도 만만치 않았다. 그럼에도 불구하고 경교는 유학의 "참 뜻"眞義에 적극적으로 영합하지 않을 수 없었다. 이는 당대 경교의 『쉬팅미스허경』[8]序聽迷詩所(詞)經에서 엿볼 수 있다.

『쉬팅미스허경』은 『이수미스허경』移鼠迷詩詞經이라고도 부른다. "이수"移鼠는 예수의 옛 번역 명이고, "미스허"迷詩詞는 "메시아"이다. 이 경經의 앞부분은 교의를 설명하고 뒷부분은 예수의 행적行傳을 기술하고 있다. 교의 설명 중 "십원"十願은 "모세의 십계명"에서 발전한 것인데 분명한 수정이 가해졌다. 십계명의 처음 4계는 종교적 계명으로 신자들이 지켜야 하며, 특히 하나님 한 분만을 높이고 받들 것을 강조하고 있다. 사실 이는 십계명의 가장 핵심적 내용이다. 그러나 십원十願은 "사람들은 모두 하나님을 두려워해야 한다"人솜怕天尊는 하나의 원願으로 십계명의 처음 4계명을 대체했다. 나머지는 부모를 공경하는 설명에 역점을 두고, 이를 십원의 핵심으로 삼고 있다. 또한 "황제를 섬길 것"事聖上, 즉 충의 도리를 "하나님을 섬길 것"事天尊, "부모를 섬길 것"事父母과 병렬시키고, 이 모두를 함께 추구하여야 하며 분리할 수 없는 "삼사"三事로 규정하였다. 이것만으로도 경교의 윤리화, 세속화의 성향을 충분히 파악할 수 있다.

이러한 "경전 번역"은 원문에 충실한 번역이라고 말하기 어렵다. 의도적으로 취사, 가공하여 유가 윤리에 영합하려던 노력이 분명하다. 경교에서 "두 무릎을 꿇고 양 팔꿈치를 가지런히 하며"跪雙膝, 幷兩肘, "황제에게 절하며 만수무강을 기원"拜龍顏, 獻聖壽하는 등 중국식 관습을 따라 행하려 한 것을 보면 더 잘 이해된다.

경교는 유·불·도 3가 사이에 난감한 자세로 몸을 기대었을 뿐만 아니라 궁극적으로는 이씨李氏 황실에 더 영합하지 않을 수 없었다. 앞에서 언급한 아브라함阿羅憾의 자금 모집과 가브리엘及烈의 기물 제작, 숭일崇一의 의료 시술 등은 이런 사례들이다. 대진경교비의 탄생도 주요 취지는 경교의 발자취를 후세에 전하기 위해 세웠다기보다는 당 황실의 공덕을

---

8. 序聽迷詩所(詞)經 阿·克·穆爾, 『一五五〇年前的中國基督敎史』(北京: 中華書局, 1984), 315-320. (원서명: A. C. Moule, *Christians in China Before the Year 1550*.)

칭송하기 위한 것으로 보아야 할 것이다. 비문碑文에는 당 황실에 대해 아첨하는 내용을 장황하게 기록하고 있다. 당 황제의 우상을 경교 사원에 안치하여 예배를 받게 함은 기독교 법규와 의례禮儀에 분명히 크게 반하는 일이지만 비문에선 아낌없이 칭송하고 있다.

당 무종 이전의 여러 황제들의 경교에 대한 예우도 마찬가지이다. 경교가 유·불·도처럼 당 황실에 중요한 역할을 담당한 것이 아니기에 진정으로 중시한 것이 아니었다. 다만 연장자가 멀리서 온 꼬마 손님의 손을 잡아주고 머리를 쓰다듬듯 약간의 친밀함을 나타낸 것뿐이다.

경교는 이처럼 타인에게 몸을 의지하는 신세와 여건이었기에 평상시 당 황실의 재채기로도 감기를 앓았다. 그러므로 어느 날 황제가 얼굴을 붉히고 돌변하여 화를 낸다면 경교는 엄청난 역경과 재난을 마주할 수밖에 없었다.

몰아치는 비바람

당 무종이 일으킨 폭풍우는 불교를 목표로 한 것이지 경교가 대상이 아니었다. 경교의 지위와 역량은 당 황제의 권력에 어떤 위협도 될 수 없었기에 경교에게 칼을 휘두를 필요가 전혀 없었다. 그렇다면 무종은 왜 불교를 멸하면서 경교를 함께 멸하려고 하였을까?

변화의 조짐

무종이 불교를 멸하려는 최소 세 가지 내용에 주목할 필요가 있다. 하나는 사찰과 승려의 규모가 지나치게 방대하여 사회에 무거운 짐이 되었기 때문이다. 이는 사회·경제에 영향을 줄 뿐만 아니라 왕권에도 위해가 될 염려가 있었다. 둘째로는 당 황실이 오랫동안 조종해왔던 불·도 다툼에 돌발적 변수가 생긴 것이다. 셋째는 배외排外, 외세를 배척하는 사상에서 비롯된 동기이다. 특히 마지막 점에 주목해야 한다.

무종은 멸불 조유詔諭에 다음과 같이 밝히고 있다. "당시 중국의 혼란한 시기를 틈타 다른 풍속異俗이 전파되고 이런저런 이유로 물드니 널리 유행하게 되었다. … 어찌 한낱 서방 종교로 우리와 맞먹으랴!"[9] 그는 불교와 경교를 포함한 모든 외래 종교를 용인할 수 없는 "다른 풍속"으로 간주하고, "한낱" 두 글자로 경멸하였다. 그의 편협한 배외 정서를 충분히 내보이고 있다. 또 다른 칙령勅令에 기록된 "경교, 이슬람교, 조로아스터교大秦 穆護 祆 등의 사원과 불교 사찰을 이미 정리하였으니 사악한 가르침이 따로 남도록 하여서는 안 된다"[10]라는 내용도 이를 분명히 확증하고 있다.

실은 이는 무종과 개별 신료들의 사상이나 정서를 반영하는 것만이 아니라 당시의 사회적 심리도 대변하고 있는 것이다. 이때의 국가 정세 및 사회 환경은 당唐 전기에 비해 현저한 변화가 있었다. 무종의 멸불조유 가운데 "시봉계시"是逢季時, 혼란한 시기를 틈타라는 네 글자는 결코 우연히 사용된 용어가 아니다. 그 이면에는 깊은 사정이 있었던 것이다. 저명한 역사학자 범문란範文瀾 선생은 이렇게 말하고 있다. "무릇 한 왕조는 국내 정세가 혼란하고 통치가 흔들리면 대내적으로는 점점 더 위축되어 자신을 지키지 못하고, 외래문화에 대해서도 더욱더 완고히 배척하며 접촉을 기피한다."

안사安史의 난 이후 당 왕조는 나라 전체가 동요하고 국력도 크게 쇠퇴하여 당 전기와는 비교가 되지 않았다. 당 후기의 황제들은 당 태종과 같은 배포와 겸손함이 결여되었다. 불교를 멸하고 도교를 부흥시켰든지 滅佛興道 아니면 불교를 중시하고 도교를 억제하였든지 重佛抑道 모두 짙은 종교적 편집과 광신적 성향을 띠고 있다. 여러 문화를 포용하는 적극적인 심리적 요소가 크게 약화되어 있었다.

엇갈린 운명

무종이 멸불조치를 취한 후 불교와 경교의 운명은 세력의 대소, 기반

---
9. 『唐會要』, 卷47 , 앞의 책, 840.
10. 『資治通鑑』, 卷248 , 앞의 책, 8016.

의 유무, 생명력의 강약 차이로 인해 결과도 크게 달랐다.

불교는 타도의 주요 대상이 되어 한때 큰 화를 당했지만 얼마 후 다시 부흥하였다. 그러나 경교는 전멸상태였다. 경교의 사원은 흔적도 없이 사라졌다. 중국의 교인도 모두 환속俗世로 돌아감 당하였고, 외국 선교사들은 대부분 본국으로 송환되었다. 개별적으로 남은 자도 새로운 선택을 하여야만 했다. 중국의 유학儒術을 강론하든지 아니면 중국 종교에 몸을 담아야 했다.

특히 언급할 필요가 있는 것은 도교로의 의탁이다. 여동빈呂洞賓을 대표로 하는 여조도파呂祖道派, 도교의 일파에는 경교의 성분이 스며들어 있다. 『여조전서』呂祖全書와 여조의 이야기만을 다룬 『해산선적』海山仙迹에는 경교와 관계된 내용들이 뒤섞여 있다. 『여조전서』의 「구겁증도경주」救劫證道經咒 편에는 경교 찬송가의 여러 구절이 수록되어 있다. 이 내용을 전문적으로 고증한 학자도 있다.[11] 경교가 당말唐末에 사라진 후에도 중국문화에 영향을 주고 있었음을 알 수 있다.

어찌되었든지 당말 이후 경교는 중국에 더 이상 교파로서 존재하지 않았다. 원元 왕조가 출범하기까지의 수백 년 동안 중원 대지에서 경교는 흔적조차도 찾아보기 어려웠고 변방의 일부 지역에서만 간신히 목숨을 부지하며 존재하고 있었다.

문화가 발달하였던 당唐 왕조는 매우 많은 사료를 후세에 남기고 있다. 그러나 경교에 관한 기록은 매우 드물다. 이로 인해 용과 하나님의 관계사에 있어서 첫 번째 물결로 당대唐代에 최초로 전해진 경교는 하마터면 세월의 깊은 강

팔선八仙 중 한 명인 여동빈呂洞賓

---

11. 羅香林, 『唐元二代之景教』(홍콩香港: 中國學社, 1966), 136-141.

물에 잠길 뻔하였다. 사람들은 대진경교비가 출토되기 이전 당대唐代에도 꽤 오랫동안 기독교가 전파되었다는 사실을 잘 알지 못하였다. 따라서 당 왕조의 서적典籍 중 간혹 기재된 "페르시아승"波斯僧, "대진 목호 현大秦 穆護 祆이란 용어는 보통 불교와 같은 종류의 호칭으로 여겼다. 경교의 역사적 진실은 명말明末에 이르러 대진경교비가 우연히 발견되고 외국 선교사들과 중국 학자들의 고증을 통해 비로소 인정을 받게 되었다. 그 후 돈황 석굴 내에서도 소량의 당대唐代 경교 문헌이 발견되었다. 이러한 내용들과 함께 기타 관계 자료가 종합된 이후에야 우리는 비로소 눈에 쉽게 띄지 않았지만 중요한 의미가 있는 "첫 물결"을 조금이나마 바라볼 수 있게 되었던 것이다.

제2장 말 등 위의 나그네

몽골의 대칸大汗들은 기독교에 매우 관용적이었다. 그러나 그들은 "신께서 우리에게 서로 다른 다섯 손가락을 주신 것처럼 신께서는 사람들에게 서로 다른 길을 주셨다"고 말하였다.

예리커원也里可溫의 흥망

원元 세조 쿠빌라이가 연경(燕京, 후에 대도大都라 개칭, 오늘의 북경)에 수도를 정하면서 몽골의 기마군단은 중원에서 위용을 자랑하였다. 덕분에 기독교 또한 중국에서 다시 좋은 시절을 맞으며 한동안 부흥할 수 있었다. 이 시기에 사람들은 기독교와 기독교를 믿는 자들을 통칭 "예리커원"也里可溫이라 불렀다. 몽골어로는 "복 있는 자"福分人, "인연이 있는 자"有緣人라는 뜻이다. 당시 예리커원은 단일 교파가 아니었다. 경교와 "정통"인 천주교 두 가족이 속해 있었다.

계기로 말한다면 이때의 하나님은 몽골인의 말 등에 업혀 중원으로 들어왔다.

전통과 계기

경교는 당唐말 중국 내지에서 사라지고 북쪽 변방에만 약간 자리 잡고 있었다. 그 후 경교는 몽골의 나이만乃蠻, 웅구트汪古, 케레이트克烈 등

원 태조 징기스칸의 초상화

의 부족들 사이에서 성장하였다. 11세기 초엔 20만 명의 케레이트 인들이 하나님기독교 하나님을 신봉하였다는 이야기가 전해지고 있다. 어느 날 케레이트 왕이 산속에서 사냥을 하다가 폭설을 만나 길을 잃게 되었다. 그런데 갑자기 한 성자가 나타나서 그에게 "만약 네가 그리스도를 믿으면 잃은 길에서 벗어나 살아남게 하겠노라"고 말하였다. 케레이트 왕은 믿겠다는 약속을 하고 성자의 인도 아래 무사히 장막으로 돌아오게 되었다. 약속대로 그와 그의 신하와 백성들은 모두 하나님을 믿게 되었다고 한다.

이것은 신화가 아니다. 당시의 교회 서신에 분명히 기록되어 있다. 그 사건의 경위가 전기적 색채를 띠고, 20만이란 숫자도 과대 포장되었을망정 케레이트 부족 안에 기독교를 믿는 자가 대대로 있었음은 분명한 사실이다. 징기스칸 시절 케레이트 부족의 족장이었던 왕한王罕의 조부와 아버지의 이름은 분명히 기독교와 관계가 있다. 케레이트 부족 중 자허간부扎合敢不 또는 札合敢不의 딸 소르칵타니莎爾合黑帖尼 또는 唆魯禾帖尼, Sorqoytani는 몽케蒙哥와 쿠빌라이忽必烈의 생모이며 경교 신자였다. 몽골의 여러 칸의 가족과 궁정 안에도 경교 신자가 많이 있었다. 나아가 사회 기층민들의 경교 활동도 그 자취를 찾아볼 수 있다.

몽골인은 경교와 밀접한 인연을 가졌을 뿐만 아니라 그들이 중원을 지배하기 이전부터 천주교와도 직접적인 접촉이 있었다.

1246년 교황의 특사인 카르피니Jean de Plen Carpin, 柏朗嘉賓가 몽골의 수도 카라코룸和林에 오게 된다. 그는 구유크 칸貴由汗의 즉위식에도 참석하였다. 1254년 프랑스의 천주교 수도사 루브룩William of Rubruk, 威廉·鲁布鲁克도 몽골의 수도로 와서 몽케 칸을 예방하였다. 이들은 방문 보고서를 작성하여 몽골의 여러 상황을 소개하고 있다. 이러한 자료들은 후세에 몽골사, 원사元史 및 중국 북방지역 역사 연구에 귀한 참고 자료가 되고 있고, 몽골의 기독교에 관한 기록도 적지 않다.

교황의 특사

쿠빌라이는 남하하여 원元 왕조를 세우기 이전부터 특별한 흥미와 열정을 가지고 교황청과 연락을 취하고 있었다. 중개 역할은 이탈리아의 니콜로 폴로Nicolo Polo와 마페오 폴로Maffeo Polo 형제가 맡았다. 귀족 출신의 이 두 베니스 상인은 종교적 열정보다는 금전적 욕망에서 동방으로의 탐험을 시도하였다. 1265년 그들은 마침내 당시 몽골의 수도인 상도(上都, 즉 개평開平, 현 내몽고의 정남기正藍旗 동쪽 섬전하閃電河 북쪽연안)에 도착하여 쿠빌라이를 알현하였다.

원 세조 후빌라이칸의 초상화

몽골 대칸大汗 쿠빌라이는 온화하고 친절하게 손님을 접견하고, 서방국가들의 상황에 대해 흥미를 나타내며 질문하였다. "특히 교황의 기거와 업무 상황, 교회의 사역, 예배 및 기독교 교의에 관심을 나타냈다."[12] 또한 폴로 형제를 교황 방문 특사로 위임하여 교황에게 신학에 정통하면서도 7예(7藝, 즉 수사학, 논리, 문법, 산수, 천문학, 음악, 지리)에 능한 100명의 인물들을 보내어 몽골의 학자들과 학문을 연마하고 기독교 교의를 전파할 것을 요청하였다. 나아가

---

12. 馬可波羅 구술, 『馬可波羅遊記』(福州: 福建科學技術出版社, 1981), 序章, 7. (원서명: Marco Polo, *Le Livres des merveilles du monde*.)

폴로 형제에게 예수 그리스도의 성묘聖墓 안 촛대에서 성스러운 기름을 좀 갖고 올 것도 부탁하였다. 쿠빌라이는 자신은 예수를 존경하며 그를 참 하나님으로 여긴다고 말하였다. 폴로 형제는 물불을 가리지 않고 최선을 다하겠다며 쿠빌라이 앞에 무릎을 꿇고 임무를 부여받았다.

폴로 형제는 천신만고 끝에 고국으로 돌아와 교황청과 연락을 취하고 또 예루살렘으로 성물聖物을 얻으러 다녀온다. 그 후 새 교황 그레고리 10세Gregory X의 사명을 부여받고 교황이 파견한 두 명의 수도사와 함께 당시 17세의 니콜로 폴로의 아들 마르코 폴로Marco Polo, 馬可波羅를 데리고 또 다시 동방으로의 만리 여정 길에 오른다. 이 해는 쿠빌라이가 원元 왕조를 세운 1271년이었다.

길을 떠난 지 얼마 안 되어 두 명의 수도사는 어려움을 이겨내지 못하고 돌아갔다. 그러나 폴로 가족은 뜻을 굽히지 않고 계속 전진하였다. 그들은 시리아의 두 강을 건너고 이란 지역을 가로 질렀으며, 중앙아시아 사막을 지나고 파미르 고원을 넘었다. 겨울과 여름을 여러 번 맞이한 끝에 드디어 원 세조 지원至元 12년인 1275년에 상도上都에 도착하였다. 때마침 쿠빌라이는 이곳에서 "순행"巡幸차 잠시 머무르고 있었다. 폴로 일행은 지나온 과정을 상세히 보고하고 교황의 서신과 예물을 바쳤다. 쿠빌라이는 크게 감동하고 "성묘에서 가져온 등잔 기름을 매우 경건하게 받아들이고, 종교적 진실함으로 잘 보존할 것을 명하였다."[13] 물론 폴로 일행은 후한 대접과 소중히 여김을 받았다.

이로써 원元 왕조와 로마 교황청 사이에 공적 관계가 정식으로 수립

마르코 폴로의 초상화

---

13. 위의 책, 序章, 11.

되었다. 연장자인 폴로 형제가 원 왕조와 로마 교황청 간의 관계증진을 위해 충분한 수고와 노력을 다하였다면, 젊은 마르코 폴로의 이 여행의 성과는 폴로 형제들을 훨씬 능가하였다. 마르코 폴로의 『동방견문록』은 중국의 모습을 서양에 처음으로 소개함으로 중서문화교류사에 중요한 가치를 지니고 있다. 그런데 마르코 폴로의 업적에 찬사를 보낼 때 우리는 『동방견문록』이 예리커원과 관계하고 있었는지를 과연 생각하였을까?

몬테 코르비노의 성과

폴로와 동행한 두 명의 수도사가 도중에 돌아갔지만 교황청은 그 후 또 한 무리의 수도사들을 중국으로 파견하였다. 그러나 그들에 관한 이후의 소식이 전혀 없다. 어쩌면 도중에 재난을 당하였을 수도 있다. 그 후 원 세조 지원至元 30년(1293) 요한 몬테 코르비노John of Monte Corvino, 孟特·戈維諾[14]라는 천주교 수도사가 드디어 중국에 당도한다. 그는 이탈리아인으로 프란치스코 수도회方濟各會 소속이었다. 중국에 다년간 있었고(1328년 중국에서 병사) 교회의 사역에도 두드러진 성과를 낸다. 그는 원 황제의 동의를 얻어 대도大都, 북경에 중국의 첫 천주교 예배당을 세웠다. 첫 예배당은 원 대덕大德 2년인 1298년에 세워졌다. 건물 위 높이 솟은 종탑에는 세 개의 종이 매달려 있었다. 종은 매시간마다 울려 신도들에게 기도할 것을 일깨워 주었다. 7년 후 두 번째 예배당이 세워지자 몬테 코르비노는 더욱 기뻤다. 그는 교황에게 다음과 같이 자세히 보고하였다. 이 예배당은 황궁의 대문에서 돌팔매질로도 닿을 정도의 가까운 거리에 위치하여 중국 전 지역에서 이보다 더 적당한 곳을 찾을 수는 없습니다. 예배당의 규모는 웅대하여 성 안과 각지에서 올라온 사람들이 이 새 건물을 볼 수 있고 붉은 십자가도 지붕 꼭대기에 높이 세워졌습니다. 모두들 이를 기적과 같다고 여깁니다. 대칸大汗도 궁 안에서 우리의 찬양 소리를 들을 수 있게 되었습니다. 이런 상황 역시 기적으로 받아들여

---

14. Giovanni da Montecorvino라고도 칭함. 중국어 번역명도 孟特·戈維諾, (若望)孟高維諾, 約翰·孟德高維諾, 約翰·孟德高維奴, 喬伐尼·孟高味諾 등으로 다양하다. 원元 시기 중국에 온 수도사들 가운데 매우 중요한 인물이기에 특별히 언급하였다.

져 여러 민족들 사이에서 전해지고 있습니다.[15] 원 인종仁宗 연우延祐 5년 (1318)에는 세 번째 예배당도 세워진다.

몬테 코르비노는 이뿐만 아니라 150명의 남동男童을 뽑아 성직자반을 따로 두었다. 라틴어와 희랍어헬라어를 가르치고, 이 반을 위해 『성경 · 신약』을 몽골어와 위구르어로 번역하였다. 이는 기독교가 중국에 세운 첫 번째 전문 교육기관이라고 말할 수 있다. 그가 중국에 온지 11년 되던 해에는 대도大都에서 6천 명에게 영세를 주었다. 원 문종文宗 천력天曆 원년 (1328) 그가 중국에서 세상을 떠날 때에는 신도수가 3만 명에 이르렀다.

몬테 코르비노의 사역은 원 조정의 각별한 신뢰를 받고 중시되었다. 원 성종成宗 때 그는 교황에게 보고하길 자신의 궁정에서의 위치는 교황의 공사 자격으로서 중국 황제가 그를 기타 고위 종교지도자들보다 더 예우해 주고 있다고 하였다. 그의 개인적 견해로 보았을 때 중국 황제는 기독교에 대해 "매우 너그러웠던 것이다."

교황청도 몬테 코르비노의 중국 전도사역에 대해 매우 만족해하며 높이 평가하였다. 1307년에는 그를 대도의 총주교로 임명하였다. 그가 임직하고 있는 동안 교황 측은 두 팀의 선교사들을 중국에 더 파견하였다. 도중에 사망한 자를 제외하고 모두 6명이 도착하여 몬테 코르비노로부터 사역을 위임받았다. 그 가운데 3명은 천주泉州 지역의 주교를 전후로 담임하였다.

몬테 코르비노가 사망한 뒤에도 원 왕조는 교황청과의 관계를 유지하였다. 원 순제順帝 지원至元 2년인 1336년 원 조정은 교황청에 사절단을 파견하였다. 사절단은 2년 뒤 당시 교황이 머물고 있는 프랑스의 아비뇽 Avignon에 도착하여 열렬한 환영을 받았다. 교황은 답방 차원에서 대규모의 사절단을 파송하였다. 사절단은 3년여의 시간이 경과한 원 순제 지정 至正 2년(1342) 여름 중국에 도착하였다. 도중에 손실된 인원을 제외하고도 무려 32명이나 되었다. 그들은 중국에 3년 반가량 머물렀다.

---

15. 道森 편, 『出使蒙古記』, 呂浦 역, 周良霄 주(北京: 中國社會科學出版社, 1983), 267. (원서명: C. Dawson, *The Mongol Mission : Narratives and Letters of The Franciscan Missionaries in Mongolia and China in The Thirteenth and Fourteenth Centuries*.)

흥망의 미스터리

여러 조짐으로 볼 때 원 시대의 경교는 천주교보다 기반이 강했고, 그 세력도 상당히 흥성하였음을 알 수 있다.

경교 또한 대도에 총주교를 두고 상당한 규모의 조직을 갖추고 있었다. 그 당시 남겨놓은 『경교전후창영가초본』景教前後唱咏歌抄本을 보면 경교는 빈번하고 규범적으로 기도와 예찬 등의 종교의식을 거행하고 있었음을 확인할 수 있다. 경교의 위세는 심지어 몬테 코르비노를 위시한 천주교 세력을 억제하고 박해할 수 있을 정도로 대단했다.

진강鎮江에서는 이 지방府路의 부副다루가치達魯花赤로 재임하였던 마사르기스Mar Sargis, 馬薛里吉思가 이름난 경교도였으며 교회사역에도 매우 열심이었다. 전해지는 바로는 어느 날 밤 그의 꿈에 하늘 문이 일곱 겹 열리고 두 신인神人이 그에게 나타나 일곱 예배당을 짓도록 명하며 흰 물건을 증표로 주었다고 한다. 이에 그는 관직에서 물러나 예배당 건축에 전념하였다. 그 꿈의 진위와 관계없이 경교 예배당은 세워졌고 한때 황제의 조서에 의한 보호를 받았으며 강남의 관용 토지官地 30경頃을 하사받았다. 그 후 절강의 민전民田 34경이 더하여졌다. 이리하여 예배당이 크게 완비되고, 교회사역도 매우 발전하였다. 경교 예배당을 짓기 위해 마사르기스는 심지어 권세에 의지해 역사가 오랜 불교의 금산사金山寺를 강제로 빼앗기도 하였다. 이 일은 두 종교 간의 소송사건으로 비화되었으며, 당시 사람들로부터 경교의 "세가 지나치다"는 악평을 들었다.

복건성 천주泉州에서 출토된 원대의 예리커원 비각碑刻

이미 발견된 경교 비각景教碑刻 등의 문화재와 사료들에 의하면 천주泉州에는 천주로泉州路 경교 장교사掌教司를 책임진 주교와 강남 각 로路의 경교를 통솔하는 교구장教長이 머물고 있었다고 한다. 천주泉州가 당시 경교의 중심지였음을 알 수 있다. 이 밖에 온주溫州 등 여러 지역도 경교 세력이 비교적 집중된 거점들이었음을 알 수 있다.

비록 경교와 천주교 두 교파는 오랫동안 반목하고 원한도 깊었지만 그래도 다 하나님의 구성원들이었기에 중국에서 이들은 모두 예리커원에 소속되었다. 그러므로 전체로 볼 때 이들의 세력은 배가하였고 원 왕조 사회에서 무시 못 할 힘을 과시하였다.

예리커원은 각 행성行省, 현재 중국의 성省과 같은 행정구역과 지역에 분포되어 있었다. 『지순진강지』至順鎮江志 권3 「호구」戶口 류類에서 제공한 통계에 의하면 당시 진강鎮江에는 "교우호"僑寓戶, 타지에서 옮겨온 가구 3,845가구가 있었고, 이 중 예리커원 23가구가 내포되었다. 인구로는 10,555명 가운데 예리커원 106명이 있었다고 한다. 이는 평균 167가구 중 1가구, 약 100명 중 1명이 예리커원이었다는 것이다. 『원사』元史의 기록에 의하면 예리커원 구성원에는 "고위직 관료"達官, "효자"孝子, "의원"良醫, "학자"學者, "의사"義士 등 다양한 부류의 인물이 포함되어 있었다.

예리커원의 구성원이 이처럼 폭넓고, 많고, 다양하였으므로 원 조정에서는 "숭복사"崇福司라는 전문 관리기관을 두었다. 숭복사는 불교와 도교를 각각 관리하는 선정원宣政院, 집선원集宣院과 열거되었다. 조령詔令, 문고文告에는 습관적으로 "승僧, 도道, 예리커원"을 병기하였다. 예리커원에 관한 일거리가 얼마나 많았는지 한 관원은 이처럼 탄식하였다고 한다. "오늘날 세상은 넓고 예리커원이 범한 짓거리는 많으니 관원이 100명 있어도 다 관리할 수 없을 지경이다."[16]

그러나 예리커원도 원대元代 후기에 이르러서는 쇠락의 추세를 분명히 나타냈다. 천주교 쪽이 특히 더 두드러졌다. 몬테 코르비노 사후 대도大都의 총 주교 자리는 비어 있었고 수도사와 교인들은 지도자가 없는 상

---

16. 『通制條格』, 卷29(北京: 國立北平圖書館, 1930, 영인본), 4.

태에 놓였다. 원 순제順帝 때 중국에 한동안 머물렀던 교황청 사절단도 중국에 대한 흥미를 날로 잃더니 원 조정의 만류에도 불구하고 결국엔 배를 타고 뱃머리를 서쪽으로 돌렸다. 이후 천주교 세력은 더욱 더 약화되었다. 마지막엔 원 왕조의 멸망과 함께 예리커원도 자취를 감추었다. 예리커원은 흥망성쇠를 원 왕조와 같이하였다고 말할 수 있다.

이상한 것은 원대의 여러 황제는 당 무종과 같은 폭력을 가하지 않았다는 것이다. 예리커원에게 일반적으로 관용적이고 그들을 우대하였다. 그럼에도 불구하고 예리커원은 성장력이 왕성했던 묘목이 폭풍우의 습격을 당하지 않았음에도 조용히 시들어 버리듯 하더니 결국엔 뿌리조차 없어져 자취를 찾을 수 없게 되었다.

다섯 손가락과 한 주먹

한 시대를 주름잡던 영웅 징기스칸이 몽골을 통일한 빛난 업적은 마치 눈에 보이는듯 하다. 그와 그의 자손들이 말을 달려 서방을 정복하는 광경도 손에 땀을 쥐게 한다. 이 황색 폭풍은 중앙·서·남아시아와 동유럽, 중유럽 등 넓은 지역을 휩쓸었고 심지어는 서유럽까지 한때 위협하였다. 역사가들은 "40개 국가를 멸"한 징기스칸의 대업을 연구과제로 남기었다. 몽골의 원정은 전쟁의 재난을 일으킨 동시에 객관적으로는 대륙과 대륙, 나라와 나라 사이의 경계선을 무너트렸다. 광활한 세상이 전례 없이 이어지고, 중서中西 교통로가 뚫려 세계의 문화교류에 도움을 주었다. 어떤 학자는 당시 상황을 다음과 같이 묘사하고 있다.

원대에 이르러 아시아와 유럽은 하나가 되었다. 동으로는 태평양, 서로는 다뉴부강, 발트해와 지중해, 남으로는 인도양, 북으로는 북극해에 이르기까지 모두 한 영토에 속했다. 국토의 넓이는 전무후무할 정도였다. … 몽골어를 구사하면 유럽에서 중국에 이르기까지 아무런 장애가 없었다. 역참驛站은 전국에 분포되어 교통은 더없이 원활하였다. … 동로마, 서로마 및 게르만의 여행자, 상인, 수도사, 기술자 등은 모두 동방으로 나아와 중국에서 무역을 하거나 자유롭게 전도하고 벼슬아치 명부에도 올랐다. 동서 양대 문명은 … 예전에는 모두 독립적으로 발생하여 교류도 없고 상호 무관하게 존재하였는데 이때 이르러서는 실질적 접촉을 갖게 되었다.[17]

원대 기독교의 흥성함은 이렇게 개방된 환경과 별개일 수 없다. 이후 이러한 환경이 변화하면서 예리커원도 상응한 영향을 받게 된다.

중서中西 사회배경의 차이

더욱 주목되는 것은 중서 사회배경의 차이이다. 이는 원대 천주교 세력의 운명을 인식하는데 특히 중요하다.

직업 수도사가 아니라 상인이었던 폴로 형제가 원 조정과 교황청의 메신저 역할을 담당한 것은 결코 우연이 아니다. 그들의 모험 정신과 불굴의 의지는 새로운 사회로 나아가는 요소와 내적 관계가 있다. 당시 서양사회는 변혁의 과도기를 맞고 있었다. 천주교의 신권통치 중심지에 단테의 『신곡』神曲이 "르네상스"의 전주곡으로 울려 퍼진 것이다. 중세기 신학적 몽매의 긴긴 밤이 물러나고 지평선에는 날을 밝히는 햇살이 어슴푸레 퍼져가고 있었다. 천주교에게 이는 어찌할 수 없는 몰락의 증표였지만 한편으로는 그로 하여금 현실 적응을 위한 개혁을 촉진케 하였다. 자각을 하든 못하든 그의 몸속에는 새로운 호르몬이 일정량 주입되어 활력을 증강시켰다.

중국문화는 이때 번영하던 당唐 왕조 시기의 빛나는 모습도 잃고 매서운 기세도 꺾인 상태였다. 특히 몽골인의 중원 지배는 유목민족의 민첩하며 용맹한 요소들을 들여왔지만 동시에 야만적이고 낙후된 파괴성도

---

17. 張星烺, 『中西交通史料滙編』(輔仁大學, 1930), 第2冊, 1-2. 저자는 중화서국中華書局에서 1977년에 출판한 정리본整理本도 열람하였다. 1977년도 정리본엔 여러 내용이 증보되었다. 그러나 이곳의 인용문과 같은 논평에 대해선 약간의 삭감이 있었다.

수반하였다. 몽골은 거대한 통일제국을 세워 민족 간의 문화적 융합을 촉진하였지만 동시에 민족 차별과 억압이란 낙후된 통치방식을 시행하였다. 그러므로 중원지역에 천여 년간 쌓인 문명은 원 왕조 시대에 들어와 눈에 띄게 위축되었다. 지중해 연안의 도시들 중 자본주의 새싹이 성글게 돋아나기 시작하던 때에 원 왕조의 고관대작들은 민전民田을 널리 점유하되 "농사를 짓지 않고 목초지라 이름하여 가축만을 기르는" 현상이 일반적이었고, 반半노예성격의 "구구"驅口, 노비가 대량으로 존재하였으며, 민족의 등급제도차별정책도 전국적으로 실행되었다.

이 무렵 여러 세기에 걸쳐 존재하였던 중국과 서양 간의 문화적 격차가 크게 줄어들었고 나아가 서양이 빠른 속도로 추월하는 추세도 나타났다. 이때부터 양자 간의 시대적 격차에 변화가 어렴풋이 일기 시작하였다고 말할 수 있다.

착각과 곤경

이 시기의 중서 간 문화적 격차의 축소는 천주교의 중국 전파와 그의 영향력 강화에 객관적으로 유리한 조건을 제공하였다. 천주교 측에선 자각하지 못하였을지라도 사실상 이러한 "하늘이 허락한 때"天時의 도움을 받은 것이다.

그러나 다른 한편으로 천주교 측은 원 왕조에 대해 어떤 착각을 갖고 있었기에 중국 전도 사역의 전개를 원 제국의 "강대한" 왕권에 의한 관용과 지지에 주로 의탁하였다. 교황이 몬테 코르비노를 중국으로 파송하면서 쿠빌라이에게 쓴 서한을 보아도 알 수 있다. "만약 폐하의 도움이 없다면 파송한 어느 누구도 지극히 높으신 천주께서 기뻐하시는 일을 전개할 수 없었을 것입니다."[18] 교황은 거의 구걸하는 말투로 중국 황제에게 수도사들의 사역에 대한 배려와 지원을 요청하고 있다. 이는 결코 인사치레의 말만이 아니었다. 진정성을 담고 있었다.

---

18. 阿·克·穆爾, 『一五五〇年前的中國基督教史』, 193. (원서명: A. C. Moule, *Christians in China Before the Year 1550.*)

바로 이런 이유에서 원 제국이 몰락하는 모습을 보이자 천주교 측에선 상실감과 위기감을 본능적으로 갖게 되며, 헛되이 몽골 통치자의 순장품이 되기보다는 능동적으로 멀어지는 조치를 취했던 것이다. 중국에 있는 천주교로서는 이는 근본적인 해결책이나 다름이 없었다. 원 순제順帝의 간곡한 만류에도 불구하고 교황청 사절단이 고집스레 중국을 떠나려고 했던 것은 그들이 원 왕조의 정국 불안과 질서 혼란을 보며 왕조의 운명이 오래 지속되기 어렵다는 것을 예감하였기 때문이다. 폴로 부자父子가 중국을 떠난 것도 쿠빌라이 사후 혹 일게 될 변고로 의지할 곳이 없게 될 것을 염려하였던 것이다.

한편 천주교 측에 주어진 유리한 거시적 시세時勢와는 반대로 교황청은 이때 한동안 역사상 "가장 비참한 시대"에 놓여 있었다. 1294년에서 1303년 사이에 재임한 교황 보니파시오 8세Boniface VIII는 교권敎權과 왕권王權의 다툼 속에 프랑스 국왕 필립 4세Philippe IV와 충돌하게 된다. 그는 결국 필립 4세에게 능욕당하고 울분을 토하며 세상을 떠난다. 필립 4세는 프랑스인을 새 교황으로 세웠으니 그가 곧 클레멘스 5세Clement V였다. 교황청 또한 프랑스의 아비뇽Avignon으로 옮겨졌다. 교황은 프랑스 국왕의 명령을 받드는 꼭두각시로 전락하였다. 교황 그레고리오 11세Gregory XI가 재위하던 1377년에 이르러서야 교황은 비로소 로마로 다시 되돌아올 수 있었다.

70년에 가까운 이 시기를 역사가들은 "아비뇽 유수幽囚"라고 부른다. 원 왕조의 마지막 3분의 2 기간이 바로 이 시기에 해당된다. 이는 원 왕조의 사절단이 로마로 가지 않고 아비뇽으로 간 이유이다. 자기 몸조차 돌보기 어려운 곤경에 처한 교황청은 만리 밖 중국에서의 포교 사역에 많은 힘을 쏟을 수 없었다. 이는 천주교가 뒤로 갈수록 중국 사역에 더욱더 소극적이었던 이유 중 하나이다. 원대 후기의 예리커원의 몰락은 당연히 이와 연관되어 있다.

지혜로운 공존

예리커원의 운명을 결정짓는 가장 근본적인 요인은 이밖에도 몽골 민족의 다원多元 공존의 종교적 전통, 중국의 유·불·도 합류라는 문화적 전통과의 경쟁을 들 수 있다.

예리커원이 흥기할 수 있었던 초석은 몽골인의 기독교 전통과 원 왕조 통치자들의 기독교에 대한 관용적 태도였다. 그러나 몽골인의 종교적 전통은 기독교만을 존숭한 것이 아니며 원 왕조의 통치자들도 예리커원만을 관용의 대상으로 삼지 않았다. 사실 그들은 다원 공존의 신앙관을 갖고 있었다.

원 왕조를 세우기 이전 몽골의 이러한 종교정책을 연구한 영국학자 도슨Dawson은 이렇게 밝히고 있다.

> 대칸들은 비록 문화수준이 낮지만 종교의 중요성을 충분히 깨닫고, 두루 관용하는 관대한 정책을 쫓았다. 징기스칸은 모든 종교는 다 존중되어야 하며 특정 종교를 편애하여서는 안 되고 여러 종교 지도자들에겐 정중히 대해야 한다고 규정하고 이를 법령의 일부분이 되게 하였다.[19]

몽골인들은 때로는 겉으로 한 분의 신만을 믿는다고도 말한다. 하나님을 믿는다는 것 같다. 그러나 기도와 찬송 혹은 어떤 규범화 된 의식으로 숭배하지 않았다. 또한 수시로 우상을 만들어 내고, 예언과 징조를 매우 중시하며, 무술巫術과 주문呪文도 수시로 사용하였다. 이는 기독교의 유일신 신앙과 명백히 배치된다.

몽케蒙哥 칸은 몽골인의 종교 관념에 대해 다음과 같이 생생하게 설명한 적이 있다.

---

19. 道森 편, 『出使蒙古記』, 序言, 18.

우리의 생사가 오직 신 한 분에게 달려 있다고 믿고 우리도 진심으로 그를 믿는다. … 그러나 신께서 우리에게 서로 다른 다섯 손가락을 처럼 신께서는 사람들에게 서로 다른 길도 허락하신다.[20]

"서로 다른 다섯 손가락"이란 사실상 "신 한 분"을 근본적으로 부정하는 말이다. 실제로 예리커원 외에도 형형색색의 타 종교를 믿는 몽골인들이 있었다. 그들 중 어떤 자는 "멍청한 자만이 하나님은 한 분이라고 하고, 똑똑한 자는 많이 있다고 말한다"고 하였다.[21]

몽골의 대칸들은 "똑똑한 자"에 속해 있었다. 비록 여러 종교와 교파들이 음양으로 다투었지만 대칸들은 중재자처럼 모두를 포용하였다. 몽케 칸의 표현을 빌려 몽골인들의 종교적 전통을 "다섯 손가락"으로 비유해도 무방할 것이다.

원의 통치자들은 중원을 지배한 후에도 이런 전통을 이어가고 있었다. 그들이 수반한 것들과 중국 내에 원래 있었던 것들이 더해져 종교는 전에 없이 복잡하고 다양해졌지만 원 왕조의 황제들은 모두를 용납하였다. 이때에는 실은 종교만이 아니라 사회생활을 포함한 문화의 여러 분야까지 모든 것이 다 개방되어 있었다. 끝없는 초원과 유목의 생산방식, 툭하면 천리 길을 멀다 않는 행군과도 같은 생활은 몽골인으로 하여금 국경이나 울타리라는 개념을 매우 희박하게 하였다.

중국을 다스리는 통치술

원 왕조의 황제들은 과거 몽골 대칸들과는 필경 다를 수밖에 없었다. 그들의 사명은 "중국을 지배하고"王華夏, "중국을 다스리는 것"帝中國이었다. 중국의 유 · 불 · 도 합류라는 문화적 전통 또한 이 시기에 이르러선

---

20. 耿昇、何高濟 역,『柏朗嘉賓蒙古行紀·魯布魯克東行紀』(北京: 中華書局, 1985), 302.(원서명: Giovanni, *Ystoria Mongalorum*; Guillaume de Rubrouck, *Itinerarium Fratris Willielmi de Rubruquis de ordinefratrum Minorum, Galli, Anno gratiae 1253 ad partes Orientales*. 영문명: William Rubruck, *The Journey of William of Rubruck to the Eastern Parts of the World 1253-55.*)
21. 위의 책, 300.

더욱 견고해졌다.

송대 이학理學의 생성과 발전은 유·불·도 삼가三家의 합류라는 역사적 흐름을 종결짓는 의미를 갖고 있으며, 유학 발전사에 한대兩漢의 경학經學에 뒤이은 또 하나의 중요한 이정표였다. 이를 거친 뒤 삼가 합류의 역사적 과정은 마무리 단계로 접어들고, 중국의 전통문화는 기본적으로 "정형화"定型되고, 유·불·도 삼가는 하나의 주먹으로 뭉쳤다.

중국을 다스리는 원 왕조 통치자들에게 있어 이 "주먹"은 몽골인의 "다섯 손가락"보다 더 힘 있고 쓸모가 있었다. 그러므로 원 황제들은 좋든 말든 이학理學의 힘을 특별히 빌리고 유가를 존숭할 수밖에 없었다. 원 왕조 사람들은 10개 등급으로 구분되었고, 8등은 기녀八娼, 9등은 유생九儒, 10등은 거지十丐였다는 말이 있다. 유생이 기녀보다 한 등급 낮았다는 것인데 이는 농담에 지나지 않는다. 실상은 그렇지 않았고 법규로 등급이 정해진 것은 더더욱 아니었다.

개국 황제 쿠빌라이부터 이학理學을 장려하는 데 앞장섰다. 그가 남송南宋으로 진군할 때 멸망시킨 금金의 유학자 양유중楊惟中과 요추姚樞를 동행케 하였고, "강한선생"江漢先生이라 불리는 나이든 유학자 조복趙復을 호북湖北에서 사로잡자 보물처럼 보호하고 그로 하여금 국립 "태극서원"太極書院에서 이학을 전수하게 하였다. 조복이 교재로 선택한 이학 저서는 8천여 권에 달하였고, 이학은 북쪽 지역에서 전파되며 원대에 이학이 발전하는 계기가 되었다. "주자 이후의 제일인자"로 불리는 명유名儒 허형許衡은 쿠빌라이에게 더더욱 중용되었다. 조의朝儀, 조정에서 행하는 모든 의식와 관제官制를 제정하자는 건의가 받아들여질 정도였다. 이후 원 성종成宗도 조詔를 내려 공자를 존숭하도록 하였고, 무종武宗은 더 나아가 공자를 "대성지성문선왕"大成至聖文宣王으로 추대하였다.

가장 대표적인 예는 인종仁宗을 꼽아야 할 것이다. 그는 황태자였을 때 이미 유학에 몰입하고 있었다. 누가 그에게 『대학연의』大學衍義를 올리자 그는 이 한 권의 책이면 천하를 다스리기에 족하다고 기뻐했다고 한다. 제위帝位에 오른 후 그는 공자와 맹자를 더욱 존숭하고, 송대의 명

유名儒들과 현 왕조의 명유 허형許衡을 공묘孔廟에 종사從祀토록 칙명을 내렸다. 그는 경력과 지위를 묻지 않고 유생儒生을 널리 모으고, "재능이 있고 슬기로운 자는 비록 평민일지라도 등용하였다"고 한다. 그는 한자로 된 경經·사史 서적을 몽골어로 번역하게 하여 몽골인과 색목인色目人들이 배울 수 있게 하였다. 또한 과거제도를 시행하기로 결정하고 주희朱熹의『사서집주』四書集注에 근거한 제목으로 출제하도록 하였다. 왜 그랬을까? 그는 "유학을 중시함은 삼강三綱, 군신君臣·부자父子·부부夫妻의 도리·오상五常, 유교의 인仁·의義·예禮·지智·신信의 다섯 덕목德目을 유지할 수 있는 길이기 때문이다." "짐이 원하는 바는 백성을 편안하게 하여 나라를 잘 다스리는 것이다. 만약 유사儒士들을 기용하지 않는다면 이를 어떻게 이룰 수 있겠는가?"라고 말하였다. 그의 뜻은 매우 분명하다. 결론적으로, 원 황제들은 "중국을 다스리기 위해서는 중국적인 것을 행하여야 한다", "북방몽골이 중국을 지배함에 있어서 반드시 중국의 법도漢法를 행해야 오래갈 수 있다"[22]는 이치를 인정하지 않을 수 없었던 것이다.

그런데 도통道統, 유학의 계승과 전수 체계을 중시하는 이학理學에는 "중국을 높이고, 오랑캐를 경멸하는" 성분이 짙게 함유되어 있고, 이에 상응한 것이 곧 "이단"異端에 대한 배척이다. 그렇다면 예리커원이 포함된 몽골인의 그 "다섯 손가락"은 예외 없이 모두 "이단"에 해당이 된다. 이에 대해 용맹스런 몽골귀족들은 결코 용인할 수 없었고 정치권력을 동원해 배척에 맞섰다. 그 결과, 왕권의 보호 아래 예리커원 등의 "이단"들로 하여금 존속하고 발전할 수 있게 하였지만 다른 한편으로는 중국漢 민족과 중국 전통문화와의 골을 더 깊게 만들고 간극을 더 벌어지게 하였다.

"답실만"[23] 과의 비교

이러한 여건 속에 이른바 이단異端들이 중국漢 민족의 신앙관과 중국 전통문화와 상당 부분 융합融合하고, 중국이란 대지 위에 뿌리 내릴 수 있

---

22. 이 단락 중 여러 인용문의 출처는『元史』, 卷24, 卷26, 卷158(北京: 中華書局, 1976), 546, 594, 558, 3718.

23. 答失蠻, Danishmand, 원대 이슬람교 지도자와 신자들에 대한 호칭. (역자주)

느냐의 여부는 "이단"들의 내적 메커니즘과 깊이 관계된다. 예리커원과 "답실만"을 비교하여 이해하는 것도 의미 있을 것이다.

중국에 전해진 최초의 시간대로 말한다면 이슬람교와 기독교는 모두 당대唐代 초기에 전파되었다. 그러나 당 무종 때 이슬람교는 경교처럼 소멸될 정도의 큰 피해를 입지 않았다. 이슬람교는 원대까지 내려왔고 원대에는 더욱더 번창하여 "원 시대에 이슬람교는 천하에 널리 퍼졌다"[24]라는 말이 있을 정도였다. 『지순진강지』至順鎭江志 권3 「호구」戶口 류類에 나타난 구체적인 수치로 보아도 답실만은 예리커원보다 배 이상 많았다. 그리고 원 왕조가 멸망한 뒤에도 이슬람교는 기독교처럼 소멸되지 않고 오히려 성세盛勢를 유지하였다. 나아가 이슬람교를 근간으로 중국에서 점차 회족回族을 형성하여 중국 다多민족 대가족의 일원이 되었다.

어떻게 그런 일이 가능하였을까? 원인이야 복잡하지만 중국 내의 기독교와 비교해 보면 몇몇 확연한 특징이 있다. 첫째, 외래의 이슬람교 신자들은 모여 살고, 자신들의 신앙과 생활습관을 유지하면서도, 교내教內 및 해당지역 주민들과 통혼하며 가족 구성원을 늘여나갔다. 인구가 끊임없

18세기의 『코란』 초본(중국이슬람교협회 소장)

---

24. 『明史』, 卷332(北京: 中華書局, 1974), 8598.

이 증가되었을 뿐만 아니라 그들은 점차 "교민으로서의 우거"僑居에서 "토착"土生 무슬림으로 전환하여 마침내는 혈연적으로 중국에 뿌리를 내렸다. 둘째, 일반적으로 이슬람교는 외부인들에게 종교를 전하지 않았고, 내부의 종교 의식과 활동도 비교적 간략하여 유가사상 및 다른 종교와의 대립각을 최소화하고 정면 충돌을 피하기 쉬웠다. 특히 유학儒學을 공격하지 않았을 뿐만 아니라 존숭하였다. "불승은 불자佛子가 서공西空에 있고, 도사들은 봉래蓬萊가 해동海東에 있다 하네. 허나 오직 유가만이 현실적이니 눈 앞 모든 날에 춘풍이 불도다."[25] 이슬람교에서 전해진 이 시는 이슬람교가 전통적으로 유가를 특히 중시한 증거가 아닐 수 없다. 이는 이슬람교로 하여금 문화적으로도 중국에 순조롭게 뿌리 내리게 했던 것이다.

그러나 원대의 기독교는 답실만처럼 중국(특히 내지)에 혈연적으로 뿌리내리지 못하였다. 역사적 사실에 의하면 예리커원의 절대 다수는 색목인色目人, 중국에 건너와 기거하는 서쪽 사람들 포함이었으며, 일부 몽골인들도 있었으나 한인漢人들은 극히 드물었다. 중국 내지에 거주한 기독교도들은 대개 변방이나 외국에서 유입된 "교우호"僑寓戶였고 현지인들은 드물었다. 또한 기독교는 유학과 맞는 구석이 없었고, 다른 종교들, 특히 불교·도교와의 충돌도 격렬하여 문화적으로 중국에 뿌리내리기 어려웠다. 이 모두가 중국에서의 기독교 교세 확장에 자연스럽게 영향을 주게 되었던 것이다.

원 왕조의 예리커원은 마치 몽골인들의 말 등에 업혀 있는 나그네 같았다. 원 왕조의 황통皇統, 황제 계승이 끊기고, 몽골의 기마대가 북쪽 초원과 고비사막으로 황급히 물러나게 되자 예리커원도 말 등에 업혀 물러난 것이다. 중국으로 나아올 때의 패기는 오간 데 없고 처량함만을 남기며.

---

25. 陸容, 『菽園雜記』, 陳垣, 「回回教入中國史略」, 『陳垣史學論著選』(上海: 上海人民出版社, 1981), 23에서 재인용.

반석이 열리다

1582년 마테오 리치Matthoeus Ricci, 利瑪竇는 중국 마카오에 첫 발을 내딛고 복음을 전하기 위한 준비에 착수하였다. 이때 그는 청말 상해의 시계업계가 그를 중국 시계업의 창시자祖師로 받들어 매달 음력 초하루와 보름 그에게 향을 피우리라고는 결코 생각지 못하였을 것이다.

마테오 리치의 성공

원대元代의 예리커원이 자취를 감춘 지 200여 년이 지난 명나라 말기에 천주교의 예수회Society of Jesus, 耶穌會 선교사들은 다시 중국의 대문을 두드려 연다. 이로써 하나님기독교 하나님은 다시 중국 땅에 오게 되었다.

예수회 선교사들의 이때의 노크는 물론 우연이 아니었다. 범상치 않은 배경과 예사롭지 않은 힘을 동반하였다.

이 시기 서양은 예전과는 사뭇 달랐다. 르네상스를 겪었고, 중세 신학의 몽매한 긴긴밤을 근대 과학문명의 아침 햇살로 쫓아냈다. 새 시대를 비추는 아침 해가 떠오르고 있었다. 서양 탐험가들은 "지구를 가장 먼저 포옹"한 쾌거로 "지리적 대발견"시대를 열어 놓았다. 이는 시장의 확대로 식민 약탈의 행진곡이 울려 퍼지게 하였지만 또 한편으로는 세계 여러 문화의 상호 연계를 강화하고 서양 문명의 전파를 추진하게 하였다.

바로 이러한 역사적 배경 속에 서양 선교사들은 이른바 "구령"救人靈魂, 인간의 영혼 구원과 "노다지를 캐"는 이중적 사명을 안고 상인들과 손을 맞잡으며 거센 기세로 세계 각지로 몰려 나갔다. 이때 그들의 머릿속에 담겨 있고, 짐 보따리 속에 넣어져 있는 유·무형의 것들은 과거의 선구자들과 크게 달랐다. 동방으로 나아온 선교사들 가운데 천주교의 예수회 선교사들은 발걸음이 민첩하고 진영도 막강하였다. 그들은 중국과 같은 큰 나라를 당연히 소홀히 여기거나 지나치지 않았다.

방어의 울타리

이 당시 중국은 한족漢族에 의한 황제의 혈통皇統을 회복하였고 그 주인은 주朱씨였다. 왕조의 웅대한 수도와 웅장한 황실 궁궐은 원 제국을 무색케 했다. 그러나 명대明代의 황제들은 쿠빌라이와 같은 기백과 포부가 없었다. 문을 걸어 닫고 황제로 행세하는 것이 마치 가풍같이 되어 버렸다. 궁궐 문이 겹겹이 세워진 것은 말할 것도 없고, 나중에는 나라의 사방팔방의 문國門도 다 굳게 닫아 버렸다. 만리 연해지역에 실시한 봉쇄조치는 해상으로 달아난 중국의 "궁지에 몰린 도적떼"窮寇를 굶겨 죽이려는 것만이 아니었다. 비좁은 나라에서 온 "왜구"倭寇들과 어디서 튀어 나올지 모르는 "서양 놈들"紅毛蕃鬼을 방어하기 위한 것이었다. 거의 황성皇城 담장 가까이부터 동서로 한없이 이어진 장성長城은 북쪽의 무시무시한 기마대를 저지하려는 데 목적이 있었다. 인류에게 경탄을 자아내는 놀라운 경관을 남겨주기 위한 발상이 결코 아니었다.

그런데 이 장성長城보다 방위 효과가 더 뛰어난 것은 유구한 세월 속에 쌓아올린 전통문화라는 무형의 장성이었다. 비록 문자옥文字獄으로 수많은 목숨을 억울하게 앗아가기도 했지만 명明 태조太祖가 성인聖人인 공자를 멸시하거나 모독하기 위해서 문자옥을 일으킨 것은 아니었다. 반대로 매우 비정상적일 정도로 공자를 뼈 속 깊숙이 경외한 것이 드러난 것이다. 명 태조와 그의 자손들 모두 다 예외 없이 유가孔門의 호신부護身符에 의지하지 않을 수 없었다.

이 호신부에 힘을 더한 것은 왕양명과 같은 그 시대 "성인"의 적시 탄생이다. 그는 위에서 말한 무형의 장성건축역사長城建築史에 등장한 마지막 거장이라고 할 수 있다. 그의 "심즉리"心卽理, "치양지"致良知 등의 학설은 유학의 윤리적 내핵倫理內核에 불교佛門의 신비주의적 후광을 더해 전통문화의 장성長城으로 하여금 이채로운 빛을 더욱 발하도록 하였다. 이는 하나님의 사자들로 하여금 두려움을 느끼게 하는 험산준령과도 같았다. 그러나 당시 서양문화의 산봉우리와 견주어 볼 때 양자의 간격은 분명히 드러나고 있었다.

당시 중국의 모든 장성과 문호國門는 다 주朱씨인 명 황실의 천하를 지키기 위해 존재하였다. 나라 밖이야 어떻게 변하고 있든지 주씨 황제들에겐 가천하家天下를 다스리는 권세가 있었으니 당돌한 불청객 정도는 충분히 거절할 수 있었다.

하비에르에서 루지에리까지

이런 상황에서 예수회 선교사들이 당시 중국의 문을 두드리는 것은 결코 순조롭지 않았다. "동양의 종도宗徒, 사도"라고 불리는 하비에르 Xavier, 沙勿略는 가정嘉靖 31년(1552)에 광동의 해안가에 위치한 상천上川이란 황무지 작은 섬에 도착해 있었다. 1년 남짓 엿보고 대륙에 들어갈 갖가지 방법을 다 강구하였지만 그는 대륙에 한 걸음도 내딛지 못하고 한을 품은 채 세상을 떠나고 말았다.

그 후 예수회 선교사들은 마카오에 거점을 세웠다. 당시 그곳은 매

17세기의 마카오 지도

우 황량한 변방의 한 귀퉁이로 명 제국이 "서양 오랑캐" 상인과 여행객들을 머물게 하는 곳이었다. 선교사들은 이곳을 거점으로 중국 안으로 들어가고자 여러 번 시도하였지만 뜻을 이루지 못하였다. 어떤 이는 몹시 낙심하여 중국인으로 하여금 복음을 받아들이도록 하는 것은 "완전히 시간 낭비로 이디오피아인흑인을 백인 만드는 것"[26]과 같다고 말할 정도였다. 어떤 이는 중국 쪽의 돌산을 바라보며 "반석아, 반석아, 언제 네가 열려 우리 주님을 맞이하련!"이라고 탄식하기도 하였다.

어떻게 반석을 열리게 할 수 있을까? 고민하던 서양 선교사들은 다른 길을 모색하기 시작하였다. 루지에리Michele Ruggieri, 羅明堅는 이 방면에 능통한 사람이었다. 그는 양광총독兩廣總督 등의 관원들에게 암암리에 여러 차례 선물을 건넸다. 선물 중에는 중국인들이 본 적 없는 프리즘prism과 자명종 같은 기이한 물건들이 있었다. 이 물건들은 "문지기"로 하여금 냉담하고 오만한 태도에 변화를 일으키고 미소 지으며 공손히 서양 손님을 맞아들이도록 하였다. 루지에리는 이 지방관들의 관할지에 머물도록 허락받았을 뿐만 아니라 만력萬曆 11년(1583)에는 마테오 리치를 마카오에서 데려와 함께 광동 조경肇慶에 머무를 수 있도록 하였다.

만약 루지에리의 주요 "공적"이 상납으로 중국의 대문을 연 데 있다면 마테오 리치의 이후의 명성과 지위와 사역은 그를 인도한 루지에리보다 훨씬 눈부셨다. 그는 명말 중국에 들어온 선교사들 가운데 대표적인 인물이 되었다.

멋스러운 풍모

르네상스의 발상지에서 온 마테오 리치는 뛰어난 문화적 소양을 갖추고 있었다. 그는 이름난 스승으로부터 천문학, 지리학, 수학, 투시透視학, 음악이론과 강연講演학 등 "여러 학문을 깊이 있게 사사받았다." 특히 자연과학 분야에 풍부한 지식을 갖추었고, 중국에 온 후에는 중국어한어에

---

26. 利瑪竇、金尼閣, 『利瑪竇中國劄記』(北京: 中華書局, 1983), 上冊, 143. (영문명: Matteo Ricci and Nicolas Trigault, *China in the Sixteenth Century: the Journals of Matthew Ricci: 1583-1610.*)

능통하였으며, 유가 학설에 대해서도 연구를 거듭하여 중서中西를 관통하는 학자가 되었다.

뿐만 아니라 그는 풍채가 멋스러우며 교제에도 능한 신사였다. 사람을 만날 때 그는 겸손하고 예절 바르며 의젓하고 대범하였다. 말할 때는 청산유수 같았다. "번갯불 같은 혀, 파도 같은 말재주"電光之舌, 波濤之辯는 사람들을 족히 탄복시켰다. 그의 관대함과 참을성은 사람들의 호감을 샀다. 한번은 담을 넘어와 땔감을 훔치려는 자를 그의

마테오 리치의 초상화

일꾼이 붙잡았다고 한다. 마테오 리치는 벌을 주지 않았을 뿐만 아니라 오히려 땔감을 그의 집까지 손수 져다 주었다. 땔감을 훔치려던 사람은 가난했기 때문에 따질 필요가 없다는 것이었다. 그 사람은 부끄러웠지만 감동을 받아 만나는 사람들에게 서양 선교사의 훌륭한 인품에 대해 자연스레 늘어놓았다.

마테오 리치는 "로마에 가면 로마인이 되라"入鄕隨俗는 이른바 "중국에서는 중국인이 되어야 한다"는 데 유념하였다. 중국에 들어오자 그는 먼저 옷차림을 바꿨다. 처음엔 승복僧服을 입었는데 후에 유복儒服이 더 바람직하다고 듣고는 유복으로 고쳐 입었다. 입는 것만이 아니라, 먹는 것, 일상생활, 의식儀式과 예절 등에서도 완전히 중국화 하였다.

그는 사람들과 교제하는 것을 매우 중시하였다. 그의 직업이 된 듯 온갖 재주를 다 동원하였다. 그는 활동지역과 교제범위를 끊임없이 확대해 나갔다. 중국에 온 지 십여 년 되는 동안 조경肇慶, 소주韶州, 오늘날 광둥 소관시韶關市, 남경南京, 남창南昌, 소주蘇州 등지에 여러 활동무대를 개척하였다. 만력萬曆 25년(1597)에 이르러서는 그가 사귄 친구들이 명 왕조 15개

제3장 반석이 열리다 55

성省 중 10개 성에 퍼졌고 그들 다수가 왕후王侯 관신官紳들과 각계각층의 명류名流들이었다.

그는 모든 방문객들을 따뜻하게 맞아들였다. 남창에 있을 때는 방문객이 매일 매일 문 앞에 가득하여 문지방이 닳을 정도였다. 주위에서는 그가 손님을 접대하기에 너무 힘들어 하는 것을 보며 방문객을 적당한 구실로 사절할 것을 권하기도 하였다. 그러나 그는 "천주께서는 제가 거짓말 하는 것을 용납하지 않으십니다. 방문객이 두 배로 늘어난다 하여도 저의 언행이 가르침에서 벗어나

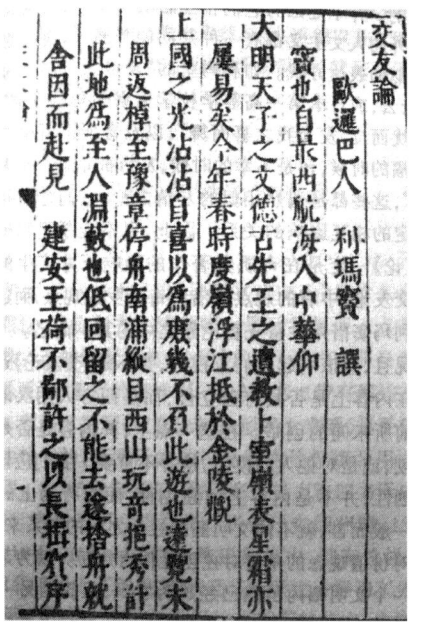

마테오 리치의 『교우론』

지 않길 바라십니다"라고 답하였다. 친구들은 그의 인격과 교제능력에 더욱 탄복하였다. 황실의 건안왕建安王은 그에게 서양 국가의 교우交友법이 어떠한가를 흥미진진하게 물어보기까지 하였다. 그는 『교우론』交友論이란 책을 따로 써서 답하였다. 이는 당시의 "공공관계"公關를 다룬 명실공히 전문서적이랄 수 있다.

결정적인 입구

준비 작업이 무르익자 마테오 리치는 수도京師로의 입성을 시도하였다. 그는 왕조의 심장부에서의 활동은 그 어떤 곳보다 영향력이 크다는 사실을 깊이 알고 있었다. 외국의 불청객에게 수도는 당연히 출입금지 지역禁地이었다. 그러나 출세한 그의 친구들이 자금성에 자신에 대해 다년간 언급하였을 것이며 게다가 그를 직접 인도할 사람이 있으니 "금지" 禁地는 더 이상 그를 "금"禁하지 못하였다. 하물며 그는 대명大明 황제에게

"공물을 바친다"進貢는 대의명분이 충분하였다.

만력萬曆 26년(1598), 유관儒冠을 쓰고 유복儒服을 입은 마테오 리치는 남경 예부상서 왕홍해王弘海의 인도로 북경에 처음 들어간다. 그러나 공교롭게도 당시 중국은 조선의 임진왜란으로 인해 일본과 전쟁 중이었다. 외국인들은 모두 간첩 혐의를 받았다. 그는 할 수 없이 북경에 두 달간 머물다 다시 남쪽으로 뱃머리를 돌렸다.

2년 후 마테오 리치는 다시 북상을 시도하였다. 그러나 도중에 또 사건이 터졌다. 천진天津 임청臨淸에서 세금을

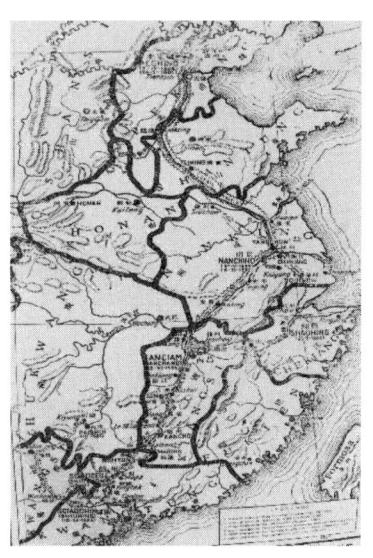

마테오 리치의 중국 이동 경로

감독하는 환관 마당馬堂에게 거의 반 년간 구금된 것이다. 결국 만력 황제神宗 신종가 직접 관여함으로 간신히 석방되어 북경으로 호송되었다.

마테오 리치는 대단한 심리학자라고 해도 과언이 아니다. 그는 황제의 궁전에는 가치를 헤아릴 수 없을 정도의 진귀한 보물들이 얼마든지 있을 것이므로 황제는 귀중한 진상품보다 신기한 것을 더 좋아하리라는 것을 알고 있었다. 그러므로 그의 진상품은 마치 잡화점을 옮겨다 놓고 황제로 하여금 좋아하는 것을 마음대로 고르라는 것처럼 다양하였다. 천주상 그림 한 점, 천주 성모상 고화古畵 한 점, 천주경天主經 한 부, 성인의 유품, 여러 색깔의 유리를 박은 십자가상 하나, 만국지도 한 폭, 자명종 큰 것과 작은 것 각 하나, 서양 금琴 한 대, 유리거울과 크고 작은 유리병 8개, 서각犀角, 모래시계 둘, 건라경乾羅經, 일종의 나침판 하나, 서양 쇄복鎖袱, 가는 세털로 짠 옷감 네 필, 대서양 포布와 갈葛 합계 다섯 필, 서양에서 사용되는 큰 은전 네 개였다. 『희조숭정집』熙朝崇正集에는 "19물物 31건件"으로 그가 황궁에 가져간 물건들을 헤아리고 있다. 어떻게 "물"과 "건"으로 나누

어 헤아렸는지, 적합한지, 정확한지는 자세히 살필 필요가 없다. 어찌됐건 이 물건들 가운데 한두 가지만이라도 황제의 마음속에 잔잔한 물결을 한 두 겹 일으킨다면 리치의 수고는 결코 헛되지 않았기 때문이다.

진상품의 효과가 얼마나 대단하였는지는 사실로 입증되었다. 만력 황제는 물건들이 정교하고 신기하게 만들어졌다며 매우 아꼈다. 그는 특히 유화를 궁중에 걸어놓고, 자명종은 뜰 안 특별히 지은 정자에 비치하였다. 아내가 귀여우면 처갓집 문설주도 귀엽다는 속담처럼 황제는 마테오 리치를 귀빈처럼 대하였다. "그가 먼 곳에서 온 것을 가상히 여겨 가관수찬假館授粲, 머무를 곳과 음식물을 후하게 하사하고 극진히 대우하였다."[27] 마테오 리치는 이렇게 수도 북경에 머무르게 되었다.

마테오 리치와 그의 진상품들은 만력 황제를 그야말로 신기한 세상의 꿈과 환상 속으로 끌어들였다. 황제는 유럽의 상황과 풍속, 예를 들면 논밭의 기름짐과 메마름, 건축양식, 의복 스타일에서 관혼상제에 이르기까지 관심을 보였다. 심지어는 천주교 신부들의 생활상에 대에서도 흥미를 갖고, 특별히 내시를 보내어 마테오 리치에게 이것저것 상세히 물었다. 대신들도 앞 다투어 그에게 서양의 여러 사정에 대해 질문하였다. 마테오 리치는 사람들이 다투어 사귀려는 반가운 손님이 되었고, 방문객들은 그를 만나고자 매일 줄을 이었다. 그의 매력은 한때 "사방의 인사들 가운데 리치 선생이 있음을 모르는 자가 없었고, 박아博雅 박식 우아한 명류名流들 가운데 그의 모습을 보려고 목을 빼지 않은 자가 없을"[28] 정도에 이르렀다.

명 신종(만력 황제)의 초상화

---

27. 『明史』, 卷326, 8460.
28. 王重民 輯校, 『徐光啓集』(上海: 上海古籍出版社, 1984), 上冊, 87.

이는 적지 않은 성공이었다고 말할 수 있다. 그러나 마테오 리치는 이로 인해 이성을 잃지 않았다. 그는 대단히 침착하고 냉정하였다. 이는 단지 "복음을 전파하기 위해서 광활한 천지에 하나의 작은 출입구를 낸 것"에 불과하다고 여겼다. 그러나 이는 분명히 매우 결정적인 입구였음에 틀림이 없다.

은연중의 감화

겉으로 볼 때, 마테오 리치는 직업 전도자가 아니라 오히려 세속적 메신저나 한가로이 놀러 다니는 사람 같았다. 그러나 그는 "예수의 용사 되어 예수를 위해 전쟁터로 나아가 싸워서 우상을 숭배하는 이 중국을 정벌하는" 사명을 한시도 잊지 않았다. 그가 한 모든 것은 이러한 사명을 이루려는 의식적 행동이었다.

마테오 리치는 교제를 통해 상대방에게 은연중에 영향을 미치는 것을 가장 효과적인 선교방법으로 여겼다. 그와 교제하는 자들 가운데 일부는 자기도 모르는 사이에 그의 인도로 교인이 되었다. 그는 전도자들이 교회 건물을 떠날 필요도 없이 저 이교도들에게 복음을 전할 수 있는 매우 효과적인 전도 방법이라고 만족스러워 하고, 그 경험을 다음과 같이 요약하였다.

> 새로운 종교의 출현이 의심을 일으키지 않게 하기 위하여 신부神父들은 중국인들 사이에 나타날 때 종교를 공개적으로 논하지 않았다. 중국인들에게 경의를 표하고 안부를 묻고 정성스럽게 방문객을 맞이하고 남은 시간은 중국어와 붓글씨를 배우며 그들의 풍속과 습관을 연구하는데 시간을 보냈다. 그러나 신부들은 더 직접적인 방법으로 이 이교異敎의 민족을 가르쳤다. 그것은 솔선수범하는 것, 그들의 거룩한 생활로 모범을 나타내는 것이었다. 신부들은 이러한 방법으로 사람들의 호감을 사고자 하였고, 점차 허장성세 없이 말로 믿게 할 수 없는 것을 그들의 생각으로 받아들일 수 있게 하였다. …[29]

---

29. 『利瑪竇中國劄記』, 앞의 책, 上冊, 167-168.

"합유"合儒의 우아한 자태

마테오 리치는 교제하는 가운데 자연스레 감화하는 것을 중시하였지만 모든 가능한 장소와 기회를 이용하여 정면으로 천주교 교리를 선전하는 것도 포기하지 않았다. 그는 "손님을 맞이할 때마다 천주교 교리를 말하였을"뿐만 아니라 많은 선교 책자들을 전문적으로 집필하였다. 이 책자들은 하나같이 교리에 "중국적 색채風味"가 짙게 배여 중국인들의 입맛에 맞도록 하였다.

중서中西를 꿰뚫는 그의 학문적 소양은 이 방면에 크게 쓸모가 있었다. 그는 경전을 두루 인용하며 그의 교리를 중국 유가 이론과 비교하고 조화를 모색하여, 양자는 원래 "같은 조상"同宗同祖이고 뿌리가 상통하며 천주天主와 중국의 옛 성현들은 서로 저촉되지 않는다고 설명하였다. 예를 들면, 그는 『천주실의』天主實義, 처음엔 『천학실의』天學實義라고 함라는 책을 써서 교리를 선전하였는데 『시경』詩經, 『서경』書經, 『역경』易經, 『예경』禮經 등 많은 중국 경전과 서적들을 두루 인용하며 논증하였다. 이 책은 여러 차례 판각되어 발행되었고 영향도 매우 컸다. 훗날 그는 또 『기인십편』畸人十編, 『변학유독』辯學遺牘 등의 여러 책을 집필하였고 이때에도 유가의 서적들을 다량 인용하며 그의 주장에 응용하였다.

종교와 중국 유가문화의 상호 수용성을 나타내기 위하여 그는 중국 교인들이 신앙을 갖기 전처럼 공자를 존숭하고 조상에게 제사 드리는 것尊孔祭祖을 반대하지 않았다. 공자를 존숭하고 조상에 제사 드리는 것은 중국의 극히 중요한 전통 예의禮儀이다. 이는 중국 전통문화의 특성을 반영하며, 중국인이 가장 민감하게 반응하는 것으로, 용龍, 중국 전통문화를 상징함과 하나님上帝, 기독교를 상징함의 관계에 작용하는 문화 요소 중 핵심 요소였다. 마테오 리치는 이 점에 있어 상당히 지혜롭고 관용적인 태도를 내보인 것이다.

결론적으로 마테오 리치는 스스로 유관儒冠에 유복儒服을 착용하여 유교적 분위기儒氣를 살렸을 뿐만 아니라 그의 종교도 유관儒冠·유장儒裝으로 유교적 분위기를 충분히 나타내게 하여 "합유"合儒, 유가에 합한인 듯한 자태로 보이게 하였다. 마테오 리치의 이런 방법은 천주교가 중국인들에게 다가가는 데 분명히 효과가 있게 하였다.

마술 도구

마테오 리치는 자연과학 분야에도 매우 풍부한 지식을 가지고 있었다. 이 똑똑한 전도자는 이 분야의 장기를 발휘하는 데 결코 소홀히 하지 않았다. 서양 과학지식의 소개를 매개로 사람들을 천주교로 귀의하게 하는 것은 마테오 리치의 "학술선교"의 중요한 수단이었다. 중국인들과 교제하면서 리치는 대상에 따라 혹은 수학, 혹은 천문, 지리, 기기제조 등의 지식을 소개하였다. 실물과 관계된 것은 가능하면 실물과의 관계를 통해서 상대의 흥미를 일으키고, 궁극적으로는 이들 지식을 천주의 창조造化와 관계 지어 사람들이 천주의 능력을 믿도록 하는데 노력하였다.

예를 들면 어떤 이는 그에게 천문학을 배운 뒤 관련 불교 학설과 비교하며 다음과 같이 감격하였다.

> 불교에서 천지의 구조를 해석할 땐 다만 수미산須彌山이 있고 해와 달이 그의 앞뒤를 돈다고 한다. 해가 앞에 있으면 낮이고 뒤에 있으면 밤이라 한다. 일식과 월식을 해석함에 있어서도 나한羅漢이 오른손으로 해를 가리면 일식이고, 왼손으로 달을 가리면 월식이라고 한다. 대지는 수미산 사방에 위치하고, 4대 부주四大部洲로 나뉘며 중국은 그 남쪽에 있다고 한다. 천지와 같이 유형有形의 헤아릴 만한 것에 대해서도 이렇게 황당한 설교를 견지하니 하물며 불가측의 무형의 것에 대해서는 어떻겠는가? 그 환상적이고 허구적이며 그릇 됨은 상상이 간다. 지금 리치 선생은 천지에 관해서 분명한 설명과 확실한 검증을 통해 조금도 어긋남이 없는 설명을 하고 있다. 이로 볼 때 천주교와 불교 중 누가 옳고 그른가를 분별하는 것은 얼마나 쉬운가?[30]

---

30. 王治心, 『中國基督敎史綱』(臺北: 文海出版社 "近代中國史料叢刊"本), 76의 본문에 근거하되 문장 표현에 약간의 수정을 가함.

이 중국인은 마테오 리치에게 탄복했을 뿐만 아니라 나아가 그의 종교를 존숭하였음을 알 수 있다. 마테오 리치는 지원설地圓說 등의 신지식을 소개하였을 것으로 생각된다. 아울러 그는 역산曆算, 천체의 운행을 계산함도 이해하여 일식과 월식을 정확하게 미루어 알고, 게다가 여러 천문기구를 갖고 직접 관찰할 수 있게 했으므로 불교의 이런 신화를 믿었던 자들을 정복하기에는 당연히 유리한 고지에 서 있었을 것이다.

마테오 리치는 많은 공을 들여 여러 자연과학 분야의 책들을 번역하였다. 그 목적은 물론 전도를 위함이었다. 그러므로 적지 않은 종교적 내용이 삽입되었다. 과학은 실은 종교 신화를 드러내는 가장 효과적인 무기인데 마테오 리치에게는 "마술 도구"와 같은 기능을 발휘하였다.

마테오 리치의 선교방법

마테오 리치는 한 치의 과장됨 없이 중국에서 매우 독창적인 선교방법을 선구적으로 사용하였다. 이를 일단 "마테오 리치의 선교방법"이라고 칭하도록 한다. 이 방법의 요점을 정리하면 다음과 같다. 교제를 통한 자연적 감화; 중국 전통문화와 조화된 듯한 모양; 학술과 과학기술을 중요한 매개로 하는 것 등이다. 이 기본 원칙은 모든 면에서 중국의 문화습관에 최대한(적어도 형식적으로) 영합한다는 것이었다.

이러한 선교방법은 마테오 리치 개인이 적용하였을 뿐만 아니라 그의 동료들도 유일한 준칙으로 받들어 함께 준수하였다. 마테오 리치는 당시 중국의 복음의 무대 위에 독자 출연한 것이 아니었다. 상당수의 사역자들이 그의 지도 아래 여러 지역에서 사역하였다.

리치의 선교방법은 명말明末만이 아니라 청초淸初까지 줄곧 시행되어 전후 백여 년간 중국에 적용된 기본 선교 모델이 되었다. 이는 "반석"의 열린 틈새선교의 문호를 더욱 크게 벌어지게 하였다.

이것만으로도 마테오 리치는 상당한 성공을 거두었다고 말할 수 있다. 만력萬曆 38년(1610) 그가 58세로 북경에서 병들어 세상을 떠났을 때 수도 북경과 그 외 지역의 중국 천주교 신자 수는 이미 2,500명이 되었다. 그중에는 고관·요인들과 사회의 명류名流들이 적지 않았다. 이른바 "성교천주교 삼걸"聖敎三傑로 불리는 서광계徐光啓, 이지조李之藻, 양정균楊廷筠이 그 대표적 인물들이다. 사실 수많은 중국 인구와 비교하면 2,500명은 보잘 것 없는 인원이다. 그러나 이것은 시작이었다. 그 뒤 몇 년 사이에 중국 천주교 신자의 숫자는 거의 기하급수적으로 증가한다. 이러한 수확은 리치의 선교방법을 계속해서 시행한 결과이다.

암암리에 황제의 교화王化에 상처를 줌

황량한 섬에서 복음을 전하지 못하고 죽음을 맞이한 하비에르沙勿略와 비교하면 마테오 리치와 그의 동료들은 성공했으며 행운아였다고 말할 수 있다. 그러나 그들이 줄곧 평탄한 길만을 걸었고 머리로 떠받든 하늘이 항상 맑고 밝았다고 생각하는 것은 잘못이다. 그들은 험난한 탐험에 나선 자들로서 그들 앞에는 급류와 여울이 곳곳에 놓여 있었고, 폭풍우가 수시로 몰아쳤으며, 악운도 뒤따랐다.

마테오 리치가 막 조경肇慶에 자리 잡았을 때였다. 주위 모든 사람들에게 예를 갖추고 비위를 맞추려고 노력하였지만 사는 곳이 어느 날 그 곳 백성들의 돌팔매의 표적이 되었다. 그 후 여러 곳에서도 그는 사대부와 백성들의 냉대와 반대에 직면하였고, 심지어 그들은 거칠게 소란을 피우며 리치를 쫓아냈다. 또한 수도 북경으로 두 번째 상경하는 길에서도 마테오 리치는 구금을 당한 경험이 있다. 당시 그가 당한 괴롭힘과 능욕은 말로 표현하기 어려울 정도이다. 황제의 예우를 받는 북경에서도 예부의 관리가 트집을 잡아 한때 그를 구금하고 심문하기도 한다. 그가 수도 북경에 영예롭게 거하며 가장 순탄한 날들을 보낼 때에도 음침한 분위기는 은연중에 그를 위협하였다. 마테오 리치 본인은 그래도 천수를 누릴 수 있었고, 사후에는 명 조정의 허락을 받아 북경에 묻힐 수 있었다. 그러나 마테오 리치의 동료들 중 많은 사람들은 불운하였다.

남경교안의 발발

마테오 리치가 죽은 지 겨우 6년 뒤, 다시 말해 만력萬曆 44년인 1616년에 전대미문의 "교난"敎難, 이른바 남경교안南京敎案이 명 왕조의 제2의 수도陪都 남경에서 발생하였다.

앞장서서 교난을 일으킨 자는 당시 남경의 예부시랑禮部侍郞으로 임직하다 후에는 예부상서禮部尙書로 승진하고 재상相國의 서열에 오른 심각沈㴶이었다. 그는 몇 달 동안 3개의 상소문을 연이어 올리며 과격한 글로 "먼 오랑캐"遠夷를 탄핵하였다. 또한 황제의 명詔이 내려지기도 전에 독단적으로 20여 명의 외국 선교사와 중국인 천주교도들을 체포하였다. 삽시간에 북경과 남경의 여러 관원들이 호응하고 선동하므로 선교사를 징벌하려는 기세가 거세졌다.

물론 선교사를 변호하기 위해 나서는 사람들도 있었다. 서광계는 유명한 「변학장소」辨學章疏를 올려 서양 선교사들의 "종적蹤迹과 마음 중 그 어느 한 곳도 의심할 곳이 없으며", "그들의 가르침道은 매우 바르고, 생활은 심히 엄격하며, 학문은 무척 넓고, 아는 바는 매우 정밀하고, 마음은 매우 참되고, 보는 바 또한 올곧다"고 변호하였다. 그러나 반대파에 비해 변호하는 쪽의 기세는 외로워 보일 정도였다.

과거 서양 선교사들에게 매우 흥미를 갖고 너그럽게 예우하던 만력萬曆황제도 기세등등한 반양교反洋敎 여론에 심금이 울려 갑자기 문제의 심각성을 깨달았는지 아니면 제왕의 지존한 몸이지만 쇠붙이를 녹일 듯한 여러 사람들의 위력에 밀려서 본의 아니게 "대세를 따랐는지" 결론적으로 금교禁敎의 유지諭旨를 내렸다. 선교사들에게 "종교를 통해 사람들을 미혹하고, 속내를 헤아릴 수 없다"는 죄목을 씌어 광동廣東에 구금한 후 서양으로 돌아가도록 조치하였다. 이에 선교사를 몰아내고, 예배당을 파괴하는 것이 한때 마치 난리를 평정하고 나라를 지키는 의거義擧처럼 여겨졌다.

비록 선교사들이 믿음을 견지하고 주님을 위해선 기꺼이 희생하겠다는 각오로 중국에 들어왔지만 액운과 재난에는 어찌하지 못하였다. 이번

사건의 "주범"으로 지목된 서양 선교사 바노니P. Alphonsus Vagnoni, 王豊肅는 50여 세의 나이임에도 체포된 뒤 작은 나무통 속에 가두어졌다. 족쇄와 수갑이 채워지고, 늘어뜨려진 긴 머리카락은 여러 날 동안 못 다듬어지고, 더럽혀지고 찢긴 옷은 어쩌지 못하였다. 천주교가 이러한 어려움을 겪자 복음사역은 심각한 영향을 받을 수밖에 없었다.

가격한 급소

남경교안은 마른 하늘에서 떨어진 날벼락이었는가? 아니다. 이는 먹구름에 쌓인 음양의 전하電荷가 서로 부딪치며 폭발한 세찬 천둥이었다. 천주교 측 조사에 따르면 남경교안 이전에 54건의 소규모 교안이 이미 여기저기서 발생하였다고 한다. 남경교안은 다만 세인을 놀라게 한 가장 격렬하고 전형적인 교안에 불과하다. 교안의 발생 원인은 복잡하다. 그러나 가장 주된 것은 각자 특성을 띤 중국 유가문화와 서양의 기독교문화의 충돌에서 찾을 수 있다. 이 교안을 단서로 더 넓은 사건의 내막을 깊이 파헤쳐 보자.

선교사를 징벌하여야 한다는 심각沈潅의 이유는 "먼 오랑캐가 도성에 난입하여 암암리에 왕화王化를 해 친다"는 것이었다. "왕화"의 글 뜻은 "군주의 덕화德化"이고, 실질적으로는 군주가 유가문화로 천하를 교화하고 치리하는 것을 뜻한다. 심각은 그의 상소문에 다음과 같이 언급하고 있다.

> 제왕이 세상을 제어함은 유술儒術에 근거하여 기강을 정하고, 기강으로써 상벌을 분명히 하여 백성들로 하여금 나날이 권선勸善 개악改惡하게 하며 이상한 것에 홀리지 않게 하는 데 있습니다.[31]

이로 볼 때, "왕화"는 유가문화를 포괄하고 일반적으로 유가문화를 의미할 수 있을 뿐만 아니라, 유가문화를 왕권과 유기적으로 결합시켜 선명한 정치적 색채를 띠고 있다. "암암리에"暗라는 용어는 왕화를 해치는 선교사들 행동 양식의 특징에 대한 인식을 적절히 나타낸 것이다. 게

---

31. 徐昌治 輯, 『破邪集』(北京圖書館藏陳垣先生遺本), 卷1, 5.

다가 "도성에 난입"하였으니 사태의 심각성은 자연히 증폭될 수밖에 없었다.

"암암리에 왕화를 해친다"는 주장은 명말 반양교反洋敎 여론이 가격한 급소를 조명한 것으로 문제의 핵심을 파악하고 논지를 제대로 개괄한 언급이 아닐 수 없다. 『파사집』破邪集, 혹은 『성조파사집』聖朝破邪集이라고도 함은 가히 명말 반양교 여론을 집대성한 서적이라고 할 만하다. 많은 저자들이 글을 썼는데 주로 유儒 · 불佛 양가 연합전선의 필진이었다. 그들의 언론 기조基調 역시 선교사들이 "암암리에 왕화를 해친다"는 질책으로 일치하고 있다.

평소 유가 지식인들의 점잖음은 찾아볼 수 없고, 그들이 노발대발하는 모습을 문장 곳곳에서 느끼기에 충분하다. 그들은 세상 사람들에게 심각성을 이렇게 알리고 있다. 선교사들이 겉으로는 유가를 존숭하며 천주의 가르침이 요堯 · 순舜 · 주공周公 및 공자의 가르침과 별 차이가 없는 것처럼 위장하고 있지만 실제로는 "안陰으로는 그들의 가르침을 늘어놓아 불교와 도교를 배척排佛, 斥老하고 유가를 억눌러抑儒 요 · 순 · 주공 · 공자 위에 군림하려고 한다." 그러므로 유가의 전통을 어지럽히는 것치고 이처럼 큰 변고가 있었던 적이 없었다는 것이다. 선교사들이 유가에 대해 감히 불교와 도교에 대하듯이 공개적으로 비난하지 못한 것은 중국의 가정마다 공자를 존숭하고 요 · 순을 동경하였기 때문에 "그에게 접근하고 둥지를 틀지" 않을 수 없었던 것이다. 그들은 "아첨"媚과 "살그머니"竊란 궤계詭計를 취한 것이다. 아첨은 사람들의 호감을 사고, 사람들이 따르도록 유인하여 사람들을 낮추고; 살그머니는 사람들을 놀라지 않게 하며 쉽게 자신을 사람들 속에 몸담게 한다. 그러다가 어느 날 여건과 힘이 갖추어지면 포효하면서 곧바로 공자를 모시는 사당으로 달려가 그를 한 입에 삼켜버린다는 것이다.

선교사들의 공공연한 비난의 대상이 된 불문佛門의 제자들은 더더욱 인내를 잃고 매우 격분하며 언성을 높여 싸움에 가세하였다. 그들의 수천수만의 외침을 요약하면: 옳소, 옳소, 이 가증스런 오랑캐 종자들이 바로 "겉으로는 불교와 도교를 배격하여 유가쪽을 의심케 하고, 속으로는 유가의 학자들을 폄하하여 가르침을 취하려고 한 것이요"[32]라는 한마디였다.

과연 그러한가 아닌가?

교묘한 바꿔치기

마테오 리치는 세상을 떠나기 1년 전 교회의 기관장에게 쓴 편지를 통해 자기의 속내를 진술하고 있다. 그는 유가를 겉으로 칭송하고 유가를 이용해서 불교와 도교를 공격하는 전략에 대해 설명하면서 심지어 어떤 중국 인사는 그를 "유생儒生들에게 아부하는 사람"이라 말했다고 언급하고 있다. 그는 이를 몰래 기뻐하며 속마음을 다음과 같이 드러내었다.

> 나는 다른 사람들도 이 각도에서 나를 보기를 열망한다. 만약 우리가 어쩔 수 없이 세 교파유·불·도를 가리킴와 싸워야 한다면 우리가 해야 할 일이 더욱 많아지기 때문이다.[33]

한마디로 그는 천기天機, 천지의 기밀를 간파하고 있었다. 마테오 리치 등이 유생들에게 겉으로 아부하며, 불교와 도교에 대해서는 힘을 다해 공격한 것은 그들의 반대자들이 지적한 것처럼 완전히 계략이었다.

물론 마테오 리치 등이 유가에 대해서도 포괄적 긍정으로 일관한 것은 아니다. 그들은 이른바 "진유"眞儒에 대해서만 추앙함을 나타냈다. 그들은 진유眞儒를 회복시키고 수호한다는 기치를 내걸며 불교와 도교를 공격하였다. 그 기본 논리는 다음과 같다. 최초의 유학儒學만이 순수하였고, 이후의 "신유학"新儒學, 송대에 형성된 유가은 불교와 도교의 사악함에 감염되어 여러 유사儒士라고 불리는 사람들도 이미 진유眞儒가 아니라 "속

---

32. 위의 책. 이상 두 단락 안의 인용문의 출처는 黃問道의 「闢邪解」, 鄒維璉의 「闢邪管見錄」, 許大受의 「聖朝佐闢自敍」, 黃貞의 「請顏先生闢天主教書」, 普潤의 「誅佐集緣起」 등이다. 모두 『破邪集』에 수록되어 있다.
33. J·謝和耐 저, 于碩·紅濤·東方 역, 『中國文化與基督教的衝撞』(瀋陽: 遼寧人民出版社, 1989), 50. (원서명: Jacques Gernet, *Chine et christianisme*, 영문명: *China and the Christian Impact: a Conflict of Cultures*.)

유"俗儒가 되었다는 것이다. 그러므로 불교와 도교의 사악한 성분을 제거하여 유학을 원래의 모습으로 되돌려야 한다는 주장이었다. 마테오 리치 등은 유가문화의 발전과 변화의 기본 맥락 및 유·불·도 삼가三家의 구조관계를 잘 파악하고 있었다.

당시 중국사회의 정통사상인 유학은 실제 순수한 혈통이 아니었다. 유학은 선진유학先秦儒學, 양한경학兩漢經學, 송명이학宋明理學 세 기본 형태의 변천과 발전과정을 겪었다. 양한경학은 이미 유학의 원형이 아니고, 유儒家·도道家의 상호보완적인 점이 특징이다. 송명이학은 한 걸음 더 나아가 유·불·도의 상호보완적인 복잡한 구조를 갖추어 중국문화의 전통을 최종적으로 확립시켰다. 유·불·도 삼가三家가 대립하다 교류하게 된 긴 과정 중 때로는 불·도 양가兩家의 기세가 비등하여 마치 세상을 호령하는 듯 해 보이기도 하였다. 그러나 왕좌는 사실 항상 공자의 몫이었다. 공자의 비장의 카드는 "왕화"王化를 행하려는 모든 "천자"는 반드시 자기와 손잡아야 한다는 것이었다. 결국 유학의 윤리 중심의 특성에는 아무 변함이 없었고, 오히려 불·도 양가兩家의 유용한 것들을 차용하여 자신의 체질을 보완하고 강화하였던 것이다.

이는 공자 본인의 겸손함에 있지 않고 남의 장점을 취하여 자신의 단점을 보충하는 그의 "적통"嫡傳 제자들의 총명함에 기인한다. 지성선사至聖先師, 공자를 가리킴가 가르친 내용은 너무 소박하여 철학적 내용과 사변적 기능이 부족하였다. 이에 반해 도가道家는 철학적이며 사변적인 장점을 지니고 있었고 불교는 더 심오하다. 도·불 양가兩家의 장점을 취하여 보완한 결과 유가는 오

북경시 부성문밖阜成門外 마테오 리치의 묘

묘함과 신비로움을 더하여 깊이를 헤아릴 수 없는 듯한 느낌을 주었다. 결론적으로 말한다면 유가儒家가 불·도를 개조改造한 것이지 불·도가 유가를 개조한 것이 아니다. 원래의 노자철학적 도가이든지 선화仙化된 종교화된 노자이든지, 아니면 인도의 석가가 되었든지 결국엔 공자의 좌우 양팔이 되어 주었을 뿐이다.

마테오 리치 등은 이러한 사실을 간파하고 있었다. 그러므로 먼저 공자와 정면 대결하지 않고, 자세를 가다듬어 불·도를 공격한 것이다. 솔직히 말해서 이는 측면으로 우회하여 공자의 좌·우 양팔을 불시에 제거하려는 속셈이었다. 그들은 진정으로 유가로 하여금 원래의 모습으로 돌아가게 하려한 것이 아니었다. 바꿔치기를 하려고 하였던 것이다. 불·도를 몰아낸다는 미명 하에 교묘하게 서양의 천주로 공자를 대체하려고 하였던 것이다. 이 면에 있어서 마테오 리치 등의 수법은 대단하다고 밖에 할 수 없다. 그들은 핵심을 간파하여 유가의 외형은 그대로 두고 본질은 천주교로 몰래 바꾸어 버리려고 한 것이었다.

"천"天을 통한 대서특필

유가 경전에도 "천"天과 "상제"上帝가 존재하지 않은가? 마테오 리치 등은 이 점을 대서특필하였다. 『천주실의』天主實義 제2장을 예로 들면 열 몇 곳에서 유가 경전 중 "하나님"의 뜻이 있는 내용을 인용하며 유가 경전 중의 "천", "상제"가 기독교의 유일한 참 하나님 "천주"天主·"상제"와 동일함을 논증하고 있다. 마테오 리치 등은 갖은 방법으로 중국의 유가 경전 중의 "천"에게 만물을 창조한 분의 신성神性을 부여하며, "천"은 자연의 조화의 산물이 아님을 강조하였다. 이를 위해, 유가의 "태극"太極을 천지만물의 근원으로 여기는 이론을 공공연히 비난하였다.

사실 중국의 "천"은 서양의 "천주"와 상당한 차이가 있다. 선진先秦, BC 221년 진 나라가 중국을 통일하기 이전. 역자 주의 제자諸子, 학파들 가운데 묵가墨家를 제외한 다른 학파들은 천의 신성神性 유무에 대해 일반적으로 모두 무하다고 여겼다.[34] 유가의 천에 대한 인식도 실제적 현상에 치중하였다. 공

---
34. 이에 대한 학자들의 견해는 여전히 분분하다. (역자 주)

자는 "천이 말을 하였는가? 사시四時가 운행하고 만물이 생성한다. 천이 말을 하였는가?"라고 말한 적이 있다. 그는 또 "천에게 죄를 지으면 기도할 곳이 없다"라고도 말하였다. 겉으로 보면 마치 천을 의지적意志的 신神으로 보는 것 같지만 실제로는 도리에 어긋나면 불가지不可知의 천에게 기도해도 별 소용이 없다는 말이다. 송대 주희朱熹에 이르러서는 더 명확하게 "천"을 "이"理와 대등하게 제시하였다. 유가의 "천"은 비록 예로부터 전해 내려오는 신비주의 색채를 다 벗어버리지 못하였지만 윤리화, 정치화를 강화하는 방향으로 나아갔다. 중국에서도 하늘天에 제사를 드렸다. 그러나 서양의 모든 사람이 다 유일한 참 하나님에 대한 예배를 받들 권리가 있는 것과는 현저히 달랐다. 중국의 봉건시대에는 하늘에 대한 제사는 오직 "천자"만이 누리는 정치적 특권이었다. 만약 다른 사람이 하늘에 제사를 드린다면 바로 분수에 어긋나는 것이고 심지어는 반역을 꾀하는 행위였다.

그러므로 반양교反洋教의 투사들은 경전을 인용하며 하늘 천이 하나님에 의해 창조되었다는 신화神話에 대해 하늘 천은 음양 2기二氣에 의해 생성된 것이지 창조된 것이 아니라고 설명하였다. 그들은 마테오 리치 등이 논박하는 태극설太極說에 대해서는 태극설은 무오하며 유가의 하늘 천에 관한 이론과 일치함을 논증하였고; 선교사들의 "천"하나님은 모든 세상 사람들의 경배의 대상이라는 설교에 대해서 "천은 지존하여 아무나 함부로 넘겨보아서는 안 되며, 제사에는 차등이 있어서 이를 넘어서도 안 된다"며 목소리를 높였다. … 그들은 "요천邀天, 설천褻天, 참천僭天, 독천瀆天"의 죄명을 몽땅 선교사들에게 더하며, 불구대천의 원수를 대하듯 하였다.

환심술

"인"仁은 공자 사상의 핵심이다. 마테오 리치는 아주 교묘하게 "환심술"換心術을 시도하였다.

공자 학설 중의 "인"仁은 분명히 "인간"人을 본위로 하고 있다. 이에 대해 공자 본인과 맹자는 거듭해서 강조하였다. "번지樊遲가 인에 대해 물으니, 공자가 대답하길: 인간 사랑이다愛人"라고 하였다; "인仁이란 것은 곧 인간人이다"; "인仁한 사람은 인간을 사랑한다" …. 기독교 교의敎義에서도 "인간에 대한 사랑"을 말하지만 그것은 하나님을 경애하는 최고의 원칙에서 파생된 것이다. 사랑의 기점과 전제는 "네 마음을 다하고, 목숨을 다하고, 뜻을 다하여 주 너의 하나님을 사랑하라. 이것이 크고 첫째 되는 계명이요"이다. 마테오 리치는 바로 이 신본적神本的 정신으로 인仁의 성격을 왜곡하여 "인仁이란 천주를 사랑하는 것이다"는 명제를 명확히 제기하였다.

 인仁에 이르는 수단과 경로에 대해서 유가 학설은 인간의 본성을 선하다고 여기므로 자아 완성의 과정을 통해 인仁의 경지에 이를 수 있다고 보았다. 그러나 마테오 리치는 기독교의 원죄설, 실질적으로는 성악설을 근거로 인간의 자아완성의 능력과 목적을 부정하고, 오직 천주를 사랑함으로써 인仁을 실현할 수 있다고 강조하였다.

 임금에게 충성하고 부모에게 효도하는 것忠君孝親은 유가 삼강오상三綱五常의 요지이며 "인"仁의 근간이기도 하다. "선생님공자의 가르침道은 충忠, 서恕일 뿐이다"; "효제孝弟란 인仁의 근본이다"라는 등의 내용은 충군효친의 중요성을 논하는 것이다. 선교사들은 고심하며 이 본질을 수정하려고 하였다. 마테오 리치는 『천주실의』天主實義에서 이런 지론을 폈다. 내 임금과 나는 주인과 신하 사이이고, 내 아버지와 나는 부자지간이다. 그러나 무소부재無所不在하신 천부 하나님과 비교하면 앞서 말한 구분은 모두 사라지고, 주인과 신하主僕, 아비와 아들父子은 다 형제가 된다. 우리의 혈육이 아무리 가깝다고 하여도 우리와 천주님보다는 멀다. 그는 또 "우주삼부"宇宙三父설을 기발하게 고안해 냈다. 즉 우주에는 세 아비가 있다. 하나는 천주天主이고, 하나는 임금國君이고, 하나는 부친家君인데 그중 천주가 으뜸이다. 아들 된 자가 천주의 뜻에 순종하기만 하면 비록 군주와 부모를 어기더라도 효자 되는 것을 막지 못한다고 하였다. 이는 기독교 교의로 유가의 삼강오상을 어지럽히는 주장이며, 마테오 리치의 "환심술"가운데 중요한 술수였다.

반양교反洋敎의 투사들 중에 어떤 이들은 마테오 리치 같은 이들의 술수에 대해서 예민하게 감지하고 간파하고 있었다. 마테오 리치와 공자가 말한 인仁은 취지가 크게 다르며 "근본이 일치하는 본질에 이르지 못하였다"라고 정곡을 찔렀다. 그들은 특히 충군과 효친에 의해 실현되는 "인"仁의 요지를 마테오 리치 같은 자가 왜곡하는 것에 대해 참지 못하였고 의분에 차 이렇게 비난하고 반박하였다.

> 부모를 사랑하는 것이 인仁이요, 윗사람을 존경하는 것이 의義이다. 천성天性은 스스로 나타나는 것으로 아득히 멀리서 찾을 필요가 있는가! 마테오 리치는 오직 천주만을 세상 사람들의 큰 아비요, 우주 모두의 임금으로 받들어 조석으로 사모하여야 한다고 말한다. 이는 부모를 작은 자로 사랑할 바가 못 되고, 임금을 사사롭게 여겨 존경할 필요가 없다는 것이다. 세상 사람들을 이끌고 불충·불효하는 자는 꼭 이렇게 말한다.[35]

이러한 비난은 결국엔 노발대발하는 것으로 이어진다.

> 이제 천주만 섬기면 아들을 아비와, 신하를 군주와 대등하게 하니 이보다 더한 패륜悖倫이 어디 있는가![36]

타협의 배후

충·효 양자 중에 "효"는 사안에 더 중요하게 관계된다고 할 수 있다. 유가의 윤리에 있어서 효도는 가히 바탕 중의 바탕이요, 핵심 중의 핵심이라고 할 수 있다. 역사가 유구한 종법宗法사회에서 만들어진 이 관념은 중국 전통 윤리도덕의 중심이 되었다. 천지군친사天地君親師는 친親을 주축으로 하고 있다. 충군忠君일지라도 효친孝親을 근본으로 한다. "국"國은 "가"家의 확대이

---

35. 陳侯光,「辨學蒭言」,『破邪集』, 卷5, 3.
36. 위의 책, 卷5, 4.

기 때문이다. 이른바 "군자는 어버이를 효로써 섬겨야 그 효심을 옮겨 임금에게 충성할 수 있다"君子之事親孝, 故忠可移于君란 바로 이러한 관계를 드러내는 것이다. 신종추원愼終追遠, 부모의 장례를 정중히 치루고 세상 떠난 선친들을 추모함의 의미에서 효친孝親을 구체화한 조상제사祭祖는 이만저만 중요한 일이 아님을 이로써 알 수 있다. 그러므로 조상제사는 시종 천주교 측과 다투는 중요한 문제가 되었다.

결론적으로 말하면 중국의 조상제사는 종교적 의식이 아니라 윤리적 교화의 수단이었다. 『예기 · 제통』禮記 · 祭統엔 "제"祭를 "교화의 근본"敎之本으로 매우 분명하게 여기고, "사회에서는 사람들에게 임금과 어른을 존경하도록 교육시키고, 가정에서는 부모에게 효도하도록 가르친다"와 연결시키고 있다. 이로 볼 때 조상제사는 산 사람을 교화敎化하기 위한 것임을 알 수 있다.

일찍이 선진先秦, BC 221년 진 나라가 중국을 통일하기 이전 시기에 이러한 윤리 의식은 지극히 숙연한 지경에 이르러 있었다. 예를 들어 "시동尸童을 세워두고 제를 지내는"立尸而祭 일이 있었는데 이는 산 사람을 조상의 시신으로 가장하여 제사를 드리는 것이다. 게다가 가장한 자는 보통 제를 지내는 자의 자식이나 조카뻘로 하였다. 바꿔 말해 실제로는 연장자가 아랫사람에게 절을 하는 것이었다. 그러나 제를 드리는 자나 가장을 한 자나 모두 장난기를 찾아볼 수 없었다. 후에 이런 방식은 사라졌지만 조상제사의 윤리전통으로서 구속력은 더욱 강화되어 사회성, 민족성의 가장 보편적이고 극히 엄숙한 풍속으로 전해졌다.

똑똑한 마테오 리치는 분명 이런 완강한 저항력을 감지했을 것이다. 그러므로 유가 효도의 윤리적 본질을 고치려고 애쓰는 동시에 절반은 전략적으로, 절반은 하는 수 없이 조상제사 의식을 용납하였던 것이다. 그러나 그의 동료들 가운데 이러한 타협이 너무 지나치다고 생각하며 조상제사를 우상숭배로 간주하고 반대해야 한다고 용감하게 주장한 이들도 있었다. 그 결과 그들은 즉시 감당하기 힘든 말과 글의 비난을 초래하였다. 심각沈㴶은 "조상에게 제사하지 말라고 권하였다"는 것을 먼 오랑캐가 왕화王化, 황제의 교화를 암암리에 해친다는 주요 죄목의 하나로 삼았고 이는 폭넓은 호응을 얻었다.

조상제사 문제에서만이 아니라 중국선교의 기본 전략방침으로 볼 때에도 당시 천주교 측 내부에는 이견이 있었다. 마테오 리치는 이 중 온건한 현실파務實派의 대표적 인물이다. 그러나 "마테오 리치식 선교방법"일지라도 근본적으로는 "암암리에 왕화王化를 해치는"것이었다. 은밀한 방법으로 학리學理의 본질 면에서 천하를 교화하고 치리하는 봉건통치자의 사상적 무기인 유가문화를 개조하여, 이른바 "합유"合儒, 유가에 일치, "보유"補儒, 유가를 보완의 깃발 아래 "초유"超儒, 유가를 능가함, "대유"代儒, 유가를 대신함의 목표에 이르려는 것이었다. 이는 자연히 왕권王權에 해가 되었다. 마테오 리치 등에 대해 반양교 투사들이 주장했던 "암암리에 왕화王化를 해친다"는 비난은 이러한 의미에 국한하여 볼 때 결코 날조된 것은 아니었다.

같은 입지 안에서의 양극화

마테오 리치 같은 이들이 정말 암암리에 왕화王化를 해하려 하였고, 그들을 징벌하려는 이들은 왕화를 수호하려는 이들이었다면 리치 등에게 관용의 태도를 갖거나 심지어 세례를 받은 "천주교를 수용한 세력"은 왕화에 반역을 하는 것일까?

발목이 접질린 공작새

사실 천주교를 수용한 사대부들도 원래의 입지를 떠나서 "왕화"와 대립하는 측에 서지 않았다. 그들이 높이 쳐든 것은 똑같은 유학수호, 왕권수호의 깃발이었다. 이는 반양교의 사대부들과 차이가 없다. 그들 중에는 서양 선교사들이 전파한 "천학"天學과 "성교"聖敎는 중국의 유학에 합한다고 정말로 믿었고, 심지어 선교사들은 중국 성현의 가르침에 귀의하고 그 가르침을 널리 떨치러 온 것이라고 생각하였다. 그러므로 마테오 리치 같은 이들에 대해 "서쪽에서 온 공자"라고 호칭하였다. 이렇게 된 이상 그들의 마음속에 서유西儒의 "천학天學"에 대한 수용은 자연히 왕화에 유익한 일이었다. 대표적으로 서광계徐光啓는 「변학장소」辨學章疏에서 마테오 리치 같은 이들은 "실은 다 성현의 제자들이며", 그들의 주장은 "충·효와 사랑을 근간으로 하고", "하늘을 섬기는 학문으로 참으로 왕화王化에 유익하며, 유술儒術을 보좌하고, 불법佛法을 바로救正하는 것이다"[37]라고 단정하고 있다.

마테오 리치 등이 근본적인 이론學理에서 중국문화를 개조하려고 하였다면 천주교 수용 사대부들은 이 점에 있어서 크게 속은 것이 아닌가? 재미있는 것은 아니라는 것이다.

천주교 수용 사대부들에게 있어서 그들의 골수를 윤택하게 한 것은 여전히 중국 성현의 가르침道이었다. 기독교의 참뜻에 대해서 상대적 거리가 있었다. 마테오 리치 등은 전략적인 고려에서 교의敎義를 진솔하고 체계적으로 해석하여 전하지 않았다. 다만 어슴푸레한 묘사를 통해 중국인의 흥미를 유발시키고 이로써 그들이 능동적으로 가르침을 요구하길 바랐다. 그러나 천주교 수용 사대부들은 그렇게까지 진지한 흥미를 갖지 않았다. 다만 서양 종교西敎와 중국 전통학문中學이 서로 일치한다는 사고의 맥락에 따라 고집스럽게 중국 경전經典의 내용물로 서양의 교의敎義를 해석하였다. 바꿔 말하면 실제로는 유학으로 기독교 교의를 개조하였던 것이다. 절묘하게도 의도와는 달리 반대 방향으로의 진행이 아닐 수 없다.

일부 선교사들은 이러한 문제점을 점점 더 분명하게 파악하게 되었다. 그러므로 입교入敎한 사대부들도 다만 겉모양만 있는 개종자들로서 "눈부신 깃털 속에 보기 흉하게 달린 공작의 다리와 같다"[38]고 놀라 외쳤다. 물론 선교사들도 그들의 교의敎義를 정면으로 더 많이 전하여 명실상부한 "공작"새를 만들려고도 하였지만 얻기보다는 더 많이 잃는 위험을 초래하였다. 천주교를 수용한 사대부들 중 점점 더 많은 이들이 오랜 꿈

---

37. 王重民 輯校,『徐光啓集』, 下册, 431, 432.
38. J·謝和耐,『中國文化與基督教的衝撞』, 앞의 책, 26.

에서 막 깨어난 듯 나는 줄곧 선교사들이 "우리의 가르침道을 사모하여 온 줄"로 알았는데 이제야 그들이 "우리의 가르침을 절취하여 거슬리려叛"는 것을 알게 되었다고 소리 질렀다. 그러므로 뒤돌아 반격하는 이들이 있는가 하면, 선교사들에 대해 의심하거나 냉담한 태도를 갖는 이들이 갈수록 늘어 갔다. 사태의 악화를 막기 위해 선교사들은 교의敎義를 애매하게 선전하는 선에 머무를 수밖에 없었다.

누가 취하고 누가 깨어 있었는가

천주교 수용 사대부들은 선교사들이 암암리에 왕화王化를 해치는 것을 경계하고 예방하여야 한다는 문제에 대해 반양교反敎 사대부들만큼 예민하지도 깨어 있지도 않았다. 그러나 전반적인 상황에서 본다면 그들은 반양교 사대부들보다 매우 이지理智적이었다.

반양교 사대부 가운데 일부는 심각한 미혹과 과격함에 빠졌다. 그들의 생각은 정과 사正邪, 화와 이華夷, 중국과 오랑캐의 이분법에 속박되어 있었다. 유가 전통에 부합하느냐 않느냐를 정·사正邪 판별의 절대 기준으로 삼았고, 거기에 화이지변華夷之辨인 지역과 인종人種이란 요소가 더 가미되었다. 그들의 마음속에는 오랑캐夷人와 오랑캐 종교夷敎는 유儒뿐만 아니라 화華에도 속하지 않는 것으로서 이들의 모든 것은 다 사악하고 야만적일 수밖에 없었다. 사악함으로 올바름을 어지럽히고, 오랑캐 것으로 중국을 변화시키려는以夷變夏 은밀하고도 분명한 우환을 어찌 근절하지 않을 수 있겠는가? 그러므로 그들은 학리學理적으로 "사"邪를 배척하여 왕화를 수호하고자 할 뿐만 아니라, 천주교와 관계 된 모든 것, 즉 종교신학이든지 과학기술을 포함한 기타 "서양 학문"西學의 내용이든지, 사리事理·기물器物 혹은 선교사 자체이든지를 가리지 않고 다 배척하였다.

반양교 사대부들이 조성한 반양교 여론 중에는 과장되고 사실이 아닌 내용들이 대량으로 섞여 있었다. 예들 들면 선교사들이 사사로이 역법曆法, 천체의 주기적 운행을 관찰하여 시간을 구분하고 날짜의 순서를 헤아리는 방법을 학습하여 왕조의 정삭正朔, 한 해의 시작을 어느 달로 정하는 지 등을 어지럽히며, 그들이 머무는 거처가 황실의 통제구역을 범하고, 예수의 수난상受難像으로 군주를 시해하려는 부적을 삼고, 망원경 등 교묘淫巧한 물건들로 국정國情을 엿본다는 식이었다. 또한 이 모든 것들이 선교사가 왕권을 넘보려 한 증거라는 것이다. 이들의 반양교 행위가 지나치다는 사실은 분명하다.

천주교 수용 사대부들도 비록 왕화王化의 입지를 벗어나지 않았지만 정正사邪의 이분법正邪之辨, 특히 화華 이夷의 이분법華夷之辨에 대해서는 크게 괘념치 않은 듯하다. 일반적으로 말한다면 천주교 수용 사대부들은 천주교에 대한 흥미보다는 마테오 리치 같은 이들의 인품과 재능과 학문에 대한 흥미가 훨씬 더 컸다. 그들은 노란 머리, 파란 눈, 높은 콧대의 서양인을 인종적으로 경시하지 않았다. 뿐만 아니라 그들이 나타낸 겸손, 열정, 부지런함, 엄격함과 사역을 위해 기꺼이 헌신하는 정신에 진심으로 탄복하였다. 특히 선교사들이 들여온 서양 과학기술은 국가 경제와 민생에 유익하기에 배우고 수용하여야 한다고 여겼다. 과학기술은 선교사들의 낚시 미끼에 지나지 않았지만 이 중국인들은 그 미끼를 먹어치우되 낚시 바늘에는 걸리지 않으려고 하였다. 사람됨을 존경하고, 그 기술을 배우되 그 종교는 멀리하는 것이 아마도 천주교 수용 사대부들 중 대다수의 태도였을 것이다. 이는 천주교 수용 사대부들 가운데 선교사들과 즐겨 교제하는 이들이 많았지만 입교하는 자가 적었다는 사실에서도 증명되고 있다.

설령 "성찬식에 눈물을 흘리며 참여"한다는 서광계徐光啓, 이지조李之藻와 같은 이들의 입교도 상당 부분은 아내가 귀여우면 처갓집 말뚝에다 대고 절을 한다는 연유에서 비롯되지 않았

서광계의 초상화

제3장 반석이 열리다 77

을까? 그들이 평생 뜻으로 삼아 정력을 쏟고 이룩한 성과도 주로 과학기술과 학술 분야이지 종교 분야가 아니었던 것은 분명한 사실이다. 정부가 편찬한 정사正史에도 그들이 서양 선교사들에게 "천문, 역산曆算, 천체의 운행을 계산함과 화기火器를 배워 그 진가를 발휘하도록 하였다"라고 칭찬하지 않았는가? "'기하'幾何란 대저 천지에 기하얼마가 없다고天地間之無幾何 웃는 것"이라는 해석으로 "오랑캐의 위서僞書"『기하원본』幾何原本을 질책한 반양교 투사들에 비해 서광계 같은 이들은 그야말로 "안목이 탁월한 자"卓犖通人라고 평가할 수 있다.

계약식契約式 신앙

일반 백성들 중에도 풍수風水를 지키기 위해 서양 선교사를 몰아내야 한다는 류의 반양교 활동에 자주 참여하는 이들이 있었다. 그러나 선교사들의 경험에 의하면 가난한 백성은 관官·신紳, 향신鄕紳들보다 복음을 쉽게 받아들였다. 그래서 복음사역이 사회상층부로부터 점점 더 냉대 받고 제재당할 때 선교사들은 신도 확장의 중점 목표를 서민층으로 전환하였다.

서양 하나님에 대한 일반인의 배척 정도가 약한 것은 중국 성현의 가르침이 사대부들의 머릿속에 뿌리내린 것보다는 적었기 때문이 아닌가? 과거시험을 준비하고 급제하는 능력과 행운이 일반인들에게는 주어지진 않았지만 사실 일반인 또한 잠시도 왕화의 천지를 벗어나지 않았다. 항상 듣고 영향을 받았기에 유가의 윤리도덕은 그들의 마음속에 굳건히 자리 잡고 있었다. 그러나 사대부들과의 가장 큰 차이는 기본적인 생계를 위해서 힘들게 일하고 고생하면서도 사대부들처럼 먹을 걱정, 입을 걱정이 없는 편안한 삶이 보장되지 못했다는 데 있다. 게다가 어찌할 수 없는 천재天災와 인화人禍로 그들은 여러 신령神靈을 더 절실히 필요로 했다.

이런 수요에 의해 요구되는 도움은 실용주의 색채를 짙게 띠게 된다. 횡재하는 꿈을 꿀 땐 재물 신에게, 집안의 평안을 구할 땐 문신門神에게, 치료할 돈이 없을 땐 약신神農氏에게, 자기의 좋은 말을 옥황상제가 듣게 하기 위해선 부뚜막신竈王爺에게 구하는 등등. 이것저것 없는 게 없으며 다양한 신들과 그에 맞는 복이 있어서 필요에 따라 찾아 구하고 지나면 버린다. "평소에는 불공을 드리지 않다가, 급할 때는 부처 다리를 안는다"는 속담은 그에 맞는 적절한 표현일 것이다.

일반인과 신령神靈 사이엔 일종의 계약 관계가 유지되었다. 소위 "소원을 비는 것"許願과 "소원을 이룬 후 약속한 것을 갚는 것"還願은 가장 일반적인 약속을 맺고 약속을 지키는 형식이다. 그 요지는 신령이 나의 요구를 만족시켜 주면 비로소 약속한 것을 바치고, 그렇지 않을 경우엔 약속을 지키지 않거나 심지어는 신령을 벌하는 것이다.

논리적으로 말하면 이러한 실용주의적 계약 방식의 여러 신들을 이용하는 것(사실 공경하며 믿는다라고 말할 수 없음)은 기독교의 엄격한 유일신론과는 상충한다. 그러나 일반인들 사이에 퍼져 있는 이런 생각들은 신도를 늘리는 데 큰 도움이 되었다. 그 이면엔 기꺼이 세례를 받는 서민들이 서양의 가르침을 제대로 깨닫지 못한 채 다만 서양의 하나님을 그들의 여러 신들 중 새로운 신의 일원으로 여기고 받아들였다는 데 있다.

이는 선교사들이 절대 원하는 바가 아니었지만 어찌하지 못하였다. 심지어는 선교사 자신도 모르는 사이에 이에 영합하거나 이를 용인하였다. 어떤 선교사는 서민들이 입교하도록 하기 위하여 혹은 악귀를 쫓아내고, 액막이를 하고, 병을 고치는 박수巫師와 같은 역할을 감당하였다. 또 혹은 법의法衣와 성대聖帶를 착용하고 기도문을 외우고 성수聖水를 뿌리며 길가와 논밭으로 나아가 메뚜기 떼를 쫓거나, 혹은 존귀한 성모로 하여금 삼신할머니送子娘娘 겸 산파가 되게 하는 등등이 그 예이다.

선교사로부터 약속을 받은 서민들은 우연의 일치든지 요행으로든지 오랫동안 괴롭혔던 재난과 질병이 기적처럼 사라질 때, 메뚜기 떼가 지나가고도 절반의 수확량이 남았을 때, 살결이 희고 통통한 사내아이를 순산했을 때, 가장은 물론 심지어는 온 가족이 순종하며 세례를 받거나 혹은 정말로 은혜에 거듭 감사하며 하나님을 예배한다(어쩌면 하나님과 옥황상제를 제대로 구분하지도 못함). 그러나 얼마 뒤 서원한 약속을 다

지켰다고 느낄 때 그들은 편안한 마음으로 하나님과 헤어져 자기의 길을 간다. 선교사들도 이 점에 대해 인정하고 감추지 않는다.

일반 백성들을 상대로 교세를 확장하는 것은 사대부 계층을 상대로 하는 것보다 천주교를 더 많이 비속화卑俗化, 세속화하는 대가를 선교사들이 지불하였음을 알 수 있다.

중국을 바라보면서의 탄식

결론적으로 사대부를 주축으로 하는 반양교자들이건 아니면 사대부에서 일반 백성들에 이르는 천주교 수용자들이건 서양 하나님에게 내보인 태도에는 다 같이 거리감이 존재하였다. 당시 중국인들의 서양 하나님에 대한 이해는 너무 제한되었다. 이해의 부족과 이해하기 어려움은 서로 앞서거니 뒤서거니 하였다. 예를 들면 "삼위일체"와 같은 오묘한 교의敎義는 말할 것도 없고 성경에 입문하는 창세설을 중국인들에게 설명하는 데 있어서도 중국인들의 뛰어넘지 못하는 사유의 장벽에 부딪혀 선교사들에게 돌아오는 것은 비웃음과 조롱이었다. 선교사들은 이렇게 하소연하고 있다.

> 그들의 가르침에 의하면 하나님上帝은 곧 하늘天 자체이거나 혹은 하늘天의 덕성德性과 힘으로 여겨진다. 하나님은 하늘天보다 먼저 존재할 수 없는 것이다. … 만약 우리가 사리에 근거해서 논쟁하고, 우리의 방식대로 건축사는 건축사가 지은 집보다 먼저 존재한다고 논증하면 그들은 우리의 말문을 끊고 한마디로 우리의 입을 막아 버린다. "됐어요. 당신들의 하나님이 바로 우리의 하나님이라면 당신들은 더 이상 그는 어떤 분인가에 대해 설명할 필요가 없어요. 하나님에 대해서는 우리가 당신들보다 더 잘 알고 있으니까요!"[39]

더 무슨 말을 할 것인가? 선교사들은 오직 "중국"華을 바라보며 다음

---
39. 위의 책, 251.

과 같이 탄식할 뿐이었다. "무無에서 어떤 것이 생성되는 무궁한 힘에 대해 중국인들은 조금도 알지 못한다! 중국인들은 종교에 대한 감정이 전혀 없다! 중국에서 영혼을 구하는 사역은 지극히 경시 받는다!"

이것이 바로 무형의 돌산을 마주하는 그들의 탄식이었다. 두 이질적인 문화의 간격이 이 돌산을 만들어낸 것이다. 물론 이러한 간격은 절대적인 것이 아니다. 당시 중국인들 중에도 제대로 이해하고 자각하여 하나님에게 돌아간 특별한 예가 있다. 그러나 전반적으로 보면 반양교 세력과 천주교 수용 세력으로 양극화 된 모두는 중국의 유가 윤리문화와 "왕화"王化라는 공통의 입지를 결코 이탈하지 않았다.

이렇게 본다면 마테오 리치 같은 이들이 비록 명 제국의 국문國門 안에 들어서고, 황실의 궁문宮門에 발을 들이면서 교인들도 점점 더 많아졌다지만 중국의 전통문화라는 "반석"으로 하여금 서양 하나님에게 큰 틈을 벌리도록 하지는 못하였던 것이다.

제4장 갑자기 따뜻해졌지만 아직은

선교사들은 강희康熙 황제를 기독교로 개종시켜 두 번째 콘스탄티누스 대제가 되게 할 수 있을까? 강희 황제의 답은 다음과 같다. "중국은 가르침道理이 무궁무진하고, 글의 의미文義가 심오하여 그대 서양인들이 함부로 논할 바가 아니노라!"

이상 다변한 기후

명 왕조의 마지막 황제 주유검朱由檢이 매산煤山에서 목매어 죽고, 대순왕大順王 이자성李自成이 어좌御座를 덥히기도 전에 황성皇城은 또 다시 새 주인으로 바뀌었다. 비록 용쟁호투로 중국 대지에 비바람이 가득하였지만 시대적 기후는 이로 인해 급변하지 않았다. 명말의 상황과 별반 차이가 없었다.

새 주인 청淸은 한족漢族 신민臣民들에게 변발을 하게 한 것 외에도 여러 낯선 것들을 들여왔다. 그러나 명 왕조의 법도는 대체적으로 승계되었다. 서양 선교사들에 대한 관용적인 태도도 초기에는 오히려 이전보다 더하면 더했지 못하지 않았다.

순치 황제의 초상화

마파瑪法의 영광

수도京城에 사는 선교사들은 선견지명이 있었던 것 같다. 명 왕조의 군신君臣들이 종말을 바라보며 불안에 떨고 어찌할 바를 모를 때, 서양 손님들은 매우 침착해 보였다. 심지어는 전보다 더 큰 희망과 흥분을 내보이고 있었다. 저명한 선교사 아담 샬Johann Adam Schall von Bell, 湯若望은 독일인이며 로마 린체이 아카데미Accademia dei Lincei, 교황청연구원의 전신의 회원으로도 있었다. 그는 명 천계天啓 2년(1622)에 중국으로 건너 왔고, 몇 년 후에는 궁정으로 초빙되어 역법曆法 수정修訂에 참여하였다. 이때 그는 만약 명 왕조의 황제가 사라지고 새 왕조의 황제가 등장한다면 오히려 그에게 더 좋을 수 있다고 단언하였다. 사정은 정말 그가 말한 것처럼 되었다.

아담 샬은 수도에 편히 거하며 청 황실을 위해 역법曆法을 계속 다뤘을 뿐만 아니라, 얼마 후엔 국가 천문대의 수장 격인 청 조정의 흠천감欽天監, 황실 천문대 감정監正으로 임명되었다. 그에 대한 황실의 특별 대우는 "통례를 훨씬 넘었다." 작위가 여러 차례 더하여졌고, 존귀한 황태후는 이 서양인을 의부義父로 삼았다. 그러므로 순치順治 황제는 그를 "마파"瑪法, 만주어로 할아버지라는 뜻라 존칭하였다. 이 소년 천자는 마파를 내정內廷으로 자주 초청하였고, 수차례

아담 샬의 초상화

자신을 낮추며 아담 샬의 거처로 친히 나아가 가르침을 청하였다. 아담 샬은 순치 13년과 14년(1656, 1657) 2년간 자신의 거처에 황제가 24차례나 다녀갔고, 그곳에서 식사를 하고 함께 차를 마셨다고 기록하고 있다. 예전의 그 어떤 황제도 이렇게 선교사를 인정하고 방문한 적이 없었다. 순치 황제는 아담 샬을 귀히 여기고 그의 종교에 대해서도 예우하였다. 심지어는 천주교 예배당에 "통미가경"通微佳境이라는 친필 편액扁額을 하사하였으며, 「어제천주당비기」御製天主堂碑記를 써서 은총을 나타냈다.

황은皇恩, 황제의 성은의 봄바람을 쐬면서 복음사역의 성스런 나무에는 새 가

지들이 뻗고, 무럭무럭 자라나는 활기찬 모습을 보였다. 강희康熙 3년(1664)에는 예수회 한 단체에서만 중국의 각 성省에 선교사들의 처소 42곳, 예배당 159개 소, 교인 24만 여명을 두게 되었다. 이밖에도 천주교의 도미니코회 Ordo Praedicatorum 또는 Dominican Order, 多明我會, 프란치스코회 Ordine francescano 또는 Franciscan Order, 方濟各會, 성 아우구스티노 수도회 Ordo Sancti Augustini 또는 Order of St. Augustine, 奧斯定會 등이 중국에서 활동하고 있었다.

하루아침에 사형수가 됨(양광선교안)

그러나 바로 이때 사나운 폭풍우가 엄습하였다. 아담 샬과 그의 동료들이 엄청난 재난을 겪게 된 것이다. 이른바 "역옥"曆獄으로, 명말 남경 교안에 이은 또 하나의 중대 사건이었다.

이 사건에 앞장선 사람은 양광선楊光先이란 관원이었다. 그는 광적인 반천주교 인물이었다. 외국인이 중국 황실의 흠천감 감정監正으로 위임되고, 중국이 "서양의 새 역법曆法을 쫓는"것이 거슬리고 노여웠기에 양광선은 아담 샬을 고발하고 죄를 묻고자 하였다. 순치 황제가 세상에 있을 땐 뜻을 이루지 못하였다. 그러나 순치 황제가 서거하자 기회가 주어졌다. 순치 황제를 뒤이어 제위帝位에 오른 강희康熙 황제 현엽玄燁은 당시 겨우 8세였고, 오배鰲拜 등 네 명의 보정輔政대신이 권력을 장악하고 있었다. 오배는 보수적이고 음흉한 인물이었다. 그는 "조상의 법도祖制를 따르고 옛 규범舊章으로의 복귀"를 위한 광란의 폭풍우를 일으켰다. 양광선은 이때를 틈타 반기를 들었고, 그에게 유리한 여건이었기에 마음먹은 대로 이루어졌다. 아담 샬은 "사악한 주

북경시 부성문밖阜成門外 아담 샬의 묘

장으로邪說로 사람들을 미혹하여 모반을 꾀한" 죄목으로 체포되었다. 때는 강희康熙 3년인 1664년 가을이었다.

당시 아담 샬은 73세의 고령이었고, 마비 증세로 건강이 악화된 상태였다. 입이 잘 움직이지 않아 심문과정에는 공범으로 지목된 벨기에 국적의 예수회 선교사 페르비스트Ferdinand Verbiest, 南懷仁가 옆에서 대신 진술하였다. 모반을 꾀하였다는 죄목에는 증거가 없었다. 그러므로 사악한 주장으로 사람들을 미혹하였다는 죄목만으로 교감후絞監候, 즉 투옥 후 추심秋審과 조심朝審에서 교수형 여부를 판결하는 형에 처해졌다. 양광선은 이에 만족하지 않았다. 몇 년 전 순치 황제의 어린 아들 영친왕榮親王이 요절한 사건이 있었다. 양광선은 이런 사건이 발생한 것을 당시 아담 샬이 주도하여 흠천감에서 택한 장례시간이 크게 불길하였기 때문이었고, 결국은 그 화가 순치 황제의 죽음으로까지 미치게 되었다고 고발하였다. 이는 "임금을 시해弑逆한 것과 같은 죄"로써 심의 결과 처벌을 가중하여 지해肢解, 사지를 찢는 형벌의 형에 처하도록 하였다.

강희康熙 4년(1665) 4월 1일, 200여 명의 조정 대신들이 모여 사건을 판결짓고자 하였다. 그런데 예상치 못한 일이 벌어졌다. 사건을 의결하자 갑자기 지진이 일어난 것이다. 조정 대신들은 안색이 변하고, 당황하며 허둥지둥 뿔뿔이 흩어졌다. 지진이 멈춘 뒤 다시 모여 자리에 앉았더니 대지가 또 다시 크게 진동하고 건물이 흔들리며 담장이 무너지기까지 하였다. 조정 대신들은 이는 하늘이 노한 것이라며 겁을 먹고 "범인들"의 형을 감해주기로 결정하였다. 아담 샬은 참감후斬監候, 참수를 늦추어 집행로 형을 수정하고, 페르비스트南懷仁 등 3명의 선교사는 석방하기로 하였다.

그러나 대지는 여전히 진동을 멈추지 않았다. 사흘간 연이어 흔들렸고, 사람들은 모두 노숙을 하였다. 뿐만 아니라 수도 상공에 혜성이 나타나 사람들을 더욱 불안에 떨게 하였다. 오배 등도 하늘의 뜻을 두려워하여 마음대로 결단치 못하고 하는 수 없이 황태후에게 어찌하면 좋을 지를 물었다. 아담 샬을 의부義父로 삼았던 효장문孝莊文황후는 상주문을 읽자 화가 치밀었다. 상주문을 집어던지며 아담 샬을 사지로 몰아넣지 않앉어야 한다고 대신들을 꾸짖으며 신속히 석방할 것을 명하였다. 하늘과 사람의 이러한 도움으로 아담 샬은 마침내 사지가 찢기며 몸이 흩어지는 화를 면하게 되었다. 그러나 병든 노구는 겹친 수치와 분함과 두려움을 끝내 견디지 못하고 이듬해에 주님의 부르심을 받는다.

이 사건은 수도에 있는 선교사들에게만 영향을 준 것이 아니었다. 중국의 복음사역 전반에 심각한 손상을 입혔다. 수도에서의 역옥曆獄과 동시에 각 성의 독무督撫, 지방장관들도 명을 받고 선교사를 체포하고, 천주교 관련 건물들예배당 등을 봉쇄하고, 천주교의 전파와 학습을 금지하였다. 복음사역의 봄기운은 일시에 사라지고, 스산함만이 뒤를 이었다.

작은 것을 손보며 대세를 역전시킴

중국의 이 시절은 갑자기 흐렸다 갰다하는 변화가 많은 시기였다. 강희 황제가 나이 들어 친히 나랏일을 돌보게 되면서 비로소 선교사들은 억울한 누명을 벗을 수 있게 되었다. 강희 황제는 전과 같이 그들을 임용하고 예우해 주었고, 복음사역은 중국에서 다시 한 번 따뜻한 봄을 맞게 되었다.

강희 8년(1669), 오배를 제거하기 직전 젊은 임금은 역옥曆獄 사건을 일으킨 양광선 등을 먼저 제재하였다. 영명한 임금답게 강희 황제는 조그만 계략을 통해 그를 다스렸다.

역옥 사건 이후 양광선은 아담 샬 대신 흠천감 감정監正이 되었다. 그는 원래 고집불통이었고 어리석은 인물이었다. 천문과학에 대해 전혀 몰랐고, 그가 주도하여 만든 역법曆法에는 잘못된 게 많았다. 강희 황제는 먼저 내시로 하여금 페르비스트 등의 선교사들에게 역법을 묻게 하여 잘못된 점과 약점을 명확히 파악하였다. 어느 날 황제는 예부禮部, 흠천감 관원과 페르비스트 등의 선교사를 소집하였다. 그는 역법은 중요한 국가사무이므로 지나간 원한은 풀고 모두가 차분한 마음으로 누가 옳고 누가 그른지를 살피고, 옳은 것은 따르고 그른 것은 고치도록 명하였다. 그런 다음 양광선에게 천주교 측에서 지적한 잘못에 대해 질문하였다. 양광선은 부끄럽고도 분한 나머지 선교사들에게 거칠게 대들었다. 선교사들은 사리에 근거하여 차근차근 반박하였다.

다음 날, 강희 황제는 여러 조정대신들을 모아놓고 양측에게 해 그림자日影와 성상星像, 별자리의 모양을 현장에서 계측하도록 명하였다. 그 결과 페르비스트는 오차 없이 계측하였는데 양광선은 이에 대해 아는 바가 전혀 없었다. 양광선은 중국의 것은 요堯·순舜의 역법으로서 절대 포기해서는 안 되며, 만약 서양의 역법을 사용한다면 결국에는 국운을 단축시키고 자손에게 해가 된다고 상주上奏하였다.

군주의 뜻이 이렇게 분명하건만 상황을 제대로 판단하지 못하니 어찌 불난 데 기름 붓는 꼴이 아니겠는가? 강희 황제는 양광선의 망언을 꾸짖고 파면한 뒤, 페르비스트로 하여금 흠천감 감정監正이 되도록 명하였다. 황제는 이어서 역옥曆獄으로 인한 누명을 철저히 벗기는 절차에 착수하였다. 천주교 측으로서는 다시 한번 천지가 뒤바뀌고 대세가 역전되는 것이 아닐 수 없었다.

예상 밖의 기회

강희 황제는 그의 아버지처럼 선교사들을 등용하고 예우하였다. 그는 천주교 예배당을 찾아가 어필御筆로 손수 "흠천"欽天 두 글자를 쓰기도 하였다. 페르비스트에게는 여러 차례 작위를 더하여 주고 자주 불러 함께 서학西學에 대해 강론하였다. 페르비스트가 병으로 세상을 떠나자 강희 황제는 장례를 명하고, 사람을 보내어 추모하였으며, 비문을 지어御製 애도하고 노고에 경의를 표하였다.

강희 황제의 천주교에 대한 관용적 태도는 중국에 있는 선교사들에게 유익했을 뿐만 아니라, 수만리 밖 "태양왕"太陽王으로 자처하는 이의 야심도 팽창시켰다. 바로 프랑스 국왕 루이 14세Louis XIV였다. 그는 포르투갈이 중국의 교권敎權을 독점하는 것을 달가워하지 않았다. 그는 이 기회에 경쟁력 있는 예수회 선교사들을 선발하여 중국으로 파송하였다. 파송된 선교사들은 1688년 중국에 도착하여 강희 황제의 초청을 받고 알현하였다. 강희 황제는 그들 중 프랑수아 제르비용Jean-Francois Gerbillon 또는 Joannes Franciscus Gerbillon, 張誠과 조아생 부베Joachim Bouvet, 白晉를 수도에 머물며 봉직하도록 명하였다. 기타 선교사들은 각 성省으로 나아가 천주교를 전파토록 하였다. 이를 계기로 프랑스 예수회 선교사들이 중국으로 들어오게 되었다.

강희 황제가 선교사를 예우하자 선교사들도 여러 방법으로 황제의 호감을 사고자 노력하였다. 때로는 행운을 가져다주는 예상 밖의 기회도 있었다. 예를 들면 강희 32년(1693) 여름, "용체"황제가 학질에 걸려 갑자기 추웠다 더웠다 하는 증상이 나타났다. 태의太醫가 온갖 처방을 다 썼지만 효과가 없었다. 그런데 프랑수아 제르비용 등이 양약 키니네를 올렸고 이를 복용하자 학질이 기적처럼 치유되었다. 황제가 크게 기뻐했음은 말할 필요도 없었다. 토지를 하사하여 천주교 예배당북경의 "북당"北堂을 짓게 하고, 이 예배당을 위해 손수 "만유진원"萬有眞源이라는 편액을 써 주었으며, 별도의 연어聯語, 대구對句를 하사하고, 또 율시律詩 한 수를 지어 하사하였다. 심지어는 황제의 초상화가 프랑스 국왕 루이 14세의 초상화와 함께 나란히 예배당에 걸렸다.

강희 황제가 천주교 전파 금지를 풀자 복음사역은 중국에서 신속히 회복되고 발전하였다. 강희 39년인 1700년에는 중국의 천주교 교인수가 약 30만 명으로 크게 늘어났다.

이 무렵 러시아 정교東正敎 선교사들도 북경에 들어와 예배당을 세웠다. 러시아 정교의 선교활동은 천주교와 견줄 수 없었지만, 기독교의 또 한 교파가 중국에 들어온 것만으로도 상징적인 의미가 있다.

예의지쟁

풀린 날씨는 오래 가지 못하였다. 이른바 "예의지쟁"禮儀之爭, 일명 의례논쟁 또는 전례논쟁으로 다시 험악해지고 결국에는 눈발이 휘날리고 얼음으로 뒤덮이는 추운 겨울로 빠져들었다.

"예의지쟁"은 천주교 내부에서 먼저 일어났다. 당시 중국에 들어온 천주교 수도회 세력들 가운데 가장 우세한 예수회는 포르트칼에서 제어하였고, 도미니코회와 프란치스코회는 스페인에서 좌지우지 하였다. 예수회 선교사들은 마테오 리치의 선교방법을 따랐지만 도미니코회와 프란치스코회의 선교사들은 리치의 선교방법에 공감하지 않았다. 그들은 기독교의 기본원칙에 어긋나고, 본질을 저해하는 이단적인 방법이라면서 예수회 선교사들을 비난하고 교황청에 수차례 고발하였다. 가장 핵심적인 문제는 중국의 천주교 교인들이 공자와 조상에게 제사를 지낼 수 있는가 하는 점이었다. 각 수도회 간의 이런 다툼은 여러 해 지속되었고 18세기 초에 이르러서는 교황청과 중국 조정 사이의 충돌로 격화되었다.

강희 39년(1700) 예수회 선교사 프랑수아 제르비용 등은 황제에게 중국의 공자와 조상에 대한 제사가 종교적 성격을 지니고 있는지를 물었다. 황제는 그저 일종의 존경崇敬을 나타내는 예절로 종교적 성격을 띠지 않는다고 답하였다. 반대파는 이를 구실로 예수회를 비방하였다. 교무敎務 문제를 교황청에 묻지 않고 교외敎外 이국異國 황제에게 묻는 것은 용인할 수 없는 심각한 잘못이라는 것이었다.

강희康熙 44년(1705)에 교황청 특사 샤를 드 투르농Charles Thomas Maillard de Tournon, 多羅은 중국의 천주교 교인들에게 공자와 조상에 제사하는 것을 금하는 등의 내용이 든 교황의 공문을 지니고 중국에 도착하였다. 강희 황제는 공문 받기를 거절하고 이듬 해 샤를 드 투르농을 수도 밖으로 쫓아내고, 후엔 그를 마카오에 구금하였다. 또한 영을 내려 중국정부의 규정에 따라 전도하겠다는 선교사들은 정부에 등록하여 전도허가증을 받도록 하고, 이를 거부하는 선교사들은 모두 본국으로 돌려보냈다.

교황청 특사 샤를 드 투르농의 초상화

강희 59년(1720), 교황청의 또 다른 특사 메자발바Jean Ambrose Charles Mezzabarba, 嘉樂가 중국에 도착하여 교황청의 기존 정책을 거듭 천명하였다. 강희 황제는 대노하며 교황청의 금약禁約 문서에 "이후로는 서양인이 중국에서 선교하게 할 필요가 없고, 쓸데없는 일들이 벌어지지 않게 하기 위해서 포교를 금지하여도 좋다"[40]라고 지시하였다. 메자발바는 이같은 강희 황제의 태도를 감안하여 융통성을 제시하였지만 교착 상태를 만회시키지는 못하였다.

강희 황제의 교황청에 대한 전후의 태도는 마치 학질 증세와도 같지 않은가? 순치順治, 강희康熙 두 황제 재위 기간의 하나님 관련 "기후"氣候를 종합하면 또한 갑자기 더웠다 돌연 추웠다 하는 증세를 보이고 있다.

황제龍體 투시

위에서 언급한 상황에 대한 진단을 철저히 하려면 자연히 "황제"眞龍天子로부터 시작하여야 할 것이다.

필연적인 한계의 울타리

중원中原을 막 지배하게 된 청초淸初 황제에겐 중국의 전통사상과 문화가 뇌리에 깊게 뿌리내리지 않았다. 특히 중국의 민족주의夷夏之辨, 중화사상 등으로 표현함로 이민족을 경계하는 사고가 구축되지 않았으므로, 외국인에 대한 중국적 선입견이 약했다. 종교에 대해서도 융통성과 여유로움을 보였다. 이는 원대의 황제들이 그랬던 것과 비슷하다. 이런 상황은 청초 황제들이 명말明末의 황제들보다 서양 선교사들을 더 예우하고 신임하였던 중요한 원인이 되었을 것이다. 순치順治 시기 황실과 아담 샬의 관계에 대해서 한 외국인 학자는 다음과 같이 의미 있는 분석을 하고 있다. "만주滿洲의 새 인물들은 비록 중국의 전통을 여전히 유지하고 있지만 그 전통

---

40. 陳垣 輯錄, 『康熙與羅馬使節關係文書』(北京: 故宮博物院, 1932, 영인본), 第14通.

의 노예가 되려고 하지 않았다. 그러므로 그들은 이전 왕조에서는 결코 수여할 수 없는 자리를 아담 샬에게 허락할 수 있었던 것이다."[41] 강희 황제가 역옥 曆獄을 바로 잡고, 천주교 금교禁敎를 푸는 조치는 넓은 흉금과 굉장한 패기를 보여주는 예가 아닐 수 없다.

그러나 청초의 황제들도 원元 왕조의 황제들처럼 중국을 지배해야 했다. 그러므로 반드시 중국의 근본 문화전통에 적응 및 수호하고 그를 이

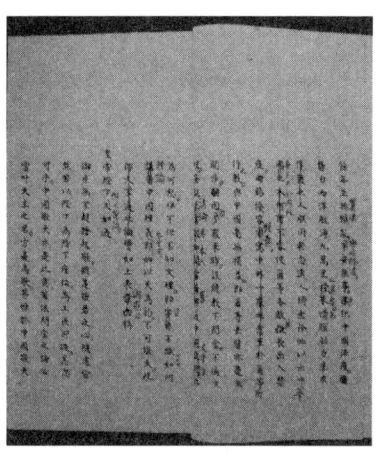

강희 황제가 로마 교황청에 보낸 서신

용할 수밖에 없었다. 이는 황제들로 하여금 천주교에 대한 태도와 정책에 한계를 긋게 만들었다. 서양 선교사들을 예우하고 그들의 장기를 활용하되, 그들은 반드시 규범을 지키고 왕조를 위해 최선을 다해야만 하였다. 그들의 종교도 용납할 수 있지만 어디까지나 중국문화에 근본적으로 저촉되지 않는 선에서만 가능한 것이었다.

청초의 황제들은 서양 선교사들을 품행이 가상한 이국 손님으로서만 아니라, 자신을 위해 일할 수 있는 성실한 "원신"遠臣, 먼 곳에서 온 신하으로 여겼다. 순치 황제는 「어제천주당비기」御製天主堂碑記에 아담 샬을 이렇게 칭찬하고 있다.

> 그는 짐을 섬기러 멀리서 온 신하요, 서양 양민이다. 천문을 관측하고 역법을 연구하며 그의 장기를 다 발휘하였노라. 임무에 충성하고 하나님神을 받들어 자신의 위치를 성실히 지켰노라. … 하나님을 경건히 섬기고事神敬虔, 임금에게 직무를 다하며 섬기었노라. 무릇 너희 천문天文과 역산曆算, 천체의 운행을 계산함을 전문으로 하는 관료들은 영원히 이를 모범으로 삼아 신중히 따를 것이니라!

---

41. Alfons Väth 魏特, Altons S. J. Vath, 『湯若望傳』(上海: 商務印書館, 1949), 第1冊, 234. (원서명: *Johann Adam Schall von Bell S.J.*)

페르비스트가 병사한 후 강희 황제는 그를 기념하여 제작한御製 비문 碑文에도 같은 어조로 "임무에 정성을 다하고, 태만하지 않았노라"라며 왕조를 위해 힘 쓴 업적을 주로 치하하였다. 청대淸代의 황제들이 이들에게 수여한 칭찬과 모든 작위와, 영전榮典은 한결같이 군주의 신하에 대한 은혜였음을 나타내고 있다.

다시 태어난 금륜왕金輪王

순치와 강희 황제는 선교사들이 "하나님을 경건히 섬기고"事神敬虔 이와 관계된 도덕적 수양을 갖춤에 대해서 존경을 표하였지만 선교사들이 믿는 하나님에 대해서는 진정한 흥미나 기본적인 이해가 없었다. 순치 황제의「어제천주당비기」御製天主堂碑記에는 다음과 같은 대표적인 내용이 기록되어 있다.

짐이 남원南苑을 순행巡幸할 때 우연히 이곳천주교 예배당을 지나다 하나님의 모습이 그 나라 사람과 같고, 건물과 창문 및 장식 등이 그 나라 것과 같음을 보았다. 탁자 위에 놓인 책이 어떤 책인가 하고 물으니 "이는 천주교를 말하는 책"이라고 하였다. 짐이 마음에 새겨 잊지 아니함은 요堯 · 순舜 · 주周 · 공자孔子의 말씀이요, 추구하는 바는 중용의 이치를 온 마음으로 지키는 것이다. 도교와 불교의 서적에서 말하는 『도덕』道德, 『능엄』楞嚴 등은 비록 섭렵한 적이 있지만 취지가 아득하였다. 하물며 서양의 번역서, 천주교의 가르침은 본 적이 없으므로 어찌 말하는 바를 알겠느냐?

이 언급에서 황제는 유학과 도교 및 불교 (『도덕(경)』道德(經), 『능엄(경)』楞嚴(經)은 각각 도교와 불교의 경전 명칭) 양자를 구분하고, 이들과 천주교와의 구별을 명확히 하였다. 또한 이들에 대한 자신의 이해의 차이에 따라 이들을 나열하였다. 사실상 이는 그가 중시하는 대상의 순서이기도 하다. 순치 황제는 유학을 확고부동하게 으뜸으로 여겼으며, 도교와 불교의 경전까지는 좀 섭렵하였지만 천주교의 서적은 읽어본 적이 없어 하나도 아는 바가 없다는 것이다.

훗날 순치 황제는 불교와 뗄 수 없는 관계를 맺는다. 겨우 24년을 산 황제는 남은 생애의 마지막 몇 년을 감박총憨璞聰, 옥림수玉林琇, 목진민木陳忞 등의 승려들과 매우 가깝게 지냈다. 승려들은 순치 황제에게 그가 전생에는 승려였고, 심지어는 "금륜왕"金輪王이 세상에 다시 태어난 것이라고 하였다. 순치 황제는 이를 진실인 냥 믿고 거의 승려로 출가할 뻔하였다.

이때 순치 황제는 아담 샬 등 서양 선교사와 점점 더 소원해져 갔다. 마파瑪法였던 아담 샬은 평상시 온갖 방법으로 순치 황제가 천주교로 귀의하도록 권유勸誘하였다. 여러 면에서 마파의 권고를 수용하던 순치 황제는 천주교로의 개종에 있어서만은 단호하게 거절하고 강요하지 말라고 하였다. 순치 황제가 훗날 이처럼 불교에 기운 것에 대해 아담 샬은 이해할 수 없었다. 당연히 그럴 수밖에 없었다. 근본적인 원인은 문화적 "혈연"의 영향이었다. 불교는 필경 중국 전통문화의 한 부분으로 자리 잡았지만 기독교는 이질적이었다. 순치 황제는 중국의 황제로서 양자택일 시 본능적으로 위에서 자신이 언급한 것처럼 선택하였던 것이다.

순치 황제를 가까이 하였던 승려들은 불학佛學 외에도 유학儒學과 연관된 학문에도 정통하였다. "국학"國學을 학문의 중심으로 삼고 피를 토할 정도로 경사經史를 탐독한 순치 황제가 이들을 받아들이는 것은 매우 자연스러운 일이 아닐 수 없다. 목진민木陳忞은 순치 황제와 수천 년 역사를 자주 논하고, 여러 책을 파헤치고, 시부詩賦를 품평하며, 붓을 휘날렸다. 이는 순치 황제의 흥미를 유발하고, 황제로 하여금 자신도 모르는 사이에 승려들이 인도하는 길로 접어들도록 하였다.

아담 샬 등은 그렇게 하지 못하였다. 기독교 신학 외에 그들의 장기는 천문·역산曆算 등 주로 과학 분야에 있었다. 어느 논자가 분석한 것처럼 이러한 학문들은 비록 "나라에 시급한 것이지만, 황제 개인이 좋아하는 것은 아니었기에 흥미가 없었으며", "유자儒者들의 학문은 황제가 배운 것들로 의기투합할 수 있었다."[42]

---

42. 陳垣,「湯若望與木陳忞」,『陳垣史學論著選』, 440.

제2의 콘스탄티누스 대제?

강희 황제는 청대 황제들 가운데 드문 영재였다. 그는 부친과 같은 종교적 열광이 없었고, 천주교에 대한 태도도 이지적이었다. 그러나 선교사들이 들여온 과학기술에 대해서는 진정으로 흥미를 갖고 겸손히 배우고 이용하였다. 서양 종교에 대해서도 문화적 측면에서 이해가 매우 깊었다. 단지 기독교 본질에 대한 진정한 이해는 아니었다. 그도 마테오 리치가 주장한 "중서상통"中西相通설의 맥락에서 인식할 수밖에 없었다. 그러다 천주교 측이 "진유"眞儒에 어긋나거나 심지어 "진유"에 공공연히 대항하는 것을 느끼게 되자 망설임 없이 그의 권력을 동원하여 방어하고 반격하였다. "예의지쟁"사건에서 그는 이런 태도를 분명히 보여주었다.

중국의 천주교 교인들에게 공자와 조상에 대한 제사를 금하는 등의 내용이 담긴 교황청 공문에 대해 강희 황제는 교황청이 "예문의절文理을 모르고", "지식이 일천하여" 중국의 예의禮儀를 비평할 자격이 없다고 화를 내며 꾸짖었다. 이와는 반대로 "중국에서 신주神主를 모시는 것은 자식이 부모의 양육을 기리는 것"이며, "성인공자이 오상五常과 모든 품행의 최고 원칙과 군신부자君臣父子의 대륜大倫으로 후세에 가르침을 전하였기에", "이는 지성선사至聖先師, 공자가 마땅히 존경받아야 함"을 말하는 것이라고 적극적으로 설명하였다.

> 중국은 가르침이 무궁하고, 글의 의미가 심오하여 그대들 서양이 함부로 논할 바가 아니노라!
> 너희들이 중국의 가르침을 논하려면 반드시 중국의 예문의절을 깊이 알고 중국의 시서詩書를 읽어야만 할 것이다. 짐은 서양의 글자를 모르므로 서양의 사무에 대해서는 일절 논하지 않노라.

교황청 측에서 중국 성현의 가르침을 모르고 수용하지 못하니 더 이상 중국에서 선교하지 말라. 그리하면 "모든 일이 평온해지고, 경쟁도 없어지니, 이보다 좋은 방법은 없으리라."

이때의 청 조정과 교황청의 충돌은 단순한 문화적 관념적 충돌을 넘어 정치적 충돌의 성격을 다분히 띠고 있었다. 교황청의 중국 천주교 교인들에 대한 "예의"禮儀의 제한은 중국 내정에 대한 간섭이 내포되었다. 강희 황제의 교황청에 대한 배척도 다만 문화적 관념적 방어만이 아니라 국가 주권에 대한 수호로서 당연히 정당한 것이었다.

문제를 처리하는 데 있어서도 강희 황제는 현명했으며 책략도 뛰어났다. 원칙을 고수하며 교황청을 제재하는 동시에 그는 마테오 리치의 선교방법에 대해서는 여전히 긍정적이고 칭찬을 아끼지 않았다. 마테오 리치 같은 이는 "탐욕·사악·음란함이 없고, 가르침을 실천하여 평안 무사無事하려는 것으로서 중국의 법도를 범하지 않았다"며 중국 조정은 이러한 선교사들에 대해서는 배려하고 긍휼을 베풀 것이라고 분명히 밝혔다. 중국의 법도를 지키며 과학기술 등 기능을 갖춘 선교사들은 계속해서 수용하고 머물게 하겠다고 한 것이다. 선교사 개인이 가진 장기를 발휘하도록 하며 필요시 중국의 영주권도 주어 본토로 돌아가 교황청의 박해를 받는 일이 없게 하겠다고도 공언하였다.[43]

이러한 사실로 볼 때 천주교와 교회 측 인사들에 대한 강희 황제의 기본 태도는 상당히 명확하고, 상황에 대해서도 완전히 파악하고 있음을 알 수 있다. 어떤 논객은 만약 "예의지쟁"으로 강희 황제를 노하게 하지 않았다면 황제는 기독교로 개종하여 제2의 콘스탄티누스 대제가 되었을 가능성이 있었다고 말한다. 또한 전하는 바에 의하면 강희 황제는 자신이 천주교를 믿는다면 중국의 신하와 백성들은 뒤이어 개종하게 되었을 거라고 말하였다고 한다. 그러나 이는 이루어질 수 없는 가설일 뿐이다. 중국의 문화전통이 황제의 혈액 속에 용해되어 있기 때문이다. 또한 "왕화"王化, 황제의 교화의 시행자로 중화 제국의 군주가 된 신분은 어떤 경우에도 제2의 콘스탄티누스 대제가 될 수 없다. 결국 기독교 또한 중국의 국교가 될 수 없는 것이다.

---

43. 이 단락 중 이상 인용문의 출처는 『康熙與羅馬使節關係文書』, 第11-13通.

"차라리 ~"와 "~ 불가"

황제를 투시함에 있어서 양광선 등을 잊어서는 안 된다. 그들은 풍파를 일으키며 "기후" 변화에 영향을 미친 중요한 인물들이다.

양광선은 "서양을 증오"하는 고질적인 병을 고치지 못한 채 일생을 마쳤다. 강희 황제가 역옥曆獄을 바로잡을 때 그는 문책 당한다. 왕공대신王公大臣들이 참수를 결의하였지만 강희 황제는 그의 연로함을 생각하여 사형을 면케 하고 즉시 귀향하도록 조치하였다. 양광선은 허겁지겁 북경을 떠나 고향인 안휘성安徽省 흡현歙縣으로 길을 떠났다. 그러나 산동성山東省 덕주德州에 이르렀을 때 등에 악성 종기가 발병하여 곧 세상을 떠났다.

그의 반양교의 광기를 바라보면 명 왕조의 심각沈㴶과 『파사집』破邪集의 여러 저자들보다 더하면 더했지 못하지 않았다. 그는 정죄되어 쫓겨난 후에도 뜻을 굽히지 않았다. 그가 남긴 『부득이』不得已란 책자는 『파사집』을 이은 또 한 권의 대표적인 반양교 서적이다. 전통을 변호衛道하는 내용을 담고 있는데, 『파사집』과 거의 뜻을 같이하며 새로운 내용은 별로 없다. 그러나 돌출된 특징에 주목할 만하다. 그는 서양의 과학기술을 성현들의 가르침聖道과 왕조의 천하를 파괴하는 주요 재앙이라고 보았다. 서양의 과학기술에 대한 두려움과 증오와 배척은 명말 반천주교 사대부들보다 더 심각하였다.

양광선이 천주교에 반기를 든 발단은 역법曆法을 시행하는 것에서 비롯되었다. 그는 아담 샬 등이 중국으로 하여금 서양 역법을 사용토록 하는 것은 곧 "암암리에 정삭正朔, 한 해의 시작을 어느 달로 정하는 지 등의 권한을 절취하고, … 우리나라의 성스런 가르침聖敎을 무너트리는" 것이라고 고발하였다. 더욱 심각한 것은 이들이 "역법을 이용해 관청金門에 몸을 숨기고 조정의 기밀을 엿보며", "안팎으로 손을 뻗고 결탁하여 반역을 도모하였다"는 것이다.[44] 이는 분명히 과장되고 황당하며, 사실이 아니었다. 양광선은 서양의 역법이 "엉터리"라며 적극 비방하기도 하였다. 그러나 누가 우수한지는 진상이 드러났고 반론의 여지가

---

44. 楊光先, 「請誅邪教狀」, 『不得已』(1929, 中社影本), 上卷, 5.

없었다. 그러자 그는 "중국에 좋은 역법이 없게 하는 것이 낫지, 서양인이 중국에 머물게 하여서는 안 된다"는 절묘한 경구警句를 고안해 냈다.

그는 서양 역법뿐만 아니라 서양의 모든 기물과 기예技藝를 다 홍수나 맹수로 간주하였다. 그가 볼 때 "성인의 가르침은 소박하며 특이하지 않았다平實無奇. 그러므로 특이高奇하면 해괴怪異한 것으로 치부하였다."[45] 해괴한 것은 반드시 사악하므로 결코 용납할 수 없었다. 서양에서 만든 기물들이 정교하고 기이하여 좋아하는 이들이 있지 않은가? 양광선은 이게 바로 오랑캐들이 중국에 재앙을 몰고 오는 단골 수완이고, 중국에 잠재적 재난이 되기에 충분하다고 경고하였다. 그러므로 그는 당시 선교사들의 죄를 묻는 데 그치지 않고 이전 왕조 시기의 서광계에게까지 죄를 추궁하며, 그를 "서양의 기이奇巧한 기물들을 탐하여" 후세에 후환을 길이 남긴 "사악한 신하"邪臣였다고 통렬히 비난하였다.

지구가 둥글다는 주장에 박장대소하다

양광선은 본능적으로 "특이한 것"高奇들을 배척하였다. 그러므로 과학에 대해 무지하고, 기본적인 이해와 수용 능력도 부족하였다. 예를 들면 선교사들이 들여온 지원설地圓說에 대해서 양광선은 참으로 황당무계하다고 생각하였다. 만약 지구가 정말 둥근 공과 같다면 모든 나라가 상하좌우에 위치하고, 둥근 지표면의 크고 작은 웅덩이는 크고 작은 바다이며, 지구의 상하좌우에 있는 사람들은 발바닥을 서로 맞댄다. 그렇다면 양 옆과 아래쪽의 물은 왜 쏟아지지 않는가? 설마 둥글게 모인 물, 벽에 세워져 있는 물, 위에 떠있고 아래로 떨어지지 않는 물이 있단 말인가? 너희 서양인들아, 물 컵을 거꾸로 세워 봐라 어떤가! 양 측면과 아래쪽에 있는 사람들은 어찌 쓰러지지 않고 떨어지지 않는가? 설마 옆으로 서고 거꾸로 서는 사람이 있단 말이냐? 나나니벌 같은 곤충이나 벽면에 걷고 서고, 파리나 거꾸로 살 수 있지 사람이 어찌 이같을 수 있나? 양광선은 이러한 주장을 믿는 자들은 두뇌가 없는 바보라고 비웃고, 자신만

---

45. 楊光先,「闢邪論」上 ,『不得已』, 上卷 , 18.

이 식견이 있는 지혜로운 자라고 여겼다. 그는 이렇게도 말하였다.

> 지혜 없는 사람은 한때 기분 좋은 것만 쫓고, 사실에서 벗어날 지라도 멋대로 꾸며댄다. 무식한 사람은 들어도 상대가 헛소리하는 줄 모르고 오히려 자기의 견문이 부족하다고 한숨을 쉰다. 유식한 사람은 이치로 미루어 생각하다 자신도 모르게 박장대소 한다![46]

당시 반천주교 사대부들 가운데 양광선만 이러한 인식 수준에 머물러 있었던 것은 아니다. 양광선보다 약간 후대 인물인 옹정雍正 초 병부상서兵部尙書 이위李衛는 항주杭州의 한 천주교 예배당이 천후궁天后宮, 도교 사원으로 바뀌게 되자 비기碑記를 남겼는데 이 또한 전형적인 반양교 문장이다. 내용 중에는 "서양엔 기술과 재능 하나하나에 많은 생각과 공을 들여 최상의 것이 되게 하고야 만다"는 것을 잘못된 처사로 질책하고 있다. 나아가 "기술과 재능 하나하나가 사람들의 생활에 꼭 필요한 것이 아니고, 괴이한 기교들은 더더욱 왕법王法이 용인할 수 없는 것들이다!"고 분개하고 있다. 뿐만 아니라 이위李衛는 또 다른 각도에서 서양의 과학기술을 깎아내리며 배척하고 있다.

> 그들이 능한 것은 측량기기인데 천체를 관측하는 장비 선기옥형璿璣玉衡은 당우唐虞, 약 4,500년 전의 전설적 인물에게서 찾을 수 있다. 그들이 중히 여기는 것은 해시계와 나침판인데 과거 주공周公, 기원 전 11세기 서주 초 인물도 이것들을 만들었었다. 그들의 기이한 물건은 자명종과 구리로 씌운 모래시계銅殼滴漏인데 한漢, 기원전 206-기원후 220년 나라 때 이미 있었다. 그들이 사람을 경악하게 하는 것은 기계장치機巧인데 운수용 목제 수레木牛流馬는 제갈량이 만들어 사용하였다. 그들의 신기한 연장들은 오대五代, 양·당·진·한·주 907-960년에도 있었으며 오늘날까지도 전해지는 것이 있다.[47]

---

46. 楊光先,「孽鏡」,『不得已』, 下卷, 67.
47. 張力, 劉鑒唐,『中國教案史』(成都: 四川社會科學院出版社, 1987), 162-165에 이 비기碑記의 전문을 수록하고 있다. 본문에서는 몇 문장을 선택적으로 인용하였다.

결론적으로 "그들의 주장은 황당무계하고, 만든 것들도 중국에 예부터 있던 것들이며, 그들의 기술도 사람을 행복하거나 불행하게 하지 못하는 것"이었다. 결국 서양의 모든 것들은 하나도 제대로 된 것이 없으므로 현명한 자는 미혹되지 말아야 된다고 주장한 것이다. 양광선과 족히 견줄만한 인물이 아닐 수 없다.

이처럼 "부득이"하여

양광선은 어떤 면에서 선견지명이 있었던 것 같다. 그는 서양인들이 중국에 오는 것은 바로 "남의 세상을 파괴하고 말겠다"는 마음이라고 늘 생각하였다. 그러므로 "대청국大淸國의 잠자리 곁에 어떻게 이런 자들이 코를 골며 자게 내버려 둘 수 있는가!"라고 격렬하게 외쳐 대었다. 또한 "백여 년 후, 장차 내 말이 부득이 하였음을 아는 자가 있을 것이다"라고 예언하였다. 그는 또 "오늘날 나를 질투심 많은 여인 같다고 욕할지언정, 훗날 나를 앞을 내다보는 귀신같은 사람이었다는 말을 들어서는 안 된다"[48]고 특별히 선언하였다.

사실 양광선 같은 자의 이러한 환란 예방 주장은 시대의 흐름時勢과 중국과 서양中西의 상황에 대한 분명한 이해와 정확한 예측을 기초로 한 것은 아니었다. 근본적으로는 맹목적 배외 정서의 발로이고, 공교롭게도 훗날의 정세 발전과 객관적으로 일치하는 것뿐이었다. 사실 그는 중국과 외국의 변화에 어두웠을 뿐만 아니라, 환란을 예방하는 정확한 방향도 제시하지 못하였다. 객관적으로 볼 때 선교사들은 식민침략을 돕는 혐의가 있다. 그러나 양광선 등이 힘써 주장한 무조건적인 폐쇄와 배척排外으로는 외환外患을 효과적으로 단절시키고 막아낼 수 없다. 오히려 현실을 직시하고, 정세에 따라 유리하도록 개방을 실시하고, 서양의 앞선 과학기술과 기타 유익한 사물들을 배우며, 국민의 시야를 넓히고, 국력을 증강시키는 것이 더 올바른 선택일 것이다. 이 점에 있어서 양광선 등은 강희 황제보다 훨씬 현명하지 못하였다.

---

48. 楊光先,「闢邪論」上,『不得已』, 上卷, 32.

그러나 봉건통치를 수호하는 측면에서 양광선이나 강희 황제는 동일하다. 양광선은 신하로서 세상의 올바름을 수호하는 천직에 충실하려는 것이었다. 그가 볼 때 "사대부란 사회世道를 주관하는 자요, 삼강三綱, 군신·부자·부부의 도리을 바로 하고 사유四維, 예·의·염·치禮義廉恥를 지키는 것이 바로 사회를 주관하는 자의 직분"이었다. 이것을 수호하기 위하여 그는 고집스럽게 외쳐대고 굳세게 분투하였다. "서"西라는 말만 들어도 노하고, "양"洋이란 것만 보아도 증오하는 광인狂人이 되었다. "세상 사람들은 모두 취하고 나만 홀로 깨어 있다는" 탄식이 가득하였다. 마치 자신들이 세상을 깨우지 아니하면, 온 나라가 아둔한 가운데 중국의 명맥은 서양인들에 의해 끝장나는 듯하였다. 그러므로 자신들은 이처럼 "부득이"하였고, 이는 또 자신들의 비극이었다.

빙하 밑의 암류暗流

교황청 마테오 리치의 선교방법에 대한 부정과 취소, 나아가 교황청의 "예의"禮儀에 대한 무리한 간섭으로 인해 강희 황제는 중국 선교에 대해 제한限禁정책을 취하였다. 그 후 옹정 황제는 더 분명하고 엄격한 금교禁敎정책을 실시하였고, 건륭乾隆·가경嘉慶·도광道光(아편전쟁 전까지) 황제들도 재위 기간에 이를 고수하였다.

이 시기에 청 조정의 천주교에 대한 기본 입장은 다음과 같이 정리할 수 있다. 외국 선교사가 중국 각 성省에 들어오거나 체류하는 것과 중국에서 전파되는 것을 엄금하고, 각 성에 있던 천주교 예배당을 모두 폐쇄한다. 소수의 선교사들만 중국 조정의 세속적인 업무(역법과 그림 그리기 등)를 위해 수도 북경에 남게 하고, 이들의 자체 교무활동을 위해 북경의 주요 예배당은 남겨두되, 그들이 선교하는 것을 금하고, 중국인과의 접촉과 교류를 제한한다.

천주교의 중국 복음사역은 이처럼 매서운 추운 날씨 속에서 종말을 고하는 것처럼 보였다. 그러나 빙하 밑에서는 여전히 암류暗流가 세차게 흐르고 있었다. 때로는 얼마간의 물살을 일으켜 천주교 금고禁錮, 천주교 전파 금지에 저항하였다.

금고禁錮와 저항

천주교 측에선 중국 황제의 금교령에 굴복하지 않았다. 중국에 잠복한 선교사들 외에도, 계속해서 선교사를 파송하고 같은 방법으로 입국이 금지된 중국 땅으로 들어가서 사역하게 하였다. 천주교 선교사들은 청조 관원들의 어리석음과 태만함을 틈타거나, 뇌물을 쓰거나, 교인들의 비호에 힘입거나, 혹은 동료 친구들의 도움으로 중국에 잠입하였다. 정말 갖은 머리를 다 쥐어짜고, 가능한 방법을 다 동원하였던 것이다. 그러므로 금교禁敎 시기에도 외국 선교사의 중국 내 활동은 사실상 중단되지 않았다.

한편으로는 당시 중국인들 가운데도 믿음을 굽히지 않는 신자들이 있었다. 그들은 황제의 금령을 따르지 않고, 음양으로 종교 활동을 이어갔다. 그들 중에는 심지어 신부가 된 자도 있었다. 황제의 종실 중에서도 기꺼이 벌을 받으면서 천주교를 대대로 신봉하는 집안이 있었다. 쑤누蘇努 가족이 그 전형적인 예이다.

쑤누는 청 태조太祖 누르하치努爾哈赤의 4세손이고, 옹정 황제의 사촌 동생이다. 그의 가족이 옹정 황제에 의해 벌을 받게 되어 유명한 사건이 되었다. 벌을 받게 된 주요 원인은 정쟁政爭이지 종교가 아니었다고 하지만 쑤누 자손이 천주교를 믿고 죽기까지 저버리지 아니한 것도 사실이다. 쑤누 가족들이 구금되어 있는 기간에 그들의 기주旗主, 청의 팔기 제도 아래 한 기의 수장는 사람을 보내어 그들에게 천주교에서 이탈할 것을 권하였다. 그러나 그들은 "우리의 교의敎義는 진정한 교의이기에 포기할 수 없다"고 답하였다. 어느 수장은 구두로 포기하겠다고 말할 것을 권하였지만 그들은 "구두로 포기하는 것일지라도 우리의 교의에 위배되는 것이기에 따를 수 없다"[49]고 말하였다. 이러한 내막은 당시 함께 구금된 쑤누의 열

---

49. 杜文凱, 『淸代西人見聞錄』(北京: 中國人民大學出版社, 1985), 149.

두 번째 아들 우얼천烏爾陳이 선교사에게 보낸 편지에 언급한 내용으로 신빙성이 있다.

가경嘉慶 연간재위 기간 1796-1820에 이르러 쑤누의 증손인 투친圖欽, 투민圖敏 형제가 교안教案으로 처벌을 받았다. 형부刑部에서는 천주교에서 탈퇴할 것을 거듭 권하였지만 그들 역시 한사코 거절하였다. 이에 가경 황제는 분개하며 "이 두 죄인은 원래 죄인의 자식들로서 당연히 본분과 법을 지켜야 하지 않느냐. 그럼에도 불구하고 감히 몰래 서양 종교를 믿고, 형부에서 거듭 권고하였건만 잘못을 고집하고 시종 뉘우치지 않으니 참으로 고약하도다!"[50]라고 말하였다.

봄바람에 움트는 들풀

서양 종교를 이처럼 금하여도 그 기세가 멈추지 않자 최고의 권위자인 황제들도 곤혹함과 노여움을 느꼈다. 그들은 왕토王土를 주의 깊게 살피다가 그 어디에 털끝만한 징조가 나타나기만 하면 천지가 뒤집혀도 개의치 않고 즉시 진상을 파헤쳤다. 그러므로 금교禁教 시기에도 교안教案은 종종 발생하였다. 어떤 사안은 오래 지속되고 여러 곳으로 파급되어, 사실상 천주교 박멸운동이 되기도 하였다. 옹정·건륭·가경 황제들의 재위 기간 중 예외 없이 중대 사안이 발생하였다. 물론 "힘을 다해 철저히 조사하고, 그 뿌리를 근절시키라"는 황제들의 엄명이 있었다. 그러나 당시 중국 대지 위의 복음의 생명력은 마치 "들불이 아무리 거세도, 봄바람만 건듯 불면 새싹이 움튼다"는 속담과 같았다. 추정에 의하면 아편전쟁 전야까지 중국의 천주교 교인 수는 20만 명 정도 된다고 한다.

기독교의 또 다른 거대 교파인 개신교도 이 시기에 조용히 중국 대륙으로 잠입한다. 17세기 초 개신교 선교사가 네덜란드 선박을 따라 대만臺灣에 도착한 적이 있었다. 그러나 얼마 되지 않아 쫓겨났고 중국과의 관계도 끊겼다. 그 후 영국 런던선교회의 선교사 로버트 모리슨Robert Morrison, 馬禮遜이 가경 12년(1807)에 광주廣州에 오게 되면서 개신교는 비

---

50. 『清實錄·仁宗』, 卷146(北京: 中華書局, 영인본), 1007.

로소 중국과의 지속적인 관계를 갖게 되었다.

아편전쟁이 발발하기까지의 30여 년 사이, 일군의 개신교 선교사들이 모여 중국에서 활동하고 있었다. 개신교가 중국 대륙에 전해지면서부터 "용龍, 중국 전통문화를 상징함과 하나님上帝, 기독교를 상징함"의 관계사는 은연중 새 장을 열게 된다. 빙하 밑의 암류는 금교禁敎 시기에도 점점 더 억제하기 어렵고, 솟구치려는 기세였다.

로버트 모리슨의 초상화

제5장 융합과 분리分合의 이치

서양의 하나님은 인간의 세계는 신의 세계를 의지해야 한다고 말한다. 그러나 중국의 성인들은 인간과 신을 차단하는 큰 틈을 만들었다.

큰 환경과 소기후小氣候

당唐 왕조 정관貞觀 연간으로부터 아편전쟁 전야까지 1,200여 년간 하나님의 중국에서의 역사적 궤적을 살펴보면 세 번의 정점에서 저점에 이르는 윤곽을 그려낼 수 있다.

정점과 저점

첫 번째 정점에서 저점에 이르는 과정은 아뤄번阿羅本이 중국에 도착한 당唐 정관 9년인 635년부터 1271년 원元 왕조가 세워지기까지이다. 이 기간은 당 회창會昌 5년(845) 무종武宗의 멸불滅佛조치로 경교가 화를 입는 것을 분기점으로 하여, 정점 기간은 210년이고, 저점 기간은 426년이다.

두 번째 정점에서 저점에 이르는 과정은 원元 왕조 수립에서 명明 만력萬曆 8년(1582) 예수회 선교사들이 중국에 머물도록 허가되기까지이다. 이 기간은 원 왕조가 멸망하는 1368년을 분기점으로 하고, 정점 기간은 97년간, 저점 기간은 212년이다.

세 번째 정점에서 저점에 이르는 과정은 명 만력 8년에서 청淸 도광道光 20년인 1840년 아편전쟁이 발발하기까지이다. 이 시기는 옹정雍正 즉위인 1723년을 분기점으로 하고, 정점 기간은 143년, 저점 기간은 117년이다.

종합하면 중국에 기독교가 전해진 총 1,205년 동안 정점 기간은 450년이고, 저점 기간은 755년으로 각각 전체 기간의 37.3%와 62.7%를 차지하고 있다.

어떤 정점과 저점 사이에는 분명한 분기점(예로 경교에 영향을 준 당唐 무종의 멸불조치 같은 분명한 상징적 사건)이 없고 다만 점차적으로 정점에서 저점으로 이행하는 모호한 과도기적 상태만이 있기도 하다. 그러므로 분기점을 선택할 때 왕조의 연대年代적 요소를 기준점으로 참고하였다. 예를 들면, 원 왕조의 최후 20-30년을 보면 예리커원也里可溫은 이미 쇠락하고 있었다. 그러나 분명한 전환점을 포착할 수 없었으므로 원 왕조의 전 기간을 다 정점기에 포함시키고 원 왕조가 멸망하던 년도를 분기점으로 삼았다. 청 전기 강희 황제의 재위 기간 교황청과 "예의지쟁"이 진행되면서 선교사들은 중국 내 활동에 영향을 받기 시작하였다. 그러나 이 충돌은 다년간 지속되었고, 강희 황제는 천주교에 대해 제한만 하였지 강경하게 금하지는 않았다. 좀 더 분명하고 엄격한 금교정책은 옹정 황제 때부터 시작하였다. 그러므로 강희康熙 황제의 재위 기간 모두를 정점기에 포함시키고, 옹정 황제가 즉위하던 년도를 분기점으로 삼았다. 강희康熙 초년에 있었던 역옥曆獄 사건양광선교안을 전후하여 중국에서의 복음사역도 한때 곤경에 빠지지만 기간이 짧고, 국면이 신속히 전환되었다. 그러므로 이 사건은 다만 정점기의 작은 파동으로 보고, 정점과 저점의 분기점으로 삼지 않았다.

각각의 정점에서 저점에 이르는 과정을 살펴볼 때, 위에서 언급한 전환, 완급緩急, 분명함과 모호함의 차이가 있고, 시간적 길이에도 차이를 보인다. "고저"高低의 정도와 기복의 변화에는 더 큰 차이가 있다. 세 차례의 정점에서 저점에 이르는 과정은 "원근遠近 및 고저高低가 서로 다른"

모습을 띠고 있는 것이다. 거시적으로 살핀다면 아래의 요소들에 주목할 필요가 있다.

큰 환경의 영향

세 차례의 정점에서 저점에 이르는 과정에 영향을 미친 요소들로는 "큰 환경"과 "국지적 소기후" 두 종류로 나누어 볼 수 있다.

소위 "큰 환경"이란 시간적으로 길고(긴 역사 시기) 공간적으로 넓은 범위의 배경을 말한다. 일반적으로 시대적, 사회적, 거시 문화적 배경이 포함된다.

시대적 배경으로는 중세에서 근대까지를 말한다. 이 기간 중 처음엔 중국의 문명이 앞섰지만 후엔 서양이 추월한다. 사회적 배경으로는 서양은 중국에 비해 폐쇄적이었는데 대외 확장으로 전환하였고, 중국은 반대로 개방에서 폐쇄로 나아갔다. 그러므로 중국은 기독교에 대해서 능동적 포용容納에서 피동적 수용承受의 자세로 전환하였다. 거시 문화적 배경으로는 중국은 발달한 봉건문화를 토대로 문화의 상단에 놓였지만 이후엔 서양의 자본주의 문화체제보다 낙후되며 문화의 하단에 자리 잡았다.

다시 말한다면 중국은 능동에서 피동으로, 우세에서 열세로 돌아선데 비해 서양은 피동에서 능동, 열세에서 우세로 돌아선 것이다. 큰 환경의 큰 흐름은 불가항력적일 수밖에 없다. 폐쇄를 타파하고, 국제관계를 수립해야 함은 근대 세계의 필연적 흐름이고, 용의 하나님과의 접촉도 결코 피할 수 없었다.

이는 세 차례의 정점기에서도 검증되고 세 저점기의 특징에서도 입증되고 있다.

첫 저점 기간이 무려 4백여 년이나 지속된 주요 원인은 당시의 세계가 아직 중세의 완만한 변화기에 처해 있어서였다. 사회의 내적 여건과 지리적 제약 및 교통 등의 한계로 중국과 서양의 접촉은 제한되었고, 변화도 적고 속도 또한 느렸다.

두 번째 저점 기간에는 명 왕조가 쇄국정책을 실시한 반면, 서방세계는 극렬한 변화를 겪으며 시대의 발전 방향을 주도하였다. 문화에 있어서도 서양은 점차 문화의 높은 고지를 점령한다. 덕분에 기독교는 전 세계로 전파되는 역량이 강화되었고 결국엔 물밀듯 사방으로 진출하게 되었다. 그러므로 이때 중국의 "저점기"저자는 "空谷"골짜기란 용어 사용는 오랫동안 유지될 수 없었다. 지난 저점 기간에 비해 절반인 2백여 년으로 단축되었다. 이는 결코 우연이 아니었다.

앞의 두 저점 기간과 비교할 때 세 번째 저점 기간은 이 시기만의 특징을 갖고 있다. 이 시기 하나님의 사자들은 중국이 굳게 닫아 건 문을 성공적으로 열고 진입하였다. 중국은 이들을 쫓아내거나 들어오지 못하게 막을 수 없었다. 건륭 황제 재위 기간에는 폐관閉關정책을 강화하여, 오직 광주廣州 한 곳만을 개항지로 남겨 두었다. 가능하면 대외 통상을 제한하려고 하였다. 제한하려는 원인 중에는 선교사들이 상인과 뒤섞여 진입하는 것을 막으려는 것이었다. 그러나 결국 다 막지 못했다. 그러므로 세 번째 저점 기간은 "상대적 저점"이었을 뿐만 아니라 "겉으로는 저점이었지만 속으로는 정점"明谷暗峰이라고 말할 수 있다. 이는 대세의 흐름이었기에 설령 제왕일지라도 역전시킬 수 없었다.

국지적 소기후

소위 "소기후"란 구체적 사건과 일련의 사건으로 구성되었고, 어떤 특성과 흐름을 드러내는 작은 "사건들"을 말한다. 국지적이고 일시적이며 우연이란 특징을 갖고 있다.

구체적 사건이라 함은 아뤄번阿羅本이 어느 해에 중국에 오고, 당 태종이 어떻게 그를 맞이했으며, 경정景淨이 어떻게 경전을 번역하였고, 마르코 폴로 형제가 몽골 황제와 교황의 메신저로 이탈리아를 오갔으며, 몬테 코르비노가 중국에 도착하여 총주교를 역임하고, 하비에르가 외딴 섬에서 죽음을 맞이하고, 루지에리가 닫힌 중국 문을 뇌물로 열고, 아담 샬이 죽을 지경에 이르렀을 때 공교롭게도 지진이 일어나고 혜성이 나타난 것 등을 말한다. 이 모두는 이미 존재하였던 사실들이지만 시간, 장소, 인물과 사건 속 줄거리의 흐름 등 모두는 우연이란 특징을 갖고 있다. 만약 어떤 요소에 변동이 있었다면 사건은 또 다른 모양으로 전개되었을 것이다.

어떤 특성과 흐름을 드러내는 작은 "사건들"이라 함은 다음과 같다. 무종의 불교를 소멸시키려는 일련의 조치, 쿠빌라이와 교황청이 관계 맺고자 취한 조치들, 양광선의 반천주교反教 활동들, 강희 황제의 역옥曆獄 사건을 바로 잡는 일련의 조치 등을 말한다. 이 사안들은 구체적 사건처럼 단순하지 않다. 일정 시간이 지속되면서 상당한 규모와 영향력을 나타낸 사건들이다. 그러나 큰 환경과 비교하면 여전히 국지적, 일시적 사건들이다.

여러 소기후는 모아져 큰 기후에 영향을 미치고 큰 기후를 형성한다. 반면 큰 기후는 전체적인 면에서 소기후를 제약하고 결정한다. 개별적으로 말한다면 소기후가 아무리 비정상일지라도 큰 기후에 의해 결정된 필연적 흐름과 결과를 역전시키지 못한다. 자연계의 비바람처럼 어느 날 바람이 불고, 어느 날 비가 오는 데는 일정한 법칙이 없다. 봄날에도 눈보라가 흩날리거나, 겨울날에도 따스함을 느낄 수 있는 날씨가 있다. 그러나 사계절이 교체하는 순서와 각 계절의 기후적 특징에는 항상 일정한 법칙이 있는 것이다.

신도(신묘한 도)의 가르침神道說教

중국의 황제는 스스로를 "진용천자"眞龍天子라 자처하고 그의 신하와 백성들로부터도 그렇게 인정받았다. 황제眞龍의 안색龍顏의 명암에 따라 신하와 백성들은 생사화복이 갈렸다. 그렇다면 용안의 명암은 그의 왕토王土에 손님으로 온 서양의 하나님에게는 어떻게 작용하였을까? 이는 중국 봉건사회의 왕권과 종교 간의 관계적 특징(서양과 비교 시)에서 파악할 필요가 있다.

종교와 정치 양자의 일반적인 관계에서 보면 양자의 관계와 양자에게 미치는 영향에 결정적 역할을 하는 쪽은 정치였다. 종교와 정권의 결합 형식에는 보통 신권통치, 정교政教합일과 정교분리 등이 있다. 교황제를 실시하기 이전 고대 로마제국은 오랫동안 정교합일제를 시행하였다. 그 후 11-13세기 말까지 유럽은 전형적인 기독교 신권통치를 시행한다. 신권神權이 군권君權 위에 군림하는 통치 형식이었다. 종교지도자인 교황이 신의 직속 대리자 신분으로 세속 국왕을 제어하므로 정치지배를 실현하였다. 이러한 통치방식은 이후 유럽에서 점차 소멸된다. 그러나 종교는 오랫동안 국가 정치에 일정한 지위와 영향력을 유지한다.

중국의 상황은 이와 사뭇 달랐다. 기나긴 봉건사회에서 정교政教는 시종 분리되었다. 사회적으로 "교권"은 거의 언급할 상대가 아니었다. 국가 정권의 전당에 그의 좌석은 준비되어 있지 않았다. 세속 군주는 세속적 모습과 태도로 그의 영토 안의 신하와 백성을 관할하였다. 자신을 교주敎主로 분장하지도 않았다. 물론 그렇다고 해서 군주人君가 "신"神의 도움을 필요로 하지 않거나, 종교인敎門之人도 기꺼이 세속을 등지고 정치와 권력에 무관심하고자 하였다는 말이 아니다. 문제의 관건은 양자는 반드시 주·복主僕, 이용과 섬김의 관계였다는 것이다.

중국사회의 왕권과 종교와의 관계를 가장 잘 나타내는 것은 "신도설교"神道設敎 네 글자라고 할 수 있다. 이는 『주역·관괘』周易·觀卦 에 "성인이 신도(신묘한 도)로 가르치면 천하가 복종한다"聖人以神道設敎而天下服矣라는 구절에서 나왔다. 그 뜻은 신명이 있든 없든 성현이 "신도"神道를 설정設하고 성현의 가르침說敎을 통해 교화를 시행하여 천하 사람을 복종케 한다는 것이다. "설"設이란 글자는 신명神明의 존재를 근본적으로 부정하고 있음을 볼 수 있다. 교화를 시행하는데 동원된 이른바 "신도"神道도 실질적으로는 성인의 가르침聖人之道이며, 이를 신성한 물감으로 채색하였을 뿐이다. 현실을 간파한 "상지"上智, 지혜로운 사람들이 "하우"下愚, 어리석은 사람들을 고의로 미혹시키는 것이다.

"신도로 가르친다"는 것은 본질적으로 비종교적이었기 때문에 윤리를 중심으로 한 유가 학설에 포용되고 끊임없이 발전할 수 있었다. 이로써 분명한 것은 신도설교란 왕권을 수호하는 수단에 불과하고, 왕권은 신도설교를 이용하는 주체였다는 점이다. 종교는 정치에 대한 영향력을 직접적으로 행사하지 못하고, 다만 교화敎化라는 이름을 통해 간접적으로 일정한 영향력을 가했을 뿐이다.

왕권의 효력

중국의 왕권과 종교의 관계가 이러하였기에 봉건 왕국의 주재자主宰요, 최고의 권력을 소유한 황제는 종교에 대한 선택권과 지배력이 매우 강하였다. 중국 고유의 종교에 대해서는 물론이거니와, 외래의 종교에 대해서는 더욱 그러하였다. 기독교도 물론 예외일 수 없었다.

중국 황제들의 기독교에 대한 태도와 정책은 객관적 요소들에 의해 제약을 받았다. 역사적 전통에서 현실적 필요에 이르기까지 여러 요소들이 제약을 했다. 그러나 다른 한편으로 황제의 주관적 임의성도 강하게 작용하였다. 황제 개인의 성격, 기질, 흥미와 식견, 심지어는 우연한 사건이 일으킨 일시적 자극도 종교에 대한 태도와 정책에 직접적인 영향을 미쳤다. 이유가 어찌되었든 황제가 기뻐하고 기독교를 예우하고 용납하여야만, 복음사역은 최소한의 여건을 갖게 되는 것이었다. 그 반대라면 기독교는 곤경에 빠질 수밖에 없었다.

위에서 기술한 세 정점과 저점기의 기복과 변화에서도 이런 모습은 분명히 볼 수 있다. 정점으로 진입할 때마다 황제가 하나님의 사자들을 웃으며 맞는 기회와 인연이 있었다. 반대로 저점으로 접어들 때마다 황제가 돌변하여 노하고 핍박하는 것으로 시작하거나(예로 당 무종 및 청 강희와 옹정 때), 혹은 믿고 의지하였던 "용체"황제를 잃게 되므로(예로 원말 명초) 비롯되었음을 볼 수 있다. 요컨대 중국에서의 복음사역은 용안의 명암에 의해 혹은 애처롭거나 혹은 번영의 운명을 맞이하였다.

그러나 황제 일인이 모든 것을 결정짓는 것은 아니었다. 조건적이었고 한계가 있었다. 황제도 큰 환경 여건에 제약을 받았다. 기독교에 대해 황제들마다 저마다 다른 언동을 보이지만 이면에는 모든 황제의 언동을 일정한 범위 안에 머물게 하는 제약이 있었다. 예를 들어 서양 선교사를 예우하든 하지 않든, 서양 종교를 수용하든 않든 다 일정한 제약을 받았다. 상황변화가 가장 복잡하였던 청조 전기에 있어서도 순치와 강희 황제는 주로 선교사들의 기예技藝를 이용하였지, 그들의 종교를 무제한 지지하고 전습傳習하도록 내버려두지는 않았다. 한편 이후의 몇몇 황제들도 비록 천주교를 엄격히 금하였지만 선교사 활용을 완전히 포기하지 않았고, 교안敎案을 처리함에 있어서도 "관대함과 엄격함이 서로 조화를 이루는"寬猛互濟 정책을 취하였다.

황제 개인의 주관적 요인과 일시적, 국지적 외적 여건도 특별한 사태를 야기할 수 있다. 하지만 사안 전개를 전반적으로 바라보면 "소기후"는 "큰 환경"의 흐름을 결국 역전시키지 못함을 본다.

문호의 독립과 혈연적 융합親合

문화의 보편성 면에서 보면 기독교와 중국문화가 거리감을 절대 좁히지 못해 상호 수용 및 공존할 수 없는 것은 아니다. 기독교가 중국의 종교들(자생적이든지, 전래되어 중국화된 종교든지)과 공통성共性이 있는 것은 말할 것도 없고, 유교와도 공통분모가 존재하고 있다.

비슷한 겉모습

어떤 서양 학자의 해석에 의하면 "기독교 정신의 가장 근본적인 표시는 사심 없이 남을 돌보는 적극적인 행동, 즉 사랑이다"[51]라고 하였다. 성경에도 "네 이웃을 네 몸과 같이 사랑하라"를 "온 율법과 선지자의 강령"[52]으로 삼고, "사랑하는 자들아 우리가 서로 사랑하자"[53]로 인간의 우정을 큰 소리로 노래하고 있다. 또한 "우리가 말과 혀로만 사랑하지 말고 오직 행함과 진실함으로 하자"[54]를 강조한다. 이런 "행함과 진실함"의 사

---

51. 詹姆士·里德, 『基督的人生觀』(北京: 生活·讀書·新知三聯書店, 1989), 168. (원서명: James Reid, *Facing Life with Christ*).
52. 『신약전서·마태복음』, 22장 39–40절.
53. 『신약전서·요한1서』, 4장 7절.
54. 위의 책, 3장 18절.

십자가에 매달린 예수 그리스도

랑은 그저 연민으로 적선하는 정도가 아니라 "형제들을 위하여 목숨을 버리는" 경지를 지향하고 있다. 우호적인 사람만을 대상으로 하지 않고, 원수에게까지 행할 것을 권면하고 있다. 이는 유학儒學에서 "인간 사랑"愛人과 의로움을 위해 자신을 희생하며舍身取義, 원수에게 덕을 베풀다以德報怨 등의 언급과 비슷하다.

타인에게 사랑을 베푸는 것과 뗄 수 없는 것은 자아의 도덕적 수양이다. 기독교와 유학儒學은 모두 이를 중시하고 있다. "모세의 십계명" 가운데 마지막 6계명은 부모에게 효도하고, 살인하지 말며, 간음하지 말고, 도적질하지 말고, 이웃에 대하여 거짓 증거 하지 말며, 이웃의 어떤 것이든지 탐내지 말라는 것이다. 모두 도덕적 범주의 내용에 속한다. 그에 더해 성경은 더 넓고 포괄적으로 "사랑과 희락과 화평과 오래 참음과 자비와 양선과 충성과 온유와 절제"[55] 등의 많은 도덕적 요구를 제기하고 있다. 이러한 내용들은 유가儒家에서 말하는 효친孝親, 정결貞潔, 어짐仁, 정의로움義, 규범禮, 지혜로움智, 신실함信 및 온정溫, 선량良, 공경恭, 근검절약儉, 겸양讓 등과 거의 일치한다.

그리스도의 부활을 그린 〈나를 만지지 마라〉
Noli me Tangere, 안토니오 코레지오Antonio Correggio

---

55. 『신약전서·갈라디아서』, 5장 22-23절.

사실 본질에 대한 규명이나, 체계와 구조의 일치를 불문하고, 다만 눈에 띄는 개별적이고 흩어져 있는 자료만을 선택한다면 성경에는 유학儒學의 윤리도덕과 일치하거나 비교되는 내용이 많다. 바로 이 때문에 마테오 리치 같은 천주교 선교사들과 훗날의 개신교 선교사들은 하나님과 공자와의 조화調合로움에 대해서 적극 어필할 수 있었다.

혈액형의 차이

그러나 위에서 언급한 비슷함은 "모습만 비슷"形似한 것이지, 파고들면 양자 간의 근본적 차이는 매우 분명하다.

중국의 유가문화儒家文化는 고대로부터 이어오는 종법宗法사회에서 양육된 윤리의식을 중심으로 한 체계이다. 이 윤리체계에 내포된 것은 주로 세속사회의 인간관계에 대한 규범이지 신·인神人관계의 규범이 아니다. 유가는 인생과 현실을 중시하는 사상적 경향을 띠고 있다. 중국의 성인들과 중국의 "성경들"은 신의 세계에 대해 매우 냉담하다. "공자는 괴이한 일, 완력을 쓰는 일, 난잡한 일, 귀신에 관하여 말하지 않았다"子不語怪, 力, 亂, 神; "천도는 멀고 인도는 가깝다"天道遠, 人道邇; "삶도 다 모르는데 어찌 죽음을 알리"未知生, 焉知死 등의 내용들이 이를 증명하고 있다.

중국의 성인들은 거대한 중화민족을 하나님의 나라神境와 격리시켰다. 그리고 오직 현실세계의 복잡한 인륜관계라는 범주 안에서 맴돌게 하였다. 또한 모든 사람이 다 같은 범주 안에서 맴도는 것이 아니라, 개개인에게 특정 역할이 주어졌고, 각자 소속된 등급과 부류라는 특정 범주 내에서만 맴돌도록 하였다. 예를 들면 군·신君臣은 군·신, 부·자父子는 부·자, 부·부夫婦는 부·부, 형·제는 형·제, 친구는 친구라는 범주가 정해졌다. 모든 범주는 저마다 특정한 맴도는 법칙이 있었다. 사람들의 생·사가 이어지고, 왕조도 전·후로 교체되지만, 하늘은 변치 않고, 가르침道도 변치 않고, "범주"도 변치 않는다.

그러나 서양의 기독교문화는 다르다. 자신의 체계적 신학으로 중심을 삼았다. 기독교문화는 인간의 세계와 신의 세계로 이뤄진 복합체이다.

인간의 세계는 신의 세계로부터 나왔다. 유일한 참 하나님이 인류를 포함한 세상 만물을 창조하였기 때문이다. 인간의 세계는 반드시 신의 세계에 의존해야 한다. 인류는 시조始祖로부터 원죄를 이어오기에 오직 하나님을 믿고, 예수 그리스도에게 구원救贖을 간구함으로 죄악에 의해 가리워진障蔽 자신의 생명 안의 신성神性을 체득體認할 수 있다. 또한 인간의 세계는 유한하고, 하나님의 나라神境만이 영원하고 궁극적이다. 사람은 사후에 영혼이 불멸하고 세상 끝날엔 생전에 행한 것에 근거하여 최후의 심판을 받게 된다.

신과 인간 두 세계는 믿음과 예배 의식儀式을 통해 소통되며, 모든 사물은 다 신과 인간 두 세계간의 교통과 대화로 귀결된다. 그러나 최고의 절대적 권위는 모든 것을 주관하는 하나님뿐이다. "하늘은 하나님의 보좌요", "땅은 하나님의 발등상이다." 인간 세상의 모든 합리적인 것은 다 하나님으로부터 비롯되었다. 예를 들면 세상 사람들에게 서로 사랑하여야 한다고 하는데, 이는 그들 모두가 다 하나님의 사랑 아래 있는 형제이기 때문이다. "사랑은 하나님께 속한 것" 중국어 성경에는 "사랑은 하나님께로부터 온 것"이요, "하나님은 사랑이시다." 그러므로 하나님 앞에서 만인은 평등하며, 누구도 특수한 계층에 머물러 특별한 권위를 누릴 수 없다. 인간과 인간의 관계는 상대적으로 간단명료한 것이다. 중국의 유학儒學에서처럼 이런저런 범주가 결코 있을 수 없었다.

이로 볼 때, 기독교의 신학문화와 중국의 윤리중심주의의 전통문화는 개별적인 고리, 개별적인 포인트에서 서로 어긋나는 것이 아니라, 전체 체계에 있어서 서로 저촉되는 것이다.

부모를 미워함恨親과 사랑함孝親

효친孝親, 부모에게 효도함관념에서의 기독교와 중국 전통문화의 상충도 특별히 살펴볼 필요가 있다. 왜냐면 이것이 관건이 되기 때문이다.

만약 기독교에도 대 가족제도가 있다고 한다면 하나님만을 가장으로 인정하고, 세상의 모든 사람들은 다 그의 자녀요 선민選民이 된다. 예수는 제자들에게 이렇게 가르쳤다. "땅에 있는 자를 아비라 하지 말라. 너희 아버지는 하나이시니, 곧 하늘에 계신 자시니라."[56] 예수 자신도 성모 마리아를 "부인"婦人, 한글 성경엔 "여자여"라고 하였다. 역자 주이라고 하였다. 한번은 예수가 말씀을 전하고 있을 때에 한 사람이 그에게 "보소서, 당신의 모친과 동생들이 당신께 말하려고 밖에 섰나이다"고 말하였다. 그러자 예수는 그 사람에게 "누가 내 모친이며, 내 동생들이냐? … 누구든지 하늘에 계신 내 아버지의 뜻대로 하는 자가 내 형제요, 자매요, 모친이니라"(『신약·마태복음』 12장 48-50절)고 대답하였다.

사람들에게 오직 하나님만이 아버지저자는 "친"親이라는 단어를 사용가 되게 하기 위하여, 예수는 사람들에게 세속적인 가족애親情를 포기할 것을 특별히 호소하기도 하였다. 그는 "내게 오는 자가 나를 자기 부모와 처자와 형제와 자매와 자기 목숨보다 더 사랑하지 아니하면 내 제자가 될 수 없도다"(중국어성경 화합본和合本 『신약·누가복음』 14장 26절)라고 말하였다. 인용한 성경의 본문 주석에 의하면 "… 사랑하지 …"는 원어헬라어 성경에 "미워하지"恨로 되어 있다고 한다. 어떤 학자는 여기서 말하는 "미워하다"는 바로 "세속적 가정 관계와 철저히 결별함을 나타내기 위해 사용한 강조법이다"[57]라고 해석하고 있다. 예수는 심지어 자신의 아버지를 매장하는 의무를 다하지 않게 하였다. 한번은 한 제자가 예수에게 "주여, 나로 먼저 가서 내 부친을 장사하게 허락 하옵소서"라고 하였다. 예수는 "죽은 자들로 저희 죽은 자를 장사하게 하고 너는 나를 쫓으라"(『신약·마태복음』 8장 21-22절)고 답하였다.

이러한 관념에 젖은 선교사들은 가족과 고향을 등지고 이국으로 건너와 말씀을 전하였다. "부모가 계시면, 멀리 출타하지 않는다"父母在, 不遠遊를 효도의 요지로 생각하는 중국인 입장에서 볼 때 이 자체는 가족애親情를 저버리는 행동逆擧이었다. 또한 선교사들은 가족을 사랑하고, 효를 중시하는親親重孝 윤리관에 어긋나는 교의敎義를 중국인들에게 힘써 전하였으니 중국인들이 수용하기 어려웠고, 중국인들의 강한 저항을 맞이할 수

---

56. 『신약전서·마태복음』, 23장 9절.
57. 詹姆士·里德, 『基督的人生觀』, 180. (원서명: James Reid, *Facing Life with Christ*.)

밖에 없었다. 이는 명말청초明末清初 사대부들의 반천주교 언론과 "예의지쟁"의 문제에서 전형적으로 반영되었다. 효친孝親의 가르침을 수호하는 것은 실로 윤리문화와 종법宗法이 일체화된 사회구조를 수호하는 관건이었던 것이다.

교묘한 융합合과 분리分

기독교와 비교할 때, 불교와 도교가 유학儒學에 흡수 이용되고, 합류合流를 이룬 원인은 다양하다. 하지만 두 종교가 효친孝親문제에 있어 유학과 저촉되지 않는 것이 바탕이 되고 핵심이었다.

도교는 중국 땅에서 자생한 종교이다. 도교의 시조道祖 노자老子는 원래 무신론자였다. 세상에 있을 때는 명성과 지위가 뛰어나지 않았기에 태사공太史公, 사마천도 그에게 "은군자"隱君子라는 호칭을 주었다. 『도덕경』道德經에 "현지우현, 중묘지문"玄之又玄, 衆妙之門 (도는) 아득하고 또 아득함이 모든 오묘함의 문이로다!이란 내용이 있는데, 이 "현"玄은 득도하여 신선이 되는 데成仙得道 적합하므로, 신선가神仙家는 그를 교주로 삼고 그에 관한 신화들을 만들어냈다. 도교는 득도하여 신선이 되는 것을 지향하고, 장생불사長生不死를 추구하므로 유가儒家의 삶을 중시重生하는 가르침과 모순되지 않았다. 삶을 중시하는 이상 가족애親情를 논하지 않을 수 없다. 도교에선 "신선仙이 되려면, 마땅히 충忠 · 효孝 · 화和 · 순順 · 인仁 · 신信을 근본으로 하여야 한다." "만약 덕을 닦지 않고 그저 현도玄道에만 힘쓰면" 목표에 이를 수 없다고 강조하고 있다.58 바꿔 말하면, 오직 유가의 중심에 서

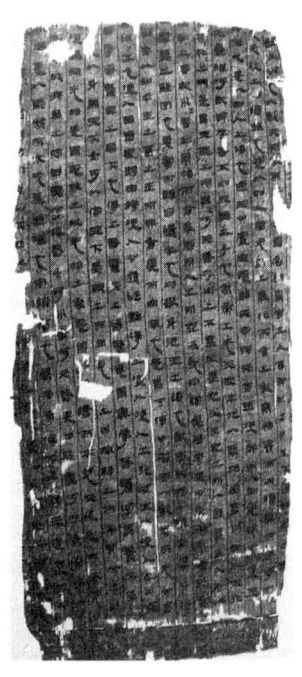

백서帛書『노자』을본乙本

---

58. 葛洪, 『抱朴子·內篇·對俗』, 『道藏』, 第28冊(文物出版社, 上海書店, 天津古籍出版社의 1988년 영인본), 180.

있어야 도교의 수행이 성공할 수 있다는 것이다.

당 덕종德宗 때 이관李觀이란 사람은 『통유도설』通儒道說을 써서, 유가儒家와 도교道敎의 일치를 설명하였다. 유가와 도교는 같은 근원同源이라고 단정하고, 생생한 비유도 들었다. 그는 도교의 "도"道와 "덕"德은 유가의 양팔이며, 유가의 인仁, 신信, 예禮, 의義는 "덕"德의 손가락으로, 원래 모두가 한 몸一體之物이었다고 주장하였다. 그러므로 이를 부정하면 마치 "같은 수원임을 잊고 각자의 지류만을 뚫거나, 나무의 줄기를 배면서 나무를 가리려는 것으로 불가능하다"[59]고 말하였다.

아는 바와 같이 불교는 원래 외국異國에서 온 손님이었다. 처음에는 유학儒學과 무척 괴리가 있었다. 불교는 인생을 고苦라 하고, "무생"無生을 요지로 하였다. 특히 "아비도 없고 임금도 없다"無父無君는 교의敎義는 유가儒家와 대립하였다. 그러나 중국에 뿌리 내리기 위해 불교는 부득불 중국문화의 전통에 점차 영합하며 유가와 타협하였다.

예를 들면 불교는 불교의 시조 석가모니의 효행을 강조하고 찬양하였다. 부친 정반왕淨飯王, Śuddhodana, 슈도다나이 죽자 석가모니는 상여繩床의 한 귀퉁이를 메고 가서 화장하였으므로 효자의 자격을 갖추었다고 말했다. 당 후기 화엄종 겸 선종禪宗의 승려인 종밀宗密은 「우란분경소서」盂蘭盆經疏序를 쓰면서 첫 머리에 "혼돈混沌에서 시작하여 천지에 충만하고, 사람과 신神, 귀貴와 천賤을 관통하며 유가와 불교儒釋에서 근간으로 여기는 것은 오직 효도이다"[59]라고 언급하고 있다. 유가의 주장을 그대로 옮겨 놓은 듯한 어투이다. 이 승려는 공자를 석가모니와 동등한 "지성"至聖의 지위로 높여 존숭하였다. 불교는 말로만이 아니라, 행동으로도 효를 나타냈다. 불교의 사제師生간에도 유가의 삼년상三年喪 제도를 시행하도록 장려한 것이다. 유종원柳宗元은 논평을 통해 불교는 "효경孝敬에 근거하고, 여러 덕重德을 쌓아, 공무空無로 돌아간다." "부처浮屠를 배척하면 안 될 것이 『역』易,『논어』論語와 일치合한다. … 공자의 가르침과 다르지 않다."[60]

---

59. 『全唐文』, 卷920, 9584.
60. 『柳宗元集』(北京: 中華書局, 1979), 683, 673.

공자의 편찬과 교육 장면

이렇게 핵심적인 내용에 일치하고자 하므로, 유儒·불佛·도道는 다툼에서 평화로, 분리分에서 융합合로 나아갔다. 도교 측에 "붉은 꽃, 흰 연근, 파란 연잎, 즉 삼교三敎는 원래 한 가족一家이었다"는 명언이 있다. 불교 측에서도 한 사람이 이런 재미있는 유언을 남겼다. 그가 죽어 입관할 때, 왼손에 『효경』孝經, 유가를 대표과 『노자』老子, 도교를 대표를, 오른손에는 『소품법화경』小品法華, 소품법화경은 불교를 대표을 쥐고 있게 하라는 것이었다. 유가의 중재자들은 "처음엔 서로 모순되는 듯 하였는데 후에는 함께 강물과 바다에 이르는 것 같다"고 결론내리고 있다.

불교와 도교는 문화의 민족성이라는 바탕에 유학儒學과 융합하는 동시에, 그들만의 종교적 특징은 버리지 않았다. 그러므로 그들은 유가문화에 의해 동화되거나 소멸되지 않고, 각자의 문호를 유지하고, 오랫동안 유가와 이웃으로 남을 수 있었던 것이다.

융합合과 분리分 사이에 이도 저도 아닌 난처한 처지

기독교는 중국에 전해진 천여 년 동안 불교나 도교처럼 유학儒學과 적당한 범위 내에서 적절한 관계를 형성하지 못하였다. 뿐만 아니라 불교와 도교의 종교문화를 포함한 중국의 전통문화 내에서 "문호의 독립"과 "혈연적 융합親合"이란 관계도 잘 처리하지 못했다.

당대唐代 경교景敎는 나약한 종속적 지위에 머물며, 자신의 최소한의 본질도 유지하지 못하였다. 중국문화의 거대한 흐름 앞에서 유·불·도와 형님 먼저 아우 먼저 하며 함께 전진하는 양방향 융합을 도출하지 못하고, 강자에 의해 약자가 먹히는 단방향 소멸로 끝을 맺었다.

원대元代 예리커원也里可溫은 오직 몽골 황실 권력의 비호를 받는 "이주민"客家에 불과하였다. 그의 문호는 "독립"되었지만, "원주민"土着과는 단절된 정도로 독립되었다. 문을 꼭 닫은 채 "홀아비"光棍처럼 지냈다. 문 밖 누구와도 통혼을 하지 않았으니 용龍, 중국 전통문화의 터전에서 "잡교"雜交한 후손들을 출산하지 못하였다. 그 결과, 몽골인의 권력이 무너지자 자신도 중원의 대지에서 후사가 끊기고, 소멸되었다.

명말明末과 청초淸初의 140여 년 간은 기독교가 중국에서 가장 잘 나가는 시기였다. 이는 마테오 리치식 선교방법의 효과였다. 마테오 리치 등은 형식적으로는 중국문화의 관습에 영합迎合하며, 학리學理적으로는 "중서조화"中西調合의 책략을 취하였다. 덕분에 황실과 여러 중국인의 호감을 사고 많은 신자를 흡수하였다. 이들은 주관적으로 기독교의 특성과 본질을 손상시키려 하지 않았고, 천주교를 수용한 많은 중국인들도 기독교문화를 진정으로 이해하고 지향한 것이 아니었지만, 객관적으로는 중국과 기독교 두 문화의 "융합"親合을 위해서 최소한도의 여건과 발전의 계기를 제공하였다.

이러한 정세情勢가 만약 "예의지쟁"에 의해 중단되지 않았다면, 용과 하나님의 관계사에 낙관적인 기록을 남길 수 있었을 것이다. 그러나 "예의지쟁"으로 두 문화의 특성과 본질의 차이가 분명히 드러났다. 게다가 정치적 대결로 발전하여 두 관계가 교착 국면으로 빠져 들었다. 마테오 리치식 선교방법의 영향이 이로써 다 사라진 것은 아니지만, 지속된 교착 국면은 결국 두 관계의 정상적인 발전을 심각하게 저해하였다.

제6장 옅은 무지개

성경은 무지개는 하나님이 인간과 세운 언약의 증거sign라고 말한다. 하나님의 사자들은 중서中西문화가 교류할 무지개다리를 놓았다. 그러나 무지개다리는 옅은색을 띠었다.

중국神州을 비춘 무지개

선교사들이 복음을 전파하면서 동시에 중서中西문화의 교류도 이들의 매개로 점차 발전하였다. 하나님의 사자들은 문화대사文化大使를 겸직하며 중서中西 양쪽에 아름다운 무지개다리를 놓았던 것이다.

일찍이 당대唐代 경교景敎 선교사들은 서양의 의술醫術을 들여와 눈병을 고쳤고, 심지어는 두개골 시술도 하였다. 그들은 "기이한 물건들奇器도 만들었다." 다만 어떤 기이한 물건들을 만들었는지는 아쉽게도 전해지지 않는다.

원대元代에 중국과 서양을 왕래한 사자들은 절대 다수가 교무敎務, 교회사역와 관계있는 사람들이었다. 그들이 드나들면서 오랫동안 단절되었던 중·서 관계가 다시 이어지게 되었다. 서유럽에서 한동안 사라진 중국의 실크와 자기瓷器도 이때 다시 꼬리를 물고 그곳에 도착하며 귀중한 물건으로 대접 받았다.

이탈리아 르네상스 시기의 예술에 미친 중국문화의 영향도 실마리를 찾아볼 수 있다. 이탈리아 시에나 시정부 회의실에는 두 폭의 르네상스 초기 대형 벽화가 걸려 있다. 한 폭은 장군이 말을 타고 성채를 둘러보는 그림이고 또 한 폭은 도시와 시골의 풍경을 그린 작품이다. 비록 주제는 달랐지만 구도構圖는 모두 중국 횡폭橫幅 화풍의 영향을 받았다. 사물의 배치도 중국의 화풍을 반영하고 있는 등 여러 세세한 곳에서도 중국회화中國繪畵의 특성을 나타내고 있다.

한편 당시 중국은 서양으로부터 얻은 것이 많지 않아 보인다. 예배당이 서양 건축의 특색을 띤 것과 함께, 가장 주목받는 것은 아마도 "천마"天馬 한 필일 것이다. 이는 원元 순제順帝 때 중국을 방문한 교황청 사절단이 원 황제의 청탁을 받고 특별히 들여온 선물이었다. 이 말은 길이가 1장丈, 3.3미터 1척尺 3치寸이고, 높이가 6척 4치였다. 온몸이 검고, 뒷발굽만 희었다. 황제로부터 왕공대신들에 이르기까지 모두 천마에 굉장한 흥미를 나타냈다. 「천마찬」天馬讚, 「천마행」天馬行, 「천마송」天馬頌 같은 시문詩文이 다투어 선보였고, 원 순제는 화공畵工에게 "천마도"天馬圖를 정교하게 그리도록 명하였다. 천마天馬에 대한 흥미는 원대元代 중서中西문화교류의 미담이 되었다.

전에 없이 아름다운 무지개는 명말청초明末淸初에 이르러서야 나타났다. 이 시기의 중서中西문화교류는 넓이나 깊이에 있어 모두 전례가 없을 정도였다. 중국에 온 예수회 선교사들의 "학술선교" 과정에 주거니 받거니 하면서 중서中西학술이 상호 교류하며 서로에게 영향을 끼쳤다. 그러나 서학동점西學東漸, 서양 학문이 동양에 전해짐이 주된 흐름이었다. 중국은 "수출 초과"에서 "수입 초과"로 역전된 상태였다.

서학동점이 중국에 유익을 가져온 가장 두드러진 내용은 과학기술 분야였다. 고대 중국의 과학기술은 여러 면에서 세계를 앞섰다. 그러나 근대에 이르러서는 서양에 까마득히 뒤처졌다. 예수회 선교사들이 들어올 때쯤에는 격차가 이미 상당하였다. 선교사들은 먼저 서양의 앞선 과학기술科技지식을 중국에 전파하였고, 동시에 다른 문화적 열매들도 들여와 기독교 선교에 적극 활용하였다.

하늘과 해를 엿봄

예수회 선교사들이 중국에 오기 전 중국인들은 인류가 살고 있는 대지가 둥글다는 사실도 전혀 모르고 있었다. 천문기구天文儀器의 제조도 서양보다 낙후되었고, 사용하고 있는 전통역법傳統曆法도 잘못된 곳이 많았다.

마테오 리치는 중국에 많은 천문기구天文儀器를 만들어 주었고, 지원설地圓說을 가장 먼저 소개해 주었다. 인류가 살고 있는 지구의 기본 형태를 모르면서, 우주의 참 모습을 깨닫기는 어려운 일이다. 이러한 의미에서 마테오 리치 같은 이는 중국인들에게 근대 천문과학의 중요한 일보를 내딛도록 이끌었다고 말할 수 있다.

아담 샬湯若望은 중국이 사용하도록 "서양의 새 역법"西洋新曆의 제작을 주관하였다. 그의 참여로 말미암아 180만 자의 방대한 『숭정역서』崇禎曆書가 세상에 모습을 드러냈다. 이 책은 모두 137장으로 이루어졌는데 서양의 역법曆法과 천문학, 수학, 계산도구, 측량법 등 여러 분야의 새로운 지식을 소개하고 있다.

아담 샬은 또한 흠천감을 위해 혼천구渾天球, 백옥지평일귀白玉地平日晷, 해시계, 크고 작은 망원경, 관상의觀象儀, 하늘의 변화를 관측하는 기기 등의 천문기

북경의 옛 관상대 안 아담 샬이 근무하였던 곳

구들을 만들고,『혼천의설』渾天儀說,『고금교식고』古今交食考,『서양측일력』西洋測日曆,『성도』星圖,『항성표』恒星表,『측식설』測食說,『측천약설』測天約說,『적도남북양동성도』赤道南北兩動星圖 등의 많은 천문서적을 저술하였다. 페르비스트南懷仁도 역법治曆을 주관하는 동시에 여러 천문기구를 제작하고, 천문서적도 집필하였다.

아담 샬이 제작한 천문관측기기를 진열한 북경 관상대

교황청에서 코페르니쿠스의 학설에 대한 금지령을 해제한 후 선교사들은 지동설地動說도 소개하였다. 프랑스 국적의 예수회 선교사 베노이스트Michel Benoist, 蔣友仁는 그 대표적 인물이다. 그는 새 학설에 따라 천체天體와 지구의 관계 및 항성恒星과 행성行星의 회전 이론을 소개하며 중국에서의 지동설 전파에 앞장 섰다.

예수회 선교사들의 천문·역법天文曆法에 대한 조예에 대해 당시 중국의 식견 있는 이들은 "우리 중국의 옛 현인들이 미처 가르치지 못한 것이 있다", "그들의 하늘과 해를 엿보는 기기들은 매우 정교하다"[61]고 인정하였다. 서양 선교사들이 궁정의 천문관측과 역법治曆 업무에 참여하고 더 나아가 주관하고부터 흠천감에는 그들의 자취가 항상 사라지지 않았다. 심지어 금교禁敎 기간에도 그리하였다.

오대주五大洲와 황여도皇輿圖

중국인들은 예수회 선교사들과 세계지리에 대해 대화를 나누기 전까지 세계에 오대주五大洲가 있음을 알지 못했다. 중국은 네모난 대지의 중앙에 위치하고 있다고 굳게 믿고 있었다. 마테오 리치는 중국인에게 제일 먼저 세계지도를 펼쳐보였다. 그는 손수 그린「산해여지도」山海輿地圖

---

61. 谷應泰,『明史紀事本末』, 卷73(北京: 中華書局, 1977), 1223-1225.

에 중국어 해석을 달아 중국인에게 세상은 오대주로 나누어졌음과, 경도經度와 위도緯度의 이론과 구분법을 소개하고, 지구의 둘레가 9만 리이고 두께는 28,600여 리(이 수치는 실제와 약간의 차이가 있음)인 것을 계산해 냈다. 이 지도는 중국에서 수차례 간각刊刻되어 거의 전국으로 유행하였고, 학자들이 저술할 때도 이 주장을 많이 인용하였다.

마테오 리치의 동료 스페인 국적의 판도하Diego de Pantoja, 龐迪我는 세계를 각 주洲로 나눈 지도를 그렸다. 각 주洲를 각각 한 화면에 담고, 각국의 개황을 지도 주위에 간략히 언급하였다. 이태리의 알레니Julio Aleni, 艾儒略는 『직방외기』職方外紀를 저술하여 세계 각지의 상황을 더 자세히 소개하였다. 지도에 해석이 더하여지므로 "세상 각 나라에 관한 지리와 지역적 특성을 담은 기록이 우리나라에 있기 시작하였다."[62]

청淸 강희康熙 연간 프랑스의 예수회 선교사 레지스Jean-Baptiste Régis 雷孝思, 조아셍 부베Joachim Bouvet, 白晉, 피에르 자르투Petrus Jartoux 또는 Pierre Jartoux, 杜德美 등은 중국 학자들과 함께 중국지도를 자세히 제작하는 임무를 부여 받았다. 그들은 발달된 경위도법經緯圖法, 삼각측량법, 제형투영법梯形投影法 등을 응용하여 「강희황여전도」康熙皇輿全圖를 제작하였다. 이는 당시 중국 내 가장 과학적이고, 우수한 전국지도였다. 또한 당시 "아시아 내 가장 뛰어난 지도였으며 아울러 유럽의 모든 지도보다도 더 뛰어나고 정확하였다."[63]

그 후 베노이스트蔣友仁는 건륭乾隆 재위 시 새로운 세계 지도를 제작하였다. 탐험가들이 새로 발견한 곳을 첨가하고, 최신 연구에 의해 부정된 내용을 삭제하며, 최근 측량해 낸 경위도經緯度를 이용하여 각 지역의 위치를 표기하였다. 그는 또한 「건륭황여전도」乾隆皇輿全圖 제작에도 참여하라는 명을 받았다. 이 지도는 모두 104폭으로 내용도 「강희황여전도」보다 더 풍부하고 상세하였다.

---

62. 徐宗澤, 『明淸間耶穌會士譯著提要』(北京: 中華書局, 1989, 影印本), 緖言, 5에서 재인용.
63. 李約瑟, 『中國科學技術史』, 第5卷, 第1分冊(北京: 科學出版社, 1976), 235. (원서명: Joseph Needham, *Science and Civilisation in China*.)

"여왕"의 영역

수학은 항상 "과학의 여왕"이란 미명을 누린다. 그녀의 영역 안에서 예수회 선교사들은 중국에 많은 도움과 발전을 주었다.

제일 저명한 것은 마테오 리치와 서광계徐光啓가 공동 번역한『기하원본』幾何原本이다. 당시 유럽에서 유행한 유클리드 평면 기하平面幾何를 체계적으로 소개한 저서이다. 이 저서는 중국에 있던 기하학의 내용을 더욱 풍부하게 하였고, 당대 및 후세 중외中外학계에서 높은 평가를 받았다. 양계초梁啓超는 "한 글자 한 글자가 정금精金과 미옥美玉 같은 천고불후千古不朽의 작품"[64]이라고 예찬하였다. 마테오 리치는 또한 서광계와 함께『측량법의』測量法義,『측량이동』測量異同이란 기하 응용 저서를 공동으로 번역하였다. 이지조李之藻와 공역한『동문산지』同文算指는 산수를 응용하는 분야의 저서이며 그 중 서양의 계산법을 체계적으로 소개한 부분이 가장 중요하다. 이는 주산籌算, 보통 대나무로 만든 고대 계산용 공구로 송대에 주산珠算을 사용하기 전까지 이용하였다. 역자 주과 주산珠算의 울타리에 머물고 있던 중국 산수에 큰 영향을 끼쳤다. 이 책에서는 더하기 빼기 곱하기 나누기와 개방開方, 제곱근을 계산하여 답을 구하는 것의 계산법을 도입하였으며, 연습문제도 덧붙여 있었다. 또한 비례급수比例級數를 처음으로 소개하고 있다.

청 순치順治 연간 폴란드계 예수회 선교사 스모골렌스키Nicolas Smogolenski, 穆尼格는 대수표對數表를 전수하였고, 중국 학자 설풍조薛風祚와 번역한『천보진원』天步眞源은 대수對數 지식을 체계적으로 소개하고 있다. 강희 황제 재위 시 내정內廷에서 강학講學한 예수

마테오 리치와 서광계

---

64. 梁啓超,『飮氷室合集』(北京: 中華書局, 1989, 영인본), 專集 75, 9.

회 선교사는 대수학代數學도 중국에 소개해 주었다.

망원경에서 서양대포까지

중국은 오랫동안 사물의 이치 탐구를 중시해 왔는데 근대 물리학과 인연을 맺도록 해 준 사람 또한 예수회 선교사들이었다.

아담 샬湯若望은 중국어로 『원경설』遠鏡說을 저술하여 "렌즈鏡의 제조와 기능에 대해 자세히 설명하고, 큰 그림도 여러 장 첨부하였다."[65] 이는 광학光學이론이 중국에 전해지는 시초였다. 마테오 리치와 함께 사역한 선교사 사바티노 데 우르시스Sabatino(또는 Sabbathin) de Ursis, 熊三拔는 『태서수법』泰西水法을 지어 양수기, 축수기蓄水機, 저수기 등 수리水利기계의 구조와 원리를 소개하였다. 얼마 후, 로마 과학학회 회원이며 갈릴레오의 친구인 예수회 선교사 장 테렌츠Jean Terrenz, 일명 요하네스 테렌츠 슈렉Johann(es) Terrenz Schreck, 鄧玉函는 중국 학자 왕정王徵과 함께 『원서기기도설』遠西奇器圖說을 저작하여 역학力學의 중심重心, 비중比重, 지렛대, 도르래, 사면斜面 등 다양한 분야의 이론을 상세히 기술하고, 일부 실용 기계의 구조를 소개하였다. 책 뒤에는 「자명종설」自鳴鐘說을 덧붙여 기계 시계의 구조와 원리도 소개하였다.

예수회 선교사들의 중국 진출로 자명종, 망원경, 현미경 등과 같은 기기도 중국에서 서서히 정착되기 시작하였다. 기물제조器物製造면에서 이러한 신기하고 정교한 기물보다 왕조皇朝에 더 실효성 있게 보인 것은 "서양대포"西洋大砲였다.

명말 황실은 만주滿洲군에 대항하기 위해 마카오에서 전문 기술을 지닌 선교사 로드리게스Jean Rodriguez 또는 João Rodrigues Tçuzu, 陸若漢 등 20여 명을 초청하여 대포를 만들었다. 주조한 "홍의대포"紅衣大砲를 몰고, 장성長城밖에서 작전을 수행한 결과 그 위력은 대단하였다. 누르하치努爾哈赤가 명군明軍과의 교전 중에 이 포탄에 맞아 상처를 입고 사망할 정도였다. 아담 샬湯若望도 명 왕조의 명을 받고 대포의 주조를 주관하였다. 그는 원래 대포에

---

65. 徐宗澤 編著, 『明淸間耶穌會士譯著提要』, 294.

대해서는 문외한이었다. 벼락치기로 연구하고 실험하면서 임무를 수행할 수밖에 없었는데 대포가 기적처럼 완성되었다. 20여 문의 대포와 말 등에도 실을 수 있는 약간의 소형 화포가 제조된 것이다. 숭정崇禎 황제는 특별히 금편金匾, 금으로 글씨를 쓴 편액을 하사하며 칭찬하였다.

청조淸朝도 이 일을 소홀히 하지 않았다. 강희康熙 13년에서 21년 사이(1674-1682) 페르비스트南懷仁의 주관 하에 크고 작은 서양포西洋砲 총 372문을 제조하였다. 강희 황제는 노구교蘆溝橋에 있는 현장으로 친히 나아가 시험 발사 광경을 관람하고, "제조한 것이 정교하고 견고하다"고 칭찬하였다. 페르비스트가 사망하자 강희 황제는 어제御製 비문碑文에 "정교한 발상을 통해 큰 병기를 제조하여 적의 견고한 진영을 무너뜨리니 군대에 도움이 컸도다"[66]며 그의 공적을 치하하였다. 이런 서양대포는 삼번의 난三藩之亂, 한인 장수 오삼계 등 3인에 의한 반란을 평정하는데 쓰였을 뿐만 아니라, 야크샤雅克薩에서의 러시아 침략에 대한 자위적 반격 작전에서도 높은 성능을 발휘하였다. 페르비스트는 이밖에도 『신위도설』神威圖說이란 책을 저술하여 대포의 주조 기술을 전문적으로 소개하였다.

서양루西洋樓

건축 기술 면에서는 "서양루"가 가장 모범적인 사례가 된다.

원명원圓明園에 이름난 서양루는 이탈리아 로코코양식Rococo style과 중서中西 융합合壁의 특색을 모두 갖춘 석조건물이다. 서쪽에서 동쪽으로 해기취諧奇趣, 저수루儲水樓, 만화진萬花陣, 방외관方外觀, 해안당海晏堂, 원영관遠瀛觀, 대수법大水法, 분수대 이름, 선법장線法墻, 투시법에 따라 조성된 담장 이름 등이 배열되어 있었다. 전체 건물은 이탈리아계 저명한 예수회 선교사 카스틸리오네Giuseppe Castiglione 또는 Josephus Castiglione, 郎世寧의 주관 하에 베노이스트蔣友仁, 아티레Jean Denis Attiret, 王致誠 등이 함께 설계하고 건축하였다.

전문가의 설명에 의하면 서양루는 "같은 시기의 유럽 건축물 가운데도 '첨단'을 걸었고, 중국의 예술적 토양에서는 물론 세계 건축사에서도

---

66. 王治心, 『中國基督教史綱』, 123.

한 송이 진기한 꽃이었다"고 한다. 또한 남아 있는 실물을 통해 이를 방증한다며 다음과 같이 덧붙였다. "원영관遠瀛觀 정문에 꽃 조각을 새긴 쌍둥이 기둥 중 하나가 남아 있다. 자세히 관찰하면 비록 돌기둥石柱이지만, 기둥은 아래로 늘어진 화환 모양으로 조각되었다. 기둥 꼭대기는 서양식 고리로 이어졌으며 기둥 본체柱身는 긴 잎으로 연이어졌다. 위는 넓고 아래는 좁은 모양으로 서양식 기둥과는 완전히 다르다. 이 꽃모양의 기둥은 오늘날 원명원 유적 가운데 가장 주목받는 대상일 뿐만 아니라 서양 건축물 중에서도 유일하다."67

원명원 서양루의 일부 경관

단청丹靑과 서림書林

예수회 선교사들 가운데는 회화에 조예 있는 인물들이 있었다. 카스틸리오네郞世寧가 대표적이다. 그는 강희康熙 말년에 궁에 들어와 건륭乾隆 31년(1766)에 78세의 고령으로 병사病死하기까지 임직하였다. 그는 원래 르네상스의 서양 화풍을 사사 받았지만, 중국에 온 후 중국의 전통화풍과 기예畵技를 정성스레 닦아 중서中西 회화가 융합合璧된 독창성을 보

---

67. 周一良 主編,『中外文化交流史』(鄭州: 河南人民出版社, 1987), 295.

이는 작품을 선보였다. 북경 고궁박물원에는 아직도 카스틸리오네의 몇몇 작품이 보존되어 있다. 1982년 타이베이臺北 와이쌍씨外雙溪에 있는 고궁박물원은 66폭의 그림을 모아 『카스틸리오네 작품전집』郞世寧作品專輯을 출판하기도 하였다.

카스틸리오네와 아티레 등이 그린 건륭 황제의 피서산장 만수원萬樹園에서 몽골 귀족을 접견하는 〈사연도〉賜宴圖

현재 북경 고궁박물원에 있는 「마술도」馬術圖는 그의 역작 중의 하나이다(아티레 등이 작업에 참여함). 이 그림은 건륭乾隆 황제가 피서산장避暑山莊에서 투항한 몽골 부족의 수령에게 곡마曲馬 서커스를 관람시키는 장면을 담고 있다. 초청 된 11명의 몽골 귀족이 화폭 중앙에 자리 잡고 말을 탄 건륭 황제는 우측에 위치했으며 문무 대신들은 황제 뒤에 둘러 있고, 좌측에는 마술馬術을 공연하는 기마병들이 그려져 있다. 전문가에 의하면 이 그림의 구도는 천자가 한가운데 위치하는 중국 전통의 궁정접견도宮廷接見圖와는 다르다고 한다. 우측에서 좌측으로 전개된 화면 구성은 르네상스 이래 자주 보이던 성모와 성자 아기 예수가 동방박사들의 예배를 받는 구도를 적용하였다는 것이다.

카스틸리오네가 다른 화가와 함께 그린 「건륭설경행락도」乾隆雪景行樂圖 또한 "숲과 경사진 바위는 중국 화법을, 인물의 두상은 서양 화법을, 건축물은 투시법을 적용하였다. 구도가 웅장하고 화필이 섬세하며 색채

카스틸리오네가 그린 건륭 황제의
비妃인 향비香妃의 초상화

는 특별히 화려하다."[68]

카스틸리오네의 그림의 대상은 매우 다양했다. 자연경관에서 인물의 초상, 화초와 나무에서 새와 짐승들에까지 그의 붓끝에서 저마다의 특징을 보여주고 있다. 그는 특히 말 그림을 잘 그렸다. 「팔준도」八駿圖, 「십준도」十駿圖, 「백준도」百駿圖 등의 훌륭한 작품을 남기고 있다.

책은 학문의 근간이다. 명말청초明末淸初에 중국에 들여온 서양 서적의 규모는 대단했다. 명 만력萬曆 48년(1620)에 니콜라스 트리고Nicolas Trigault, 金尼閣가 인솔한 교황청 사절단이 갖고 온 서양 서적만 하더라도 알 수 있다. 당시 서구 대학의 문文, 이理, 의醫, 법法, 교敎, 신학도 등 6개 학과의 주요 교과과정에서 사용하는 7,000부部에 달하는 교과서를 들여온 것이다. 이 책자들은 북경 천주교 북당北堂에 소장되었고, 1937년에 재고를 살폈을 때도 570부部가 남아 있었다.

뿐만 아니라 중국에 있는 선교사들은 대량의 서적을 번역하거나 저술하였다. 마테오 리치가 중국에 온 뒤로 약 200년 동안, 저작을 남기거나 저자를 확인할 수 있는 재중在中 예수회 선교사 수는 70여 명에 달한다. 370종의 저작물, 120종의 과학 내용 관련 저서가 확인되었다. 그 중 마테오 리치, 아담 샬, 페르비스트, 야고보 로Giacomo Rho 또는 Jacobus Rho, 羅雅谷, 이태리인 4인이 남긴 것만 75부部이다.

---

68. 위의 책, 294. 「마술도」에 관한 이야기 참조.

무형의 충격

무지개 채색 빛은 위에서 언급한 여러 유형적인 것만 중국에 도입한 게 아니다. 학문의 패러다임과 사상 전통에도 무형의 충격을 안겨 주었다.

과학기술 수준이 세계 정상급이며, 찬란한 고대문명을 창출하였던 중국이 왜 근대 과학 분야에서는 앞장서서 혁신을 이끌지 못하였는가? 많은 원인이 있지만 전통 학문의 패러다임의 한계가 중요한 원인이 아닐 수 없다.

서로 다른 어미와 자식

중서中西문화는 서로 다른 어머니의 자식이었다. 중국문화의 어머니는 선진先秦, BC 221년 진 나라가 중국을 통일하기 이전 학문이고 서양문화의 어머니는 고대 그리스 학문이었다. 고대 그리스 학문의 대표적 인물들은 철학자이면서도 대개 이름난 자연과학자들이었다. 그들이 우선적으로 또 비중 있게 탐구한 문제는 자연의 근원이었다. 그러므로 학문은 자연주의를 기본 특징으로 하고 있고, 사유에 있어서도 엄밀한 연역演繹적 논리 체계를 세우기가 쉬웠다. 이와는 상대적으로 중국에서의 선진先秦 학문의 대표적 인물들은 자연과학에 대해 극소수만이 섭렵하였고 대다수는 "과맹"科盲, 과학에 대해 문외한. 역자 주이었다. 특히 전통문화의 형성에 결정적 역할을 한 유가儒家는 자연과학과 거의 담을 쌓았다. 그들의 주요 관심사는 사회정치와 윤리였다. 이로 인해 중국의 학문도 인륜人倫주의를 특징으로 하고 있다. 그러므로 사유 방식도 엄밀한 연역演繹적 논리 체계를 수립하지 못하고 "현람"玄覽, 직관적 통찰, "내성"內省, 내적 성찰등의 난해한 문제만을 파고들었다.

중국의 전통 학문을 서양 학문과 비교하면 사회 중시, 자연 경시 및 구체적 응용에 친밀하고 추상적 사유에 소원하는 편향성이 있다. 이는 민족의 사유 습관에도 영향을 미쳤다. 어떤 중국 학자는 이를 반성하고 깨닫게 된 것을 이렇게 말하였다.

(우리) 국민의 보편적 성향은 정치와 일상생활을 살피고, 상공업과 농업에 종사하는 것이다. 살아 있는 동안(현실 세계에서) 이상을 실현하기 위해 온 힘을 쏟되, 검증되지 않은 주장초현실에 대해선 말을 아낀다.[69]

정말 그렇다. 중국의 고대 과학기술의 성과는 대개 생산 경험 혹은 자연현상을 바로 기록한 것들이다. 생산과 생활에 필요한 실용성엔 강했지만, 이론적인 개관과 분석에는 약했다.

예를 들면 고대 천문학은 농사에 관한 때시기를 알고자 함이었고, 심지어는 "우주의 변화를 살펴 인사人事, 세상살이를 점치는" 필요에서 존재하였다. 다수 진귀한 자료들을 기록하였지만 천체의 법칙을 탐구하는 데는 능하지 못했다. 예를 들어 중국은 핼리 혜성에 관해 세계 최초의 기록을 보유하고 기록도 체계적이다. 춘추春秋시대에서 청말淸末까지 총 31회 핼리 혜성의 출몰에 관해 상세히 기록을 남기고 있다. 그러나 핼리 혜성이 주기적으로 나타난다는 법칙은 발견하지 못하였다. 영국의 천문학자 핼리가 그 공로를 차지하였으며, 이 혜성에게도 서양인의 이름이 영원히 주어지게 되었다.

지리학에도 유사한 폐단이 있다. 중국은 지도 제작에 있어서도 가장 먼저 성과를 냈다. 마왕퇴馬王堆 3호 한묘漢墓에서 출토한 지형도는 그간 세계 최초의 지도(서양에서 제작)로 인정되었던 지도의 제작 년도보다 300여 년이나 빠르고, 정확도도 매우 높다. 송대宋代에 작성된 「역적도」禹迹圖는 중국의 수계水系와 해안선에 대한 정확한 도면으로 당시 세계에서 가장 뛰어난 지도로 공인되었다. 그러나 천하가 임금의 영토인 대제국에서 지도 제작은 황제의 가천하家天下를 위한 토지 분배, 부세賦稅 징수, 성지城池 방어, 수리水利 교통 등의 필요를 만족시키기 위함이었다. 황제들은 중국의 지도 제작을 작은 범위 내, 대축척[70]으로 제작하게 하여 늘 자기 발밑

---

69. 章太炎, 「駁建立孔教議」, 湯志鈞 편, 『章太炎政論集』(北京: 中華書局, 1977), 689.

70. 축척은 지도를 만들 때 해당 지역을 실제보다 축소한 정도를 가리키고, 축소율이 적은 것을 대축척이라고 한다. 따라서 대축척지도는 좁은 지역을 자세히 보여주는 지도이다. (역자 주)

에서 맴돌게 하였다. 아무리 돌아도 국문國門 밖을 나서지 못하고 지구가 둥글다는 것을 알아내는 것과는 거리가 멀었다. 지리학을 학문적 체계로 수립하고 발전시키는 면에서는 걸음이 더더욱 비틀거렸다.

수학의 상황도 비슷하였다. 중국 고대수학의 대표작인 『구장산술』九章算術은 편목篇目만으로도 그 실용성의 주요 목적을 알 수 있다. "방전"方田은 논밭田畝의 면적 계산을, "속미"粟米는 양곡의 비례교환을, "쇠분"衰分은 분배 비례를, "상공"商功은 토목공사의 공정工程용 계산을, "균수"均輸는 양곡 운송과 관계된 부역 문제 등을 논하는 것이었다. 책의 내용은 당시 생산과 생활에 관한 246개의 응용문제를 범위로 하고 있다. 주산籌算과 주산珠算은 고대수학에서 지배적 지위를 점하였는데 이 또한 모두 수치 계산용으로 실제 수요에 직접 쓰였기 때문이다. 이러므로, 중국의 고대수학은 다만 실용 영역의 하수인일 뿐, 서양처럼 순수 이론적 독립학과로 발전하지 못하였다.

물리학이 발전하지 못한 것도 상당 부분 이러한 흐름에 영향을 받았기 때문이다. 기초 이론이 발전하지 못하고, 기물의 제조도 창의적이지 못하였다. 이른바 "기묘한 기술과 미혹케 하는 물건"奇技淫巧에 대해서는 말하는 것조차 혐오하였으니, 만드는 것은 말할 나위도 없었다. 만든다 하여도 고상한 자리엔 내놓을 수 없는 말단에 속한 것으로 여기거나, 심지어는 성현의 가르침에 반하는 사악한 것으로 치부되었다.

빙하를 녹이는 서양 학문의 촉매 작용

이러한 중국 학문의 패러다임과 사상의 전통에 변화가 일었다. "만능박사"라 불리며 "학술선교"에 종사하는 예수회 선교사들이 변화의 주축이었다. 선교사들은 많은 학술서적을 들여와 번역하고 저술도 하였다. "기이한" 기물器物들을 갖고 오고, 제작하였으며, 많은 서학西學지식을 전수하였다. 서양의 사유 방식도 자연스레 이식되었다. 이 모든 것들은 중국의 전통에 충격을 일으켰다. 서양 학문은 중국 고유의 전통으로 하여금 더는 꽁꽁 얼어붙은 빙하가 아니라, 빙하를 녹여 한 줄기 한 줄기의 작은 개울물이 되도록 하는 촉매작용을 하였다.

『사고전서총목』四庫全書總目을 살펴보면 예수회 선교사들과 중국 학자들이 번역하거나 저술한 "서학"西學작품들이 종종 눈에 띤다. 『사고전서』四庫全書는 청淸 정부에서 편찬한 총서이다. 『사고전서』 편찬은 중국의 많은 고서古書에 대해 삭제하거나 수정하고 파괴하는 작업을 동반하였다. 그런데 서학西學 서적들은 배제되지 않고 버젓이 총서에 올랐다. 이것만으로도 서학의 영향력이 결코 무시할 수 없었다는 증거이다. 양계초梁啓超는 이 시기 서학의 도입을 중국학술사에 "대서특필 하여야"할 "하나의 큰 사안"一大公案이라고 말하고 있다. 그는 다음과 같이 주장하였다.

> 중국의 지식知識線과 외국의 지식知識線이 접촉하게 된 것은 진晋 당唐 시기의 불학佛學이 처음이었고, 명말明末의 역산학曆算學이 그다음이었다. 이러한 새 환경에서 학문적 분위기가 변환變換하는 것은 당연하다.[71]

실로 예수회 선교사들과 그들이 들여온 서양 학문의 영향으로 중국의 지식 계층 사이에는 전에 없는 분화分化가 일어났다. 양광선 같은 완고파도 있었지만 서학에 열심인 인물들도 나타났다. 그들 중에는 벼슬을 하지 않는 사대부들에서부터 황제에 이르기까지 다양한 계층을 망라하고 있었다.

금침金針을 건네어 원앙鴛鴦을 수놓게 하다

서광계徐光啓는 사대부들 중 서학에 열심인 대표적 인물이다. 그는 전통사상 유가儒家의 깊은 영향 속에 관직에 올라, 예부상서禮部尙書, 문연각文淵閣 대학사大學士를 역임하였다. 그러나 구사상의 울타리를 넘는 데 주저하지 않았다. 그는 망설임 없이 서양인에게 서양 학문을 배웠을 뿐만 아니라 전통 학문의 학풍도 변화가 있어야 한다고 힘써 주장하였다.

---

71. 梁啓超, 『飮氷室合集』, 專集 75, 8-9.

『기하원본』幾何原本을 번역하는 이유를 설명하면서 그는 다음과 같이 의미심장한 말을 하였다.

> 옛 사람은 "원앙을 수놓아 사람들에게 보여 주되, 금침을 사람들에게 건네어선 안 된다"고 말하였다. 그러나 나는 기하학은 이와는 사뭇 다르다고 생각한다. 옛 말을 뒤집으면 "금침을 사람들이 쓰게 건네주되, 사람들에게 원앙을 수놓아 주지 않는다"가 된다. 그런데 이 책은 금침을 건네주는 데 그치지 않고, … 사람들로 하여금 정말 스스로 원앙을 수놓을 수 있게 하려는 데 있다.[72]

이로써 그가 선교사들과 교제하며 협력했던 깊은 뜻을 충분히 헤아릴 수 있다. 그가 과학기술 서적을 번역하고 저술하는 것도 다만 지식을 소개하는 데 그치는 것이 아니었다. 나라 사람들을 깨우쳐 "금침"인 서양의 과학기술을 각자가 응용하여 "스스로 원앙을 수놓는" 경지에 이르게 하려는 데 있었던 것이다. 그는 또한 "추월超勝하려면 정통하여야 한다"는 논지를 명확히 제시하였다. 즉 배우는 것에만 머물지 않고, "추월"에 착안하였으며, 추월하기 위해서는 중서中西를 꿰뚫어야 한다고 강조한 것이다.

왕정王徵이란 사대부도 대표적 인물이다. 그는 관중關中 경양涇陽 사람으로, 명明 천계天啓 초년 진사에 급제한 후 선교사들과 깊이 교제하였다. 선교사 장 테렌츠鄧玉函와 『원서기기도설』遠西奇器圖說을 공역한 것 외에도 혼자서 『제기도설』諸器圖說을 저술하여 기물器物의 구조와 제조 방법을 소개하면서 제조 원리를 설명하는 것도 중시하였다.

왕정 자신이 소개한 바에 의하면 그가 기물제조 연구에 강한 의욕을 품게 된 것은 알레니Julio(또는 Julius) Aleni, 艾儒略의 『직방외기』職方外紀에 기술된 서양異域의 기이한 물건들奇器 때문이었다. 예를 들면 "인력에 의지하지 않고 물이 산성山城 위로 올라가며, 기계가 스스로 주야로 돌아가는" 양수기, "천

---

72. 『徐光啓集』, 上冊, 78.

만 우마牛馬와 낙타로도 움직일 수 없는" 거대한 선박이 한 사람이 "손을 들어 인도하므로" "산이 움직이는 듯하다 잠깐 사이에 진수進水하는" 도크dock시설 등이 그것이다. 서양에 이러한 기물들이 있음을 안 왕정은 "망연자실하고 혼자서 몰래 동경했으며", "아, 어떻게 하면 이런 기이한 물건들을 내 생애 한 번이라도 볼 수 있으랴!"라고 탄식하였다. 그는 이러한 견해도 밝혔다.

유럽 신화 이야기를 그린 건륭 분채粉彩 쌍구병雙口瓶, 이 또한 중서합벽中西合璧을 반영한 작품

배움은 원래 정교함精이나 조악함粗을 떠나 오직 세상에 도움 되는 것이 중요하다. 사람도 중국中과 서양西을 가리지 않고 하늘을 거스르지 않는 것이 중요하다. … 비록 하찮은 기예技藝末務에 속하더라도 백성들의 일상에 정말 유익하다면 국가는 이를 신속히 일으켜야 한다.[73]

비록 그에게 전통 학문 사상의 편견이 아직 남아 있지만 "'기하'幾何란 천지가 몇 없다고 웃는 것"이라는 사람들과 "기묘한 기술과 미혹케 하는 물건"奇技淫巧을 홍수나 맹수와 같다고 증오한 양광선 등과 비교한다면 누가 현명하고 누가 미련한 지는 쉽게 알 수 있다.

이러한 서학西學에 열심인 지식인들士子은 명말청초에 소수 몇 명 정도가 아니라 무리一群를 이루고 있었다.

현명한 군주들의 모범

현명한 황제들 가운데는 강희 대제大帝가 가장 대표적이다. 그는 "오늘날 사람들 중, 유학儒學을 한다는 자들은 사리理數를 공론空談하며 옛것

---

73. 徐宗澤 編著, 『明淸間耶穌會士譯著提要』, 298에서 재인용.

舊聞만을 고집"하는 것에 동감하지 않았다. 견문을 넓히고 서양의 앞선 과학기술을 배울 것을 적극 주장하였다. 역법曆法쟁의 사건을 통해서 그는 모든 것을 주재主宰하는 황제로서 "자신이 모르면 어찌 사람들의 시시비비를 판단할 수 있으랴"라는 것을 깊이 깨닫고 "분발하여 배움에 힘써"[74] 과학에도 전문가가 될 것을 결심하였다.

강희 황제는 매일 수많은 정무政事를 처리하면서도 틈을 내어 서양의 수학, 천문, 역법曆法, 지리, 물리, 생물, 공학工程기술, 미술, 음악, 의약 등 여러 학과의 지식을 배우는데 노력하였

강희 황제의 초상화

으며, 이탈리아, 포르투갈, 프랑스, 벨기에, 독일 등 여러 나라의 예수회 선교사들을 교사로 초빙하였다.

강희 황제의 배움에 기울인 노력은 사람들을 탄복하게 한다. 그는 『기하원본』幾何原本을 숙지하고자 적어도 20번을 읽었다고 한다. 현재 북경 고궁 박물원에는 황제가 자연과학 과목들을 배우기 위해 특별 제작한 온돌 책상이 소장되어 있다. 책상의 윗면은 자유롭게 옮기거나 내려놓을 수 있는 3개의 은판銀板으로 구성되어졌다. 가운데 것이 가장 크고, 반질반질하며 평평한데 글쓰기와 제도용으로 사용되었다. 책상 양옆 은판은 사선斜線, 직선直線, 횡선橫線 등의 선들과 크기가 다른 칸들이 새겨져 있고 그곳에 여러 수치가 표기되어 있으며, 정밀도가 밀리미터인 눈금자도 있다. 책상 중앙의 은판을 들면 남목楠木으로 만든 7개의 덮개 없는 장방형태 공구함이 있는데 각종 작은 기구와 계산공구를 두는 데 쓰였다.[75] 이 책상을 통해

---

74. 康熙帝 玄燁, 『庭訓格言』(光緒二十三年刻本), 51.
75. "무비"無非라고 서명한 단문短文, 『文物天地』, 第3期, 1983, 44 참조.

당시 그의 주인인 강희 황제가 양반다리를 하고 책상에 엎드려 열심히 공부하는 모습이 우리 눈앞에 보이는 듯하다.

강희 황제는 배운 것을 활용하는 데에도 능하였다. 예를 들면, 순치 황제 때 자명종을 모방해 만든 시계가 몇몇 있었으나 중요한 조립 부품들이 제대로 만들어지지 않아 시간이 맞지 않으므로 시계 모양만 갖춘 감상품이 되었다. 강희 황제는 배운 지식을 응용하여 완벽한 시계가 되게 스스로 수리하였다.

과학지식을 배우고 응용하는 것은 강희 황제의 일상사였다. 갈단Galdan, 噶爾丹을 친정親征, 몸소 정벌하는 행군 길에 그는 지리학 관련 연구조사도 병행하였다. 도착한 곳마다 지형地貌, 지질地質, 수리水利, 농업, 생물 등 여러 분야의 자료를 모두 기록하였다. 광활한 사막을 행군하면서 끝없이 펼쳐진 누런 모래를 바라 본 그는 탁월한 식견으로 의미 있는 문제들을 발견하였다. 예를 들면 사막에 소라와 조개껍질이 존재하는 현상과 실지實地조사를 연계하여 해당 지역은 물이 가득한 지역이었는데 "물이 물러가고 모래로 덮이게 되었다"는 과학적 가설을 기록하였다. 그는 지구과학地學 지식의 응용과 지형의 특징에 근거하여 물이 어느 곳에 있는지를 분별하므로 사막에서 행군하는 군인들과 군마의 어려운 식수 문제를 손쉽게 해결하였다.

강희 황제는 또한 분량이 많은 『역상고성』曆象考成, 『수리정온』數理精蘊 등의 자연과학 서적을 편찬하였다. 그 중 『수리정온』의 대부분 내용은 예수회 선교사들이 들여온 서양 수학지식을 소개하는 것이었다. 『사고전서총목제요』四庫全書總目提要에서는 "실로 전에 없던 서적으로, 비록 전문가일지라도 그 깊이를 만의 하나도 헤아리지 못한다"[76]고 논하고 있다.

서양의 기물器物제조를 연구하고 배우기 위해 강희 황제는 프랑스의 과학아카데미를 모방해 궁중에 "예학원"藝學院을 특별히 설치하여 중국의 일류 공예가들을 불러 작업하게 하였다. 인재를 모으고 중용함에 있어 할아버지와 손자 모두가 수학자인 매문정梅文鼎과 매곡성梅瑴成을 예우

---

76. 『四庫全書總目提要』(北京: 中華書局, 1965), 908.

한 것은 역사의 미담으로 전해지고 있다.

건륭 황제도 언급할 만하다. 그는 금교禁教 시기의 황제이다. 예수회 선교사들에게는 그들에게서 서양의 과학지식을 "편취"騙取하는 사람으로 여겨졌다. 황제는 중국 성현의 가르침을 정통으로 수호하는 동시에 서양의 근대 과학기술의 우수함도 인정하였다. 그는 조정대신들에게 과학 기술을 "서양인들과 비교하면 중국인은 어린 아이에 불과하다"[77]고 공개적으로 말한 적도 있다. 건륭 황제

카스틸리오네의 〈갑옷을 입은 건륭 황제〉

는 서양 과학지식을 배우는 데도 상당히 적극적이었고 이해력도 높았다.

한번은 건륭 황제가 베노이스트蔣友仁와 지동설에 관해 토론하였다. 베노이스트는 황제에게 겉으로는 "지동"地動이 아니라 "천동"天動인 것처럼 느껴지지만, 사실은 정 반대라고 설명하였다. 그러자 황제는 갑자기 깨달은 듯이 말하였다. 짐이 배를 타거나 가마를 탈 때도 그런 느낌이 있었다. 어쩌다 문이나 창밖을 바라보면 모든 것이 다 움직이고 있는 것 같은데 내가 탄 배나 가마는 반대로 조금도 움직이지 않는 듯하였다. 이로 볼 때 중국에서 지동설을 가장 먼저 수용한 인물들 가운데 건륭 황제를 포함시켜야 되지 않나 싶다.

또 한번은 건륭 황제가 베노이스트와 서양 지리학 분야의 문제들을 토론하였다. 황제는 세상의 어떤 지역들은 서양인들이 가보지 못하였을 텐데 어떻게 그곳의 지도를 그려낼 수 있느냐고 질문하였다. 베노이스트는 그것은 이미 알게 된 인근 지역을 근거로 추측해 그린 것이라며 구

---

77. 馮作民, 『西洋全史』, 第八册(臺北: 燕京文化事業股份有限公司, 1975), 257.

체적인 사례들을 들어 설명하였다. 건륭 황제는 많은 것을 깨닫게 되었다고 답하였다. 이는 그가 일반적 지식 차원의 이해만이 아니라, 서양 학문의 사유적 특징에 대해서도 세심히 살폈음을 내포하고 있다.

단지 옅은 무지개였다

명청明淸 교체기에 선교사들이 놓은 무지개 다리는 역사에 관심 있는 사람들에게 당연히 주목받아야 할 것이다.

영국의 저명한 중국 과학기술사의 전문가 죠셉 니덤Joseph Needham, 李約瑟은 이를 특별히 주목하였고, 다음과 같은 찬사를 보냈다.

> 문화교류사에 있어 17세기 중국에 들어온 예수회 선교사들과 비교할 수 있는 유럽인들은 없다. 왜냐하면 그들은 종교적 열정이 충만하였으며 동시에 유럽의 르네상스와 자본주의의 흥기로 발전한 과학에 정통하였다. … 설령 그들이 유럽의 과학과 수학을 중국에 가져간 것은 선교 목적을 이루기 위해서라고 말할지라도, 당시 동서 양대 문명은 서로 오랫동안 격리되어 있었으므로 이런 교류는 양대 문명 간 문화적 연계에 최고의 모범적 사례範例로서 길이 빛날 것이다.[78]

이는 적절한 평가가 아닐 수 없다. 사실에서 벗어나거나 지나친 평가가 아니다. 그러나 그 무지개는 다만 한 줄기 "옅은" 무지개였다. 예수회 선교사들이 들여온 "서학"西學은 당시 서양문화의 최고 수준을 대표하지 못했다. 전달에 있어서도 완전하지 못하였다. 중국을 향한 예수회 선교사들의 발걸음을 재촉한 것은 종교적 열정이었기 때문이다. 학술 전파는 수단이고, 선교가 목적이었다. 하물며 종교와 과학은 상충하는 면이 있

---

78. 李約瑟, 『中國科學技術史』, 第4卷, 第2分冊(北京: 科學出版社, 1975), 640-641, 693. (원서명: Joseph Needham, *Science and Civilisation in China*.)

지 않은가. 이는 예수회 선교사들로 하여금 학문을 전수하는 데 있어서 보수적이며 어찌할 수 없는 한계를 갖게 하였다.

양파에 닭과 계란

중국 학술선교의 물꼬를 튼 마테오 리치가 서양 근대과학이 한창 힘차게 발전하는 그때 중국에 전해 준 우주의 구조는 여전히 중세기의 구중천설九重天說이었다. 하늘이 겹겹이 둘러싸인 양파처럼 9층으로 나뉘어 있고, 일월성신日月星辰은 모두 각자의 위치에 고정되어 다만 각 하늘의 움직임에 따라 움직인다고 하였다. 리치는 당시 비교적 진보한 태양중심설지동설에 대해서는 은폐하고 언급하지 않았다. 그가 중국에 그려준 세계 지도도 황제의 자만심을 충족해 주기 위해 과학을 애써 외면한 채 자오선子午線이 중국을 지나게 하였다. 중국이 세계의 중심에 있다는 잘못된 관념에 대한 타협이었다. 그는 서광계와 『기하원본』幾何原本을 공동 번역하였는데, 서로 목적이 달라 의견도 다 일치하지 않았다. 마테오 리치는 처음엔 수학 부분을 건너뛰어 천문·역법天文曆法의 내용부터 번역하자고 하다 후에는 『기하원본』의 완역을 막아, 당시엔 전체 15권 중 앞부분 6권만 번역되었다.

최초로 지동설을 중국에 소개한 베노이스트蔣友仁는 과학지식을 전수하는 면에서는 가히 "급진파"라고 할 수 있다. 그러나 그 역시 『성경』의 창세설을 버리지 않고, 가능한 모든 때와 장소를 이용하여 창세설을 "판매하였다." 한번은 그가 건륭 황제에게 중국에 오기 전 유럽의 대학에서 철학을 가르쳤다고 말했다. 그러자 건륭 황제는 그에게 "닭이 먼저냐, 계란이 먼저냐"는 재미난 질문을 던져, 이 서양 철학자의 고견을 들어보려고 하였다. 베노이스트는 이 문제는 『성경』의 창세설에 근거해서 설명할 수밖에 없다고 하였다. 천주께서 다섯째 날에 조류와 어류를 창조하시고 그들이 자유롭게 번식하도록 명령하셨는데 닭도 조류에 포함된다는 것이다. 만약 그날 천주께서 암탉을 창조하지 않으셨다면 세상에는 계란이 있을 수 없으므로 역시 암탉이 먼저 있고 후에 계란이 있다는 설명이었다. 암탉이 어떻게 계란을 낳는가 하는 것은 천주께서 암탉을 창조하시는 동시에 그에게 그러한 본능을 부여하셨기 때문에 이는 의심할 바가 전혀 없다고 하였다.[79]

이러한 모습은 죠셉 니덤李約瑟이 예수회 선교사들은 "질 높은 차원의 투기적 성향을 지니고", "그들의 종교에 대한 경건함은 그들이 가지고 간 과학만큼 컸다"고 사실적으로 설명하고 있는 것과 같다.

중국의 하늘과 땅도 어슴푸레하였다

천주교 측의 한계 요인 외에도 당시 중국의 하늘과 땅이 어슴푸레한 상태도 무지개빛을 약화시켰다. 요컨대 당시 중국은 선교사들이 "제한적으로 공급하는" 서학을 단지 수동적으로 접하였다. 제한적인 서학은 중국 전통문화의 자체적 견고성과 봉건사회 내 정치 및 경제적 "유대"에 의한 강화로 중국을 뒤흔들기에는 역부족이었다. 구舊 사상과 문화관 및 구 학문적 풍토는 여전히 지배적이고, 송학宋學과 한학漢學은 관학官學으로 병합되어 온 나라 사람들을 속박하고 있었다.

사대부들 중 심각沈㴶과 양광선 같은 이들은 서광계徐光啓 측보다 인원도 많고 세력도 컸다. 서광계 측도 정통사상과 규범을 근본적으로 어긴다는 것은 불가능한 일이었다. 황제들은 더더구나 시대와 사회가 그어 놓은 활동무대를 초월할 수 없었다. 한 시대의 군주로 일컬어지는 강희대제도 마찬가지였다. 날로 폐쇄적이고 보수화되어 몰락해 가는 청 제국을 끝내 만회하지 못했다.

거시적 사회 배경에서 살펴보면 중국이 명말청초에 선교사에게 일정 정도 열려있던 것은 폐관쇄국 상태에서의 국부적 예외였던 것이다. 이것은 마치 대청의 모든 문과 창문을 다 막아버리고 밖에서 오직 양초 한 자루만 받아들여 불을 밝히는 것과 다를 바가 없다. 빗장을 걸고 문을 닫는 데 능사인 황제들의 가천하家天下 시대에 나라 밖 채색 빛이 막힘없이 나라 안으로 비추일 수는 없었다.

---

79. 馮作民, 『西洋全史』, 第8册, 235-236 참조.

중국 성현의 서양 방문 西訪

"내방했는데 답방하지 않는다는 것은 예의가 아니다." 예의지국禮義之邦인 중국은 이번에도 이 고훈古訓을 어기지 않았다. 자기 집 큰 뜰에 천여 년 몸담고 있던 중국의 고대 성현들이 이 시기 최고위급 "사자"使者로 미증유의 서양 방문길에 나섰다.

사서오경을 포함한 고전 경서들은 중국 전통문화의 뿌리이다. 중국 전통문화의 참뜻을 알려면 이를 이해하여야 한다. 예수회 선교사들은 이를 탐독하면서 자연스레 번역하여 그들의 나라에 소개하였다.

마테오 리치는 가장 먼저 사서四書를 라틴어로 번역하고 주석을 덧붙여 본국으로 보냈고, 그 후 다른 선교사들도 이를 본받았다. 프랑스 선교사 조아생 부베白晉, 프랑수아 푸케Jean-François Foucquet, 傅聖澤와 프레마르 Joseph Henri Marie de Prémare, 馬若瑟는 『역』易, 『춘추』春秋, 『노자』老子를 공동으로 번역하였다. 역옥曆獄 기간에 한때 광동에 구금되었던 벨기에 국적의 예수회선교사 쿠플레Philippe(또는 Philip, Philippus) Couplet, 柏應理는 유럽으로 돌아간 뒤 『중국의 철학자 공자』中國哲人孔子, Confucius Sinarum Philosophus를 출판하였다. 이는 『대학』大學, 『중용』中庸, 『논어』論語를 번역한 것으로, 서문에는 「공자약전」孔子略傳이 첨부되어 있다. 벨기에 국적의 또 다른 예수회 선교사 프랑수아 노엘François Noël, 衛方濟은 프랑스어로 사서와 『삼자경』三字經, 『효경』孝經을 번역하여, 『중국의 육대 경전』中國六大經典이라 칭하고 1711년 벨기에에서 출판하였다.

경서를 번역하여 소개한 것 외에도, 중국에 온 예수회 선교사들은 서양 언어로 중국역사에 관한 서적들을 번역하거나 집필하였다. 이 중 프랑스 국적의 몇몇 선교사들의 성과가 가장 뛰어났다. 드 마이야Joseph-Anne-Marie de Moyriac de Mailla, 馮秉正의 『중국통사』中國通史, Histoire Genérale de la Chine, ou Annales de Cet Empire는 총 13권인데 『자치통감』資治通鑑을 가공하여 완성하였다. 중국의 역사를 체계적으로 소개하면서 동시에 중국 역사에 대한 자신의 견해도 피력하고 있다. 이 책은 18세기 후반에 유럽에서 출판되었다. 니콜라스 트리고金尼閣는 『중국(역)사편년』中國(歷)史編年 4권을 저작하였다. 안토니오 고빌Antoine Gaubil 또는 Antonius Goubil, 宋君榮은 『몽고사』蒙古史, Histoire de Gentchiscan, 『대당사강』大唐史綱, Mémoires concernant Les Chinois. vols. XV and XVI 등을 저술하였다. 조아셍 부베白晉는 『강희제전』康熙帝傳, The History of Cang-Hy, the Present Emperour of China, 『중국현상론』中國現狀論 등을 썼다. 18세기 중엽 파리에서는 『중화제국전지』中華帝國全志도 출판하였다. 이로써 중국의 고대부터 당시까지의 큰 사건과 주요 인물들도 "무지개 다리"의 도움을 받아 서양에 전파되고 이름을 널리 알렸다.

작은 조약돌이 천 겹의 물결을 일으키다

이번의 "동학서점"東學西漸은 유럽에서 비상한 반응을 일으켰다. 심지어는 "중국화"華化의 사조를 일으켰다. 일부 르네상스 사상가들은 중국 역사와 문화를 추앙하기도 하였다. 이러한 분위기는 프랑스에서 특히 두드러졌다. 예를 들면, 프랑수아 케네François Quesnay는 『논어』는 바른 정치와 도덕 및 아름다운 일들을 논하는 내용으로 "이 책에 실려 있는 덕행과 원리는 그리스 7현인의 사상보다 더 심오하다"[80]고 말하였다. 드니 디드로Denis Diderot는 그의 명저 『백과전서』에서 중국인은 유구한 역사를 가진 나라로 "문화적 업적과 과학에 대한 흥미에 있어서도 유럽의 가장 진보적인 인사들과 다툴 수 있을 정도다"라며 극찬했다. 사상가 볼테르Voltaire, 본명 프랑수아 마리 아루에 François-Marie Arouet는 유학과 공자에 대해 한층 더 찬탄해 마지않았다. 그는 자신이 진지하게 공자의 책을 읽어보니 내용이 신선이나 요괴를 선전하지 않고 순수하게 도덕을 논하는 것이었다. 중국인들은 도덕과 윤리로 세상의 사물을 조화시키려고 노력하는 사람들이다. 유럽이 "하나님"으로 지배하려는 것보다 더 발전되었다고 말하며 다음과 같이 단언하였다.

> 철학자로서 세상에 벌어진 일들을 알리려면 먼저 동양을 주목하여야 한다. 동양은 모든 학문의 요람이고, 서양의 모든 것은 다 이곳으로

---

80. 利奇溫, 『十八世紀中國與歐洲文化的接觸』(北京: 商務印書館, 1962), 94. (원서명: Adolf Reichwein, China und Europa, Geistiga und Kunstlerisch Ziehungen in 18 Jahrhundert.)

부터 온 것이다.[81]

신사조가 한창인 이역만리에 중국문화가 전해지면서 어떻게 이러한 반향을 일으키게 되었을까? 중국문화는 깊은 역사에 오랜 시간을 통해 발전하고 완성됨으로 심오한 체계를 형성하고 있었다. 이질적인 문화의 세계에 처음 등장한 중국문화가 그들에게 신기하게 다가간 것은 지극히 당연한 일이었다.

이보다 중요한 것은 이 시기 서양의 계몽 사상가들은 새로운 사상체계를 창조하고 있었으므로 이용 가능한 모든 자원을 흡수하고 차용하고자 하던 때였다. 중국문화는 중세신학의 잔재를 제거하는 데 필요한 이성적理性정신을 내포하여 쓸모가 있었다. 윤리형 중국 전통문화에는 유럽의 중세 신학체계와 차이가 분명한 이성적 특성을 띠고 있었기 때문이다. 이는 계몽 사상가들에게 인간의 이성의 힘을 고취하는데 도움이 되었다.

볼테르 같은 이는 역사학자의 신중함보다는 정치가의 필요에 의해서 중국 전통문화에 찬사를 보내고 기꺼이 월계관을 씌워준 것이었다고 말할 수 있다. 실제로 "중국학"中學은 그들에게 원래 있는 모양 그대로 차용되었다기보다는 새롭게 개조되었다. 사회적 정치적 내용을 받아들이기보다는 비종교적 특성을 이용하였던 것이다. 그들은 선교사들의 손에서 "중국학"의 원료를 받아 이성理性이란 무기로 가공하여 뒤돌아 교회를 공격하고 신학의 허위와 기만성을 드러내고자 하였다. 이로 볼 때, 당시 유럽에서 "작은 조약돌이 천 겹의 물결을 일으킬"수 있었던 것은 중국학이라는 돌이 갖고 있는 가치 외에도 그곳에 깊은 못이 있었기에 가능하였다.

중국학이 유럽에서 일으킨 강렬한 반응은 오래 지속되지 못하였고 일반적이지도 않았다. 반대하는 사람들이 적지 않았다. 같은 프랑스의 저명한 사상가 루소는 중국 성현의 가르침은 중화민족의 낙후함과 다를 바

---

81. 위의 책, 81.

가 없다는 지론을 폈다. 몽테스키외는 중국은 전제 공포의 토대 위에 세워졌으며, 그 국민의 도덕성도 전혀 칭찬할 여지가 없다고 여겼다.

특히 독일에서는 유학儒學을 경시하고 공자를 풍자하는 것이 거의 유행처럼 되었다. "공자"孔夫子(Konfuzius)와 "멍청이"(Konfusius) 두 단어는 독일어 발음讀音이 유사해서 자주 혼용되었다. 헤겔을 포함한 일부 학자들은 "중국의 역사 자체엔 어떤 발전도 없다", 중국은 "고대로부터 우리가 알아왔고, 오늘도 여전히 과거와 똑같은 나라이다", "중국인은 영원히 멈추어 있는 사람들이다"는 등의 견해를 고수하였다.[82] 그들이 유럽 중심론에 서서 중국역사와 문화를 폄하하는 것은 이처럼 분명하였다.

이럼에도 불구하고 명말청초 중서中西문화교류의 무지개는 전에 없이 눈부시게 아름다웠다.

---

82. 周一良 主編, 『中外文化交流史』, 118-119.

제7장 뒤틀린 십자가

옹정雍正 황제가 금교禁敎한 이유 중 하나는 "만약 수많은 전함이 우리 해안으로 들이닥친다면, 그 재앙은 매우 크다!"였다. 불행히도 백여 년 후 그의 말은 사실이 되었다.

하나님의 새 시대

한번은 발길 닿는 대로 걷다가 어느 성문 앞에 이르렀다. "서양인 출입금지"라는 글귀가 성벽에 영원히 쓰여 있는 듯하였다. … 나는 성벽에 쓰인 그 글귀를 보았지만 주위에 있는 중국인들이 놀라는 것에 신경 쓰지 않고 성문 안으로 들어갔다.

이것은 아편전쟁의 포성이 "중국 내에서 요란하게 울리고 있을" 때 어느 서양 선교사가 이전에 겪었던 일을 회상하며 언급한 내용이다. 출입금지 명령을 감히 어기고 성문 안으로 들어간 자신의 용감함을 자랑하였다기보다는 금지명령에 대한 분노를 나타내는 것이다. 당시 꽝꽝대는 대포 소리는 그에겐 심금을 울리는 연주곡 같았다. 그는 기뻐 어쩔 줄 모르며 "이제는 중국 도시의 큰길로 나아가 목청을 높여 외쳐 댈 수 있는 날이 되었다!"[83]라고 소리쳤다.

---

83. 卡理·埃爾維斯,『中國與十字架』(원서명: Cary-Elwes, *China and the Cross*.), 顧長聲,『傳敎士與近代中國』(上海: 上海人民出版社, 1983), 47에서 재인용.

그의 이 고함만으로도 포성에 필적할 만하였다. 「남경조약」南京條約 체결 후 이러한 선교사들의 외침은 더욱 우렁찼다. 대영제국이 중국과 화약和約을 체결하였으니, 이 이교도異敎 국가의 대문이 열리고, 새로운 시대가 도래한 것이다!

아편전쟁과 전쟁 후 맺은 조약은 용龍의 나라에게나 이곳에 발붙이려는 하나님에게나 시대의 획을 긋는 전환점이 되었다.

중국에겐 이는 근대역사의 시작이었다. 몰락의 흐름에서 벗어나려고 몸부림치고, 생존을 위해 필사적으로 싸우고, 치욕을 씻고 영예를 되찾으려는 시대가 시작된 것이다. 그러나 하나님 측에겐 오랫동안 닫혔던 광대한 선교 금지구역이 열린 것이다. 불법에서 합법, 비밀에서 공개, 종속에서 주인이 되는 시대로 전환된 것이다. 이 시대에 하나님의 사자들은 상업을 통해 얻은 이익商利으로 몸을 불리고, 대포와 함대로 방패를 삼았으며, 불평등조약을 호신부로 삼아 뒤틀린 육중한 십자가를 용龍의 몸에 강제로 꽂아 넣었다.

아편전쟁 후 광주에 주둔한 영국군

예전과 비교했을 때 근본적이고 중요한 변화는 중국은 더 이상 자주 독립한 나라가 아니었다는 것이다. 열강에 의해 그의 주권은 파괴되었다. "용안"龍顔의 흐림과 맑음이 과거처럼 하나님의 운명을 제약하지 못하였다. 또한 하나님의 사자들 앞에서도 "진용천자"眞龍天子인 황제는 안면의 맑고 흐림을 주도하는 권력을 상실하였다. 오히려 침략자들의 안색을 살피며 처신해야 했다. 좋든 싫든 문을 열어 하나님을 맞이하라는 호령을 신하와 백성들에게 외쳐야 했다. 자신을 대신해서 흠차대신欽差大臣으로 하여금 하나님에게 복종하겠다는 조항이 내재된 조약에 서명하도록 하였다. 당시의 한 외국 인사는 이번에 서양인들이 중국에 선교하게 된 것은 "힘으로 얻어낸 것으로, 국가의 병력을 성 아래 집결시키고 조약으로 체결하여 중국도 감히 어찌할 수 없게 된 것이다"[84]라고 솔직하게 고백하였다.

점진적 돌파

서양 선교사들을 미칠 듯 기쁘게 한「남경조약」南京條約도 그들을 유감스럽게 하는 바가 있었다. 그것은 "선교에 대해선 한 글자도 언급되지 않았다. 영국인들이 관심을 갖는 것은 오로지 통상이었다."[85]

그러나 이 "유감스러운 점"은 영국을 본받고 뒤쫓아 온 다른 나라들에 의해서 재빨리 제거되었다. 도광道光 24년(1844) 미국과 프랑스는 청清정부를 협박하여「망하조약」望廈條約과「황포조약」黃浦條約을 각각 체결하였다. 두 조약은 외국인이 5개 통상 항구광주廣州, 복주福州, 하문廈門, 영파寧波, 상해上海에 예배당을 지을 수 있도록 규정하고 있다. 이는 열강이 백여 년 동안 가로놓인 금교禁教의 장벽에 첫 번째 "합법"적 통로를 확보하는 계기가 되었다.「망하조약」체결에 직접 참여한 미국 개신교 선교사 피터 파커Peter Parker, 伯駕는 이 조약으로 미국은 원하는 바를 거의 다 충족시켰으며, 중요한 성과 중 하나는 바로 개항장通商口岸에 병원과 예배당을 세우도록 허가받은 것이었다고 만족스럽게 말하였다.

그러나 열강은 이 정도로 쉽게 만족하지 않았다.「망하조약」과「황포

---

84. 宓克,『支那教案論』(南洋公學譯書院刊 嚴復 中譯本), 5. (원서명: Alexander Michie, *Missionaries in China*.)
85. 史式徽,『江南傳教史』(上海: 上海譯文出版社, 1983), 第1卷, 53. (원서명: J. de la Serviere, *Histoire de la Mission Du Kiang-Nan*.)

조약」은 외국에게 5개 개항장에서 예배당을 지을 수 있도록 규정한 것이지, 자유롭게 선교할 수 있게 규정한 것이 아니었다. 특히 중국 내지 內地로 나아가 예배당을 세우고 자유롭게 선교하도록 규정한 것은 더더욱 아니었다. 그러므로 열강은 이 정도에서 멈추지 않았다. 조약의 잉크가 마르기도 전에 프랑스는 청 조정에 천주교 금지敎禁를 법령으로 해제할 것을 강요하였다. 청 조정은 허락할 수밖에 없었다. 이에 상대는 한 걸음 더 나아가 금교禁敎 시기에 압류한 천주교의 옛 토지와 건물을 돌려달라고 요구하였다. 청 황제는 이 요청에도 굴복하며 도광道光 26년(1846) 초 상유上諭, 황제의 지침를 반포하였다. 그 내용은 "천주교는 선행을 권장하는 종교로서 사교邪敎와 다르니 금지하지 말 것"과 "종교의 사원 또는 백성의 주택이 된 것을 제외하고 조사한바 과거 각 성省에 지은 천주교 예배당이 확실하다면 그곳 천주교 신자들에게 돌려주도록 허락한다"이었다.

이는 재중 서양 선교사들로 하여금 한숨을 더 돌리게 한 조치였다. 그러나 청 황제의 이 상유上諭에는 여전히 유보한 내용이 있었다. 즉 외국인의 내지 선교를 허가하지 않는다는 것이었다.

전면적 문호 개방

중국 내지의 문호가 하나님 측에 전면 개방된 것은 제2차 아편전쟁청나라와 영·불 연합군 간에 1856년부터 1860년까지 벌어진 전쟁을 통해 열강이 탈취한 권익 중 일부였다.

함풍咸豊 8년(1858) 침략자의 총구에 놀라 허둥대던 청 정부는 강압에 못이겨 러·미·영·불 등 국가와「천진조약」天津條約을 각각 체결하였다. 선교 항목에 대한 규정도 그 안에 들어 있었다. 비록 문구는 일치하지 않아도 취지는 같았다. 기독교는 근본적으로 선행을 권장하므로 중국 내지에 자유롭게 전할 수 있게 하고 중국 정부는 기독교를 보호하여야 하며 학대하거나 금지하여서는 안 된다는 것이었다. 함풍 10년(1860) 영·불·러 등 국가는 청 정부를 다시 압박하여「북경조약」을 각각 체결하였다. 「천진조약」중 교무에 관한 규정을 재차 밝힐 뿐만 아니라 프랑스는 중국어로 된 조약문에 "프랑스 선교사들로 하여금 각 성에서 토지를 임대 또는 매입하여 자유롭게 건축하게 할 것이라"는 문구(프랑스어 조약문에 없는 내용)를 사사로이 첨가하였다. 또한 청 정부에 천주교의 옛 토지와 건축물을 반환해 준다는 내용을 조약문에 포함시킬 것을 강요하였다. 중·불 중국어「북경조약」에 있는 이같은 선교 관련 조문條文은 이때까지 열강이 선교에 관해서 탈취한 최대의 "합법"적 권익이었다. 조문은 이렇게 규정하고 있다.

> 천하의 백성들에게 밝히노니 각처의 군·민軍民 등이 천주교를 전습傳習하거나, 모여 강론講道하거나, 예배당을 지어 예배하게 할 것이며, 이를 임의로 조사·체포하는 자는 상응한 처벌을 받을 것이다. 또한 과거 천주교를 믿는 자를 모함하여 몰수했던 천주교 예배당, 학당, 묘지, 전토, 주택 등은 상환하여야 하며 이는 북경 주재 프랑스 전권대사에게 교부하여 해당 지역의 신자들에게 전해주도록 할 것이다. 아울러 프랑스 선교사들로 하여금 각 성에서 토지를 임대 또는 매입하여 자유롭게 건축하게 할 것이다.[86]

이로써 중국의 금교의 법률적 장벽은 모두 제거된다. 변방에서 내지內地까지 전 지역이 하나님의 사자들에게 개방되었다. 교회 측은 이를 대단한 승리로 여겼다. 모든 중국에 있는 선교사와 각국 선교회가 만약 이 중국 땅을 점령하지 않고 18개 성省, 중국전역의 각 중심부에 영구적인 근거지를 확보하지 않는다면 그것은 곧 죄라고 오만방자한 호소를 이어갔다.

이로부터 중국에 있는 선교사들은 마음 놓고 공개적으로 활동하였다. 열강들의 각 교파에 속한 교회들은 앞다투어 "증원부대"를 때로 파송하였고, 선교사들은 줄이어 중국에 도착하였다. 그들은 "모든 산봉우

---

86. 王鐵崖 편, 『中外舊約章彙編』(北京: 生活·讀書·新知三聯書店, 1957), 第1冊, 147.

리와 골짜기마다 빛나는 십자가를 세우겠다"[87]고 다짐하였다. 이는 그들의 오랜 꿈이었고, 중국의 문호는 이제 전면 개방되어 그 꿈을 이룰 날이 멀지 않아 보였다.

중국에 대한 선교와 식민 사업이 아편전쟁 때부터 시작된 것은 아니었다. 그러나 이전의 마테오 리치 등의 직접 동기와 실제 행위를 살펴보면 그들은 대개가 경건한 선교사였다. 주목적은 복음을 전하는 것이었고, 문화의 메신저文化使者 역할도 맡았다. 복음사역의 객관적인 사회적 효용면에서 볼 때도 문화교류의 범주를 넘지 않았다.

그러나 아편전쟁을 전후하여 선교사역에 중대한 변화가 일기 시작했다. 선교사들은 하나의 역할이 아닌 다중적 역할을 충당하는 변화를 보였다. "선교"教 외에 "상"商·"군"軍·"정"政의 역할도 수행하였던 것이다.

상업의 깃발商旗 아래서

"상"商의 역할도 수행하였다는 것은 선교사들이 식민 약탈에 주력하는 상인들과 결탁됨을 가리킨다. 중국에 건너와 활동하는 이 시기의 선교사들은 더 이상 교회만 의지하지 않고, 상인들의 금전적 도움과 지원供養을 받거나, 심지어는 상업 활동에도 적극적이었다.

중국 대륙에 파송된 최초의 개신교 선교사 로버트 모리슨Robert Morrison, 馬禮遜은 마카오 동인도공사의 통역이라는 공적 신분으로 급여를 받았다. 그는 교회에 보낸 편지에 고정적 수입으로 선교회의 부담을 덜 수 있게 되었다고 말한 적이 있다.

미국의 대對중국 선교사역은 처음부터 미국 상인들의 대대적인 지원을 제공받았다. 미국 선교회가 중국에 선교사를 파송하는 행동에 나선 것은 광주廣州에서 수출입 무역을 경영하는 동부양행同孚洋行 소유주 D. W. C. 올리펀트David Washington Cincinnatus Olyphant, 奧立芬가 제안하였기 때문이다. D. W. C. 올리펀트는 중국에 최초로 파송된 미국 개신교 선교사

---

87. Anson Burlingame蒲安臣의 이야기, 馬士, 『中華帝國對外關係史』(北京: 三聯書店, 1958), 제2권, 213, 245. (원서명: Hosea Ballou Morse, *The International Relations of the Chinese Empire*.)

E. C. 브리지먼Elijah Coleman Bridgman, 裨治文의 생활비를 부담하였고 심지어는 하인들까지 구해 주었다. D. W. C. 올리펀트는 E. C. 브리지먼이 편찬한 대형 영자 간행물『중국총보』中國叢報, The Chinese Repository의 출판에 따른 결손도 책임졌다. 편집 및 인쇄 전용 장소로 건물도 무료로 제공하였다.

상업계가 재정적 지원을 이렇게 아끼지 않자 선교사들도 여러모로 보답하였다. 독일의 개신교 선교사 칼 귀츨라프Karl Gützlaff 또

E. C. 브리지먼

는 Charles Gutzlaff, 郭實臘 또는 郭士立는 동인도공사와 아편 상인들을 위해 경제 정보를 열심히 수집하고 제공하여 그들의 밀거래를 도왔다. 한번은 어느 아편 상인이 복건福建, 천주泉州에서 단 번에 53,000파운드에 해당하는 은화를 벌도록 밀거래를 도와주기도 하였다.

선교사와 상인들과의 긴밀한 합작은 양자에게 상부상조하여 "상업전쟁"商戰과 "종교전쟁"教戰의 명성과 위엄을 더욱 높였다. 선교사들은 "반드시 중화제국에 선교사를 파송하여 중국 연해지역의 통상通商이 가능한 시장을 포함하여 진입할 수 있는 모든 곳에 진입하여야 한다. 해안에 침투하고, 항구에도 들어가야 한다. 이는 과거에도 그랬거니와 지금도 두려워하지 않는 상업 정신이 작용하기 때문이다. 이 진입로는 반드시 찾아내고, 모든 지킬 수 있는 진지는 반드시 점령하여야 한다"[88]고 여겼다.

상업계의 대변인도 소리 높여 외쳤다. "상무商務의 관점에서 볼 때 선교사역은 대對중국 상무 발전에 크게 유익하다. … 우리의 상업 깃발商旗은 십자가 깃발을 바짝 뒤따르고 있으므로, 누군가 십자가를 높이든 팔을 가격하면 우리의 이익에도 반드시 손해를 끼친다는 것을 기억해야 할 것이다."[89]

---

88. David Abeel稗裨理의 이야기, 顧長聲,『從馬禮遜到司徒雷登--來華新教傳教士評傳』(上海: 上海人民出版社, 1985), 65.

89. 巴頓,『傳教士及其評論者』, 張力、劉鑒唐,『中國教案史』(成都: 四川省社會科學院出版社, 1987), 229-230에서 재인용.

한쪽에서는 "두려워하지 않는 상업 정신"이 십자가를 움직이고, 한쪽에서는 십자가가 상업의 깃발商旗을 인도하였다. 서로를 유지시키는 이러한 양상은 서양의 식민침략이란 큰 그림에서 보면 과거부터 오랫동안 행해왔던 것이다. 하지만 중국 땅에서 공공연히 행해지기는 아편전쟁이 출발점이었다.

특수 부대

선교사를 "군"軍이라고 한 이유는 침략전쟁과 직접적인 관계가 있음을 뜻한다. 무력으로 시장을 개척한다는 측면에서 상인들은 중국 침략을 부르짖었다. 그러나 일부 선교사들은 오직 전쟁을 통해서만 중국을 그리스도에게 열리게 할 수 있다고 믿었다.

E. C. 브리지먼神治文도 자신들은 "힘 있고 과감한 조치"를 취할 것을 고취하는 자들이라고 솔직하게 밝히고 있다. 그는 도광道光 10년(1830) 중국에 도착하고 2년 뒤『중국총보』The Chinese Repository를 발간하며 무력으로 중국을 정복할 것을 선전하는 데 온 힘을 기울였다. 그는 중화제국의 현 태도를 보면 무력을 사용하지 않고서는 어떤 당당한 정부도 체면을 유지하며 교류할 수 없다고 했다. 중국과 조약을 체결하길 원한다면 반드시 칼끝으로 중국이 그리하도록 명령하고, 대포의 포구로 주장을 증폭시켜야 한다고 호소하였다.

그들의 정부는 물론 이 점을 더욱 잘 알고 있었다. 청淸 정부를 강제로 따르게 하기 위해 그들은 여러 차례 전쟁을 일으켰다. 이에 대해 미국 개신교 선교사 W. A. P. 마틴William Alexander Parsons Martin, 丁韙良은 이런 논리를 창안해 냈다. 즉 하나님의 뜻에서 본다면 이는 필요한 것이다. 먼저 무력을 사용하여 이 오만한 아시아인들을 공손하게 낮춰야 비로소 그들을 복음으로 높일 수 있다는 것이다.

선교사들은 무장 침략의 취타수와 변호인이었을 뿐만 아니었다. 어떤 선교사는 더 나아가 전쟁에 협력하거나 직접 참전하는 "특수 부대"가 되었다. 혹은 군사 정보를 수집·제공하거나, 혹은 군대에 투신하여 군무軍

務에 최선을 다 했다.

아편전쟁 전 칼 귀츨라프郭實臘는 청군淸軍의 상해上海 오송구吳淞口 방어 현황에 대한 상세한 조사 기록을 군에 제공하였다. 내용 중에는 포대의 구조, 무기탄약의 규격과 품질, 병사들의 자질 및 군대관리 상황 등이 포함되어 있었다. 그는 이를 근거로 만약 서양 군대가 공격을 감행하면 이곳은 반시간도 버티지 못할 것이라고 단언하였다.

전쟁 기간 중 선교사들은 수시로 정보를 제공하여 영국 군대의 군사 배치에 중요한 단서를 제공하였다. 예를 들면 러시아 동정교 사단士團의 대사제 카파로프Палладий (Кафаров) 또는 Palladius (Kafarov), 巴拉第·卡法羅夫는 북경과 천진京津 방어 및 청 정부의 동태에 관한 중요한 정보를 제공하였다. 영·불 연합군 지휘부는 이를 근거로 대고大沽 포대북경을 지키려고 천진 동남쪽 해하와 발해의 접경지에 세운 포대 설치와 천진을 공격하는 작전 계획을 수립하였다.

전쟁 기간 중 일부 선교사들은 직접 군부에 몸을 담았다. 아편전쟁 시 칼 귀츨라프는 전쟁의 전 과정에 참여하며 영국 침략군 육군 총사령관의 통역 겸 참모 및 안내를 맡았다. 영국군이 주산舟山, 절강성에 위치을 점령한 후 그는 한때 그곳을 관리하는 관원으로 임명되기도 하였다. 영·불 연합 작전 시, W. A. P. 마틴과 또 다른 미국 개신교 선교사 사무엘 웰스 윌리엄스Samuel Wells Williams, 衛三畏도 군무軍務에 참여하였었다. 사무엘 윌리엄스는 이 4개영·불·미·러 국가의 군함과 공사公使들이 중국의 수도에 모이는 것은 우리의 대對중국 선교사역의 일환이라고 공공연히 말하기도 하였다.

값으로 환산할 수 없는 컨설팅

"정"政의 역할이란 선교사들이 정치활동에 직접 참여했음을 말한다. 어떤 선교사들은 직접 침략군의 관원이 되었다. 이런저런 구실과 신분으로 정무政務에 참여한 자들은 흔히 볼 수 있었다. 청淸 정부를 협박하여 불평등조약을 맺는 과정을 통해서도 그 일면을 볼 수 있다.

「남경조약」의 담판 과정에 칼 귀츨라프郭實臘는 영국 정부 측 통역으로 참여하여 앞잡이로 힘썼다. 그 결과 영국 측은 예상보다 더 많은 특권과 배상을 얻어냈다. 이러한 공로로 말미암아 그는 홍콩의 영 식민 정부의 총독비서로 임명받았다.

미국이 청 정부를 압박해 체결한 「망하조약」은 피터 파커伯駕 등 선교사들의 선동과 직접적인 참여로 가능하였다. 조약의 담판 과정 중에 파커는 E. C. 브리지먼裨治文 및 사무엘 웰스 윌리엄스衛三畏와 함께 특사 칼렙 쿠싱Caleb Cushing, 顧盛의 통역 겸 비서를 맡았다. 쿠싱을 위해 계책을 짜내고 청淸 측 대표에게 직접 공갈 협박을 하기까지 하였다. 쿠싱은 피터 파커 등이 제공한 도움은 조약체결에 없어선 안 될 큰 도움이 되었을 뿐만 아니라 가장 중요한 역할이었다고 치켜세웠다. 그리고 그들의 중국과 중국인에 대한 깊은 이해는 "값으로 환산할 수 없는 건설팅"이었다고 칭찬하였다. 파커는 이 공로로 인해 주중 미국 공사의 중국어 비서로 임명되었고, 함풍咸豊 5년(1855년)에는 공사로 승진하여 미국 정부가 선교사들 가운데 정식으로 임명한 최초의 주중 외교관이 되었다. 소식통에 의하면 "근 40년 동안 미국과 중국 정부 대표 간에 오간 공문서"는 대부분 이들의 "손을 거치며 처리되었다"고 한다.[90]

중·불의 「황포조약」黃浦條約체결도 프랑스 천주교 선교사들과 직접적인 관계가 있다. 선교사들은 프랑스 정부에 조약체결을 대대적으로 촉구하였다. 라그레네Théodore de Lagrené, 拉萼尼 특사가 중국에 올 때 스타니슬라스 클라블랭Stanislas Clavelin, 葛必達을 포함한 6명의 천주교 선교사들이 동행하였다. 담판 기간 동안 선교사들은 긴밀하게 협력을 이어갔다.

제2차 아편전쟁 기간에 벌인 조약의 담판과정에도 선교사들은 개입하였다. 전하는 바로는 사무엘 웰스 윌리엄스는 중·미 「천진조약」에 선교 관용 조항을 집어넣기 위해 조약이 의정되기 전날 밤을 지새우며 계책을 강구하였다고 한다. 이튿날 이른 아침 그는 W. A. P. 마틴丁韙良과 가

---

90. 泰勒·丹涅特, 『美國人在東亞』(北京: 商務印書館, 1959), 472. (원서명: Tyler Dennett, *Americans in Eastern Asia*.)

마를 타고 청 정부 대표와의 담판장에 참석하였고, 결국 뜻을 이루었다. 중·불「북경조약」중국어조약문 중 선교사가 각 성省에서 토지를 임대 또는 매입하여 자유롭게 건축하게 한다는 문구는 통역을 담당한 천주교 선교사에 의해 임의로 첨가된 것이다.

중·러「북경조약」의 토의 결정에 있어서 동정교 선교사가 한 역할에 대해 러시아 정부대표 니콜라이 파블로비치 이그나티예프Николай Павлович Игнатьев, 伊格納切夫는 이렇게 평가하고 있다. "중국어漢語와 만주어에 능통한 대사제 구리·카르포브Гурий Карпов, 固里·卡爾波夫는 나를 곤경에서 여러 번 벗어나게 했다. 대사제의 중국 당국에 대한 다양한 이해는 우리의 행동을 참되고 정확한 방향으로 나아가게 하였다. … 하나님의 가호와 대사제의 건의로 중국과 북경조약을 체결할 수 있었고 러시아는 우수리 일대의 넓은 지역과 많은 특권을 얻게 되었다."[91]

선교사들의 참정은 조약의 담판 과정과 각국 정부에 몸담고 봉사하는 것에 국한되지 않고, 다양한 신분과 방식으로 중국 정무政務에 직접적으로 간섭하는 데에도 나타났다. 이 문제의 심각성은 이후의 교안教案에서 분명하게 나타나고 있다.

상호 의존적이지만 용도는 달랐다

이 시기 선교사들의 역할은 분명히 변화하였다. 십자가는 심각하게 뒤틀려졌다. 선교는 이미 대對중국 식민침략의 중요한 요소가 되었다. 교회 측도 다음과 같이 솔직하게 인정하고 있다. "선교사들은 세상에 하나의 세력이 되었다. 정치가들은 선교사들을 매개로 서양의 의지가 중국에 반드시 작용한다는 것을 확신하고 있다."[92] 교회 측에서 볼 때 식민지에 예배당을 짓고 선교사를 머물게 하는 것은 심지어 그곳에 병영을 세우는 것보다 더 중요한 것이었다. "선교사 한 명이 일개 대대에 맞먹었다."

---

91. 格列勃夫,「北京東正敎士團的外交職能」,『正敎之光』(哈爾濱: 1935)에 수록, 22-23. 張綏,『東正敎和東正敎在中國』(上海: 學林出版社, 1986), 237에서 재인용.
92. 『The New York Times』紐約時報, 1858.10.02.

그러나 당시 식민침략에 있어 선교는 여전히 상대적으로 독립된 개체로 자신만의 특별한 기능이 있었다. 비록 십자가가 뒤틀려졌지만 그래도 십자가는 십자가였다. 십자가를 높이 떠받들며 중국에 나타난 선교사들에게 십자가는 단순히 도구만은 아니었다. 십자가엔 참된 신분을 상징하는 의미가 여전히 담겨 있었다.

어떤 서양 역사가는 그 당시 중국으로 온 외국 상인들은 경제적 이익을 꾀하기 위해서였고, 외교관과 군인들은 특권과 양보를 얻기 위해서였다. "오직 선교사들만이 무엇을 얻기 위해서가 아니라 주기 위해, 자신의 이익을 추구하기 위해서가 아니라 적어도 겉으로라도 중국인의 이익을 위해 힘 쏟기 위해서 왔다"[93]고 말한다. 이는 선교사에 대한 단편적이고 표면적 평가이지만 선교사를 상인, 외교관, 군인 등 유형의 외국인들과 구분하는 합리성도 있다. 실제는 당시 중국의 식견 있는 인사들이 인식하고 있었던 것처럼 이 여러 유형의 집단들은 "상호 의존적이면서도 용도는 다른"[94] 관계 집단이었다. 즉 서로 연계되면서도 각자 독립적 역할을 발휘하였다는 것이다.

선교사들 중에도 여러 유형이 있었다. 선교는 허울이고 종교를 초월한 침략활동에 주로 종사한 사람들이 있었다. 그런가 하면 어떤 선교사들은 유익한 문화교육사업에 역점적으로 종사하며 심지어는 침략을 진심으로 반대하고 침략자에게 "더 이상 악을 행치 말고, 선을 행하라"고 호소하였다. 비록 그들도 식민침략을 무의식적으로 일정 정도에서 일조하였지만 필경은 첫 번째 유형의 선교들과는 크게 달랐다. 더 많은 선교사들은 위에서 말한 두 유형의 인물 사이의 "중간 유형"으로 활동하였다.

---

93. 費正淸 편,『劍橋中國晚淸史』(北京: 中國社會科學出版社, 1985), 上卷, 584. (원서명: John K. Fairbank ed., *The Cambridge History of China*, Volume 10, *Late Ch'ing 1800-1911*, Part 1. 역자 주)

94. 郭嵩燾,『養知書屋文集』(光緖年刊本), 卷10, 18.

한자리에 모인 세 교파

중국에 도착한 시기는 다르지만 아편전쟁 전후로 천주교, 개신교, 동정교 모두가 중국에 모였다. 겨우 몇십 년 사이에 삼대 교파는 전에 없이 발전하였다. 내부 관계도 전에 없이 복잡해졌다. 3개 교파가 공존하고, 천주교와 개신교가 힘을 겨루며, 국가는 교회를 이용하려 하였다. 3개 교파는 혈통은 같았지만 모습은 서로 다른 상황을 나타냈다.

정치에 더 무게를 둔 동정교

기독교의 삼대 교파 가운데 동정교의 상황은 약간 특이하였다. 재중 동정교는 러시아에서 건너와 러시와의 관계 속에 존재하였다. 「북경조약」 체결 이전부터 북경 주재 선교회는 사실상 정·교政敎합일의 모양을 보이며 종교보다는 정치에 더 무게를 두었다. 직능도 제정 러시아 정부의 북경 대리 기관과 비슷하게 운영되었다. 러시아 정부로부터 경비도 제공받았다. 업무도 중국의 정치, 경제, 문화 등 여러 분야의 정보를 수집하고 연구하여 본국 정부에 수시로 보고하는 것이었다. 동정교는 "트로이 목마"처럼 중국 심장부에 자리잡고 있는 격이라고 말할 수 있다. 그러기에 선교활동을 중시하지 않았다. 교인은 300여 명이었고, 대다수는 북경에 한정되었다. 그 중에는 중국에 정착해 살고 있는 러시아인들도 포함되어 있다. 선교활동에 있어 천주교나 개신교와는 비교할 수 없는 동정교이지만 정부기관으로서 청 제국의 도성에 일찍이 뿌리를 튼튼히 내리고 있었다. 이러한 우월적 지위는 천주교와 개신교 국가들이 따라가기 힘들 정도였다.

제2차 아편전쟁 이후 러시아는 확장정책의 필요에 따라 북경 선교회의 외교적 직능과 종교적 직능을 분리하였다. 외교 권한은 새로 설치한 북경공사관으로 귀속시키고, 성직 인원은 더 이상 정부가 아닌 교무 분야의 직접 관할을 받게 하였다. 이로써 선교회는 겉으로는 정부로부터 이탈되어 교무와 문화를 전담하는 기관이 되었다. 그러나 내적으로는 정치적 직능이 약화되지 않았고, 조직의 성격에도 근본적인 변화가 없었다. 교무를 예전보다 중시하였어도 19세기 말까지 교인 수는 500명 정도로 천주교, 개신교와는 비교가 안 되었다.

유서 깊은 점포老字號와 신장개업 점포

서로 경쟁하는 관계는 천주교와 개신교였다.

천주교는 중국에서 가장 오래되고 기반이 두터웠으므로 "유서 깊은 점포"라 말할 수 있다. 개신교의 로버트 모리슨馬禮遜 선교사가 중국에 도착하기 전후 천주교는 이미 비밀활동을 크게 강화하며 중국에서의 우세한 지위를 유지하고자 노력하였다. 이런 면에서는 프랑스의 노력이 특히 돋보인다. 아편전쟁이 끝난 지 얼마 되지 않아 프랑스는 "보교권"保敎權을 포르투갈로부터 탈취한다. 그리고 이탈리아와 독일과 각축을 벌이게 된다. 이탈리아는 프랑스의 상대가 되지 못했다. 독일은 개신교 위주의 국가였지만 독일의 천주교 선교사들은 자국의 이익을 고려하여 프랑스의 보교권 그늘에서 속히 벗어나 자국의 "보호"를 받기 원했다. 프랑스는 물론 로마 교황청도 이를 반기지 않았다. 그러나 독일의 역량은 자국 천주교의 경쟁력을 유지시킬 정도였다. 1890년대 초에 이르러 독일은 비로소 목적을 이루고, 프랑스의 보교권은 현저히 약화된다. 더욱이 20세기 초에 이르러 프랑스는 바티칸과의 단교로 보교권은 완전히 소멸된다. 그러나 프랑스의 천주교는 청말의 대부분 기간 동안 재중 천주교 세력을 대표하기에 충분한 세력이었다.

아편전쟁 후 중국인 복장을 한 서양 선교사들

청말 천주교 세력의 발전 규모로 보면 교인 수는 줄곧 개신교를 앞섰다. 1860년대 초 이미 40만 명에 달하였고, 19세기 말에는 약 70만 명, 청조 멸망 전인 선통宣統 2년(1910)에 이르러는 130만 명에 이르렀다. 다만 재중 외국인 선교사의 숫자로 보면 19세기 말과 선통 2년 천주교 측은 각각 약 800명과 1,400명으로 개신교의 재중 선교사보다는 못하였다. 선교사와 교인이 소속된 수도회로는 라자로회,[95] 예수회, 프란치스코회의 세력이 가장 컸다.

만약 로버트 모리슨이 중국에 온 시점부터 계산한다면 개신교의 중국 전래는 기독교의 세 교파 중 가장 늦다. 로버트 모리슨을 포함한 개신교 선교사들은 아편전쟁 이전 기간에는 신분을 공개할 수 없었고 암암리에 활동하였으므로 선교의 열매는 제한적이었다.

개신교의 재중 선교사역은 아편전쟁 이후 비로소 대규모로 진행될 수 있었다. 여러 선교 파송 기관과 크고 작은 교단들이 선교사를 앞다투어 파송하였다. 1860년대 초 재중 개신교 선교사는 약 백 명 정도였는데, 세기 말에는 1,500명으로 증가하였다. 선통宣統 2년에는 무려 5,000여 명에 달하여, 당시 재중 천주교 선교사의 4배가 되었다. 위의 세 시기별 교인 수는 2천 명1860년대 초, 8만 명19세기 말, 17만 명1910년 정도였다. 국적별로 개신교 선교세력을 보면 영국과 미국이 가장 강했고, 발전추세로는 미국이 가장 맹렬하였다. 천주교와 비교한다면 "신장개업"한 개신교 세력이 기세등등하여 천주교를 추월하는 형세였다.

당시의 어느 중국 기독교인

교황을 최고 지도자로 하여 강력한 중앙집권제를 시행하는 천주교든지, 체계적 조직과 통일된 지도 기구 없이 여러 파송기관과 교단들이 각자 주도하

---

95. Congregatio Missionis, Congregation of the Mission 또는 Lazarites, Congregation of Priests of the Mission, 遣使會. (역자 주)

는 개신교든지 중국선교를 위한 내부의 각축은 매우 격렬하였다. 천주교와 개신교 두 교파 간의 각축도 마찬가지였다. 이러한 "교파 간 각축"敎爭의 배후에는 주로 "국가 간 각축"國爭이 있었다. "교파"敎별로 선을 긋는 것은 표면적이고, "국가"國별로 친근함과 소원함을 정하는 것이야말로 실질적인 것이었다. "교파 간 각축"敎爭은 열강이 중국에서 권익을 쟁취하는 일종의 형식에 불과하다.

선교활동의 차이

선교활동의 특징 면에서 천주교와 개신교를 비교한다면 다음과 같은 인상을 갖게 된다.

천주교는 수단 방법을 가리지 않고 대량으로 교인을 흡수하는 것을 세력 발전과 영향력 확대의 주요 경로로 삼았다. 당시 사람들은 "천주교는 가는 곳마다 사람들의 좋고 나쁨을 가리지 않고 많은 사람을 널리 거둬들이는 것을 능사로 여겼다"[96]고 했는데 이것은 사실이었다. 천주교는 왕왕 가족 단위 심지어는 마을 전체를 단위로 입교시켰다. 교인들 가정에서 태어난 후손들도 끊임없이 보충되어 들어왔다. 게다가 가난한 가정의 어린아이들을 대량으로 거둬들이거나 헐값에 사들여 세례를 주었다. 그러므로 교인 수는 개신교보다 훨씬 많았다. 이와 함께 천주교의 조직 체계는 비교적 엄밀하여 교구를 명확히 분할하였고, 조직 기능과 정치적 기능이 중국 정부의 행정적 관리行政管理와 자주 마찰을 빚었다. 천주교는 사회 기층基層과의 넓은 접촉으로 민사民事에 수시로 관여하였을 뿐만 아니라 청 지방관청의 정무에도 자주 간섭하여 분쟁을 유발시켰다. 그러므로 대다수의 청말 교안敎案은 천주교 측에 의해 일어났다.

개신교는 교인을 확보하는 데 선택적이었다. 보통 마음에 드는 성년들에게만 세례를 주었다. 개신교는 문화사역을 통해 복음을 간접적으로 전하는 데 상당한 역점을 두었다. 이 경로로 영향력을 확대하고 교인들의 자질을 높이는 것을 중시하였다. 뿐만 아니라 개신교는 천주교처럼

---

96. 丁日昌의 상주문, 『籌辦夷務始末·同治朝』(北平: 故宮博物院의 清 內務府 사본, 1930, 영인본), 卷76, 32.

선교 구역을 엄격히 관리하지 않았으므로 기층 민정基層民政업무에 대해서 천주교처럼 깊이 간섭하지 않았다. 용모도 "점잖고"文雅 "온화한"溫和 편이었다. 그러므로 개신교는 청말 교안敎案과의 관계가 적었으며, 개신교의 문화사업 면에서의 성적은 천주교에 비해 현저히 높았다.

조화와 충돌

기독교의 세 교파가 한자리에 모여 일으킨 수많은 변화는 용과 하나님의 구조적 관계 변화로 최종 구현되었다. 물론 아편전쟁 이전 혹은 이후를 막론하고 용과 하나님의 관계에는 늘 조화와 충돌의 일면이 있었다. 그러나 아편전쟁 이전의 대부분의 시간에는 조화든 충돌이든 내용은 주로 문화적 범주에 국한되었다. 하지만 아편전쟁 이후 조화든 충돌이든 정치적 요소가 매우 두드러지고, 내용도 더 복잡해졌다.

아편전쟁 이후 조화의 한 측면은 청조 지배자가 정치적 강요에 의한 타협 및 양보로 기독교 측에 각별한 특권을 부여하여 기독교 측과의 갈등을 완화시키고 잠시 평온을 유지한 양상으로 나타난다. 조화의 또 한 측면은 문화적 융합融合이다. 이때의 문화적 융합은 두 문화의 접촉변화란 점에서는 아편전쟁 이전과 일치하지만 다음과 같은 차이가 있다.

농촌에서 전도하는 수녀들

첫째, 아편전쟁 이후 문화의 접촉과 접촉변화의 폭이 이전보다 확대되었다. 기독교 신학 외 기타 비종교적 내용들이 과학기술에 국한되지 않고 교육, 의료, 간행물의 출판 등 여러 분야로 확대되었다. 또한 서양의 발전으로 인해 이 모든 분야의 질적 수준은 향상되고 심화되어 중국에 미치는 영향도 상대적으로 컸다.

둘째, 이때의 선교사들은 중외中外문화교류에 유일하거나 주요 매개체媒介가 아니었다. 중외中外의 접촉과 연결 통로는 크게 확대되었다. 중국은 자본주의 세계시장에 편입되고, 식민주의 체제의 세계적 네트워크에 연계되었다. 원튼, 원치 않든, 능동적이든, 수동적이든 중국은 외부 세계와 접촉하였고 다각적 연계는 필연적이었다. 기독교를 통한 연계는 그 중의 한 루트에 불과하였다.

충돌 또한 두 측면에서 말할 수 있다. 하나는 기독교 측의 중국에서의 정치 특권에 대한 한없는 욕구로 인해 중국인에 대한 압박과 착취가 가중되고 중국의 저항을 초래한 것이다. 또 하나는 문화적 충돌이다. 정치적 충돌은 때에 따라 격해지거나 완화되었으며, 기복의 등락이 심한 증상을 보였다. 이는 충돌의 표면적 차원에 속한다. 문화적 충돌은 지속적이며 상대적으로 평온한 상태를 유지하였다. 이는 충돌의 내면적 차원에 속한다. 정치적 문화적 두 충돌은 상호 작용하며 힘을 합쳐 충돌로 일어난 복잡한 사안에 영향을 미쳤다.

교안教案과 반양교反洋教

청말 용과 하나님의 관계에서 보면 "다툼"打이 "화합"和보다 더 전형적이었다. "다툼"은 주로 "교안"教案과 "반양교"反洋教라는 서로 연계되면서도 구별되는 두 사안에서 구현되고 있었다.

교안은 외국의 교회 세력과 중국인 사이에 벌어진 충돌사건으로 관청에 호소하여 사법적 정치적 수단을 통해 해결하는 사안을 말한다. 교안은 쌍방의 충돌이 집결되는 전형적인 사안이지만 충돌의 유일한 형식이 아니고 충돌의 모든 내용을 포함하는 것도 아니다. 당시 쌍방의 충돌은 일상적이었고, 시급함이나 심각성도 상이하였으므로 모든 충돌이 다 교안으로 비화

된 것은 아니었다. 평상시의 수많은 경미하고 사소한 사건은 자연스레 해소되었고 오직 사태가 격화될 때에야 교안으로 발전되었던 것이다.

교안은 아편전쟁 이전에도 여러 차례 발생하였고, 규모가 꽤 큰 사건도 있었다. 그러나 그때의 중국은 주권 국가였다. 중국의 당국자는 사안의 구체적인 원인이 어떠하든지, 시비곡절이 어찌되었든지 자신의 의지에 따라 사안을 처리하는 여건과 능력을 온전히 갖추고 있었다. 교안을 일으킨 실질적 근원을 보면 주로 문화적 충돌이었다.

아편전쟁 이후의 상황엔 근본적인 변화가 있었다. 하나는 교안의 발생이 비록 문화적 충돌의 요소가 작용하고 있지만 그것은 부차적인 차원이었다. 외국 교회 세력의 교무 이외宗敎外的 침략행위가 주요 원인이었다. 또 하나는 중국의 주권이 파괴되어 청조 정부는 자신의 의지와 사법 절차에 따라 사안을 자주적으로 심리하지 못하고, 외국의 제약을 받게 되었다는 것이다. 그러므로 불평등 외교의 산물이 되고, 식민주의자들의 강권 정치의 사냥감이 되었다. "종교적 사안이 일어날 때마다 국권을 상실하고 나라가 욕을 보았다."[97] 이것이 청말 교안의 근본적인 특징이다. 교안에 능동적이고 주도적 위치를 점한 쪽은 교회 측이었다. 이 시기의 교안사教案史는 실질적이고 핵심적인 면에서 외국 교회 세력의 중국 침략사로 규정할 수 있다.

반양교란 문화적 범주에 속한 기독교 자체를 반대하는 것만이 아니라 외국 교회의 재중세력(기구와 인원 등의 실체)에 반대하는 것도 포함한다. 청말의 반양교는 중국이 문화적으로 기독교 측과 대항하는 것과 정치적으로 이들의 침략에 반대하는 두 측면을 포함하고 있다. 아편전쟁 이전의 반양교와 비교하면 반침략이라는 시대의 특징이 분명히 나타나고, 문화적 대항면에서는 승계와 연속성을 띠고 있다. 비록 이 두 측면이 서로 작용하고 밀접하게 결합되어 있지만 외국 교회 세력의 침략에 반대하는 것과 중국 전통문화의 기독교문화에 대한 저항抵制은 개념적으로 엄격히 구분되어야 할 것이다.

---

97. 「湖南流傳的周漢的歌謠揭帖斷句」, 『湖南歷史資料』, 第4期, 1958年.

"세상사는 바둑을 두는 것과 같다"라는 말이 있다. 아무리 두어도 똑같은 판이 나올 수 없음을 말하는데 용과 하나님의 관계사도 어찌 하다 보니 청말의 과거와는 사뭇 다른 이같은 상황에 이르렀다. 그런데 교안과 반양교가 보편적으로 발발하기 전, 한 중국인이 만들어낸 태평상제太平上帝는 천군만마를 일깨워 중국神州 대지를 석권하였다.

제8장 태평상제

원래는 공자를 예배하고 문창제군文昌帝君, 학문의 신을 독실하게 신앙하던 서당 샌님이 하루아침에 돌변하여 하나님을 예배하였다. 그는 하나님의 둘째 아들 신분으로 잠자던 천군만마를 일깨워 지상의 천국을 창건한다. 그리고 이 천국의 백성들을 위해서 태평상제를 만들어 냈다.

하나님께 나아가는 오솔길

아편전쟁이 발발하기 4년 전, 즉 도광道光 16년(1836) 봄, 광주성廣州城에서는 지부知府가 실시하는 부시府試, 과거에 앞서 치르는 예비시험과 같은 동시童試의 제2단계 시험를 진행하고 있었다. 이 날 포정사布政司 입구 쌍문저대가雙門底大街 길에 사람의 시선을 끄는 두 사람이 적잖은 관중을 모으고 있었다. 한 사람은 생김새는 분명히 서양 사람인데 긴 두루마기에 넓은 소매 옷을 입고 머리 위로 상투를 올린 모양새였다. 또 한 사람은 그 고장 사람이었고, 그곳 사투리를 못하는 서양인을 위해 통역을 하고 있었다. 그들은 사람들의 욕망을 만족시켜줄 수 있다며 무언 가를 계속 전하고 있었다.

이때 한 20여 세 되는 젊은이가 사람들을 비집고 그들 앞으로 나아왔다. 그의 차림새와 표정과 행동으로 보아 한눈에 부시 합격을 바라는 응시생인 것을 알 수 있었다. 서양인은 이런 사람은 무엇을 묻고, 어떤 대답을 듣고자 하는지 벌써 알고 있는 듯하였다. 그는 젊은이가 입을 열기 도 전에 말하였다. "당신은 최고의 공명을 얻을 것이오. 불안해하지 마시오. 불안은 당신을 병들게 할 뿐이오. 당신에게 덕 있는 아버지가 계심을 축하합니다." 젊은이의 얼굴엔 즉시 만족과 기쁨이 번졌다. 이튿날, 이 젊은이는 용장가龍藏街 거리에서 그 두 사람과 또 마주쳤다. 그들은 작은 책자를 나눠주고 있었고, 젊은이도 기쁘게 9권으로 된 작은 책자를 받아 돌아갔다.

14년 뒤인 도광 30년(1851) 1월 11일, 광서廣西 계평桂平 자형산紫荊山 남쪽 기슭의 금전촌金田村에서 맑은 하늘에 천둥소리가 울렸다. 태평천국의 봉기가 일어난 것이다. 이 봉기를 이끈 사람은 바로 홍수전洪秀全이다. 홍수전은 "천왕"天王이 되어 수만을 헤아리는 배상제회拜上帝會 회중들로 구성된 "성군"聖軍을 이끌며 광풍노도와 같은 기세로 요괴들을 베는 전투의 여정을 시작하였다.

포정사 입구 쌍문저대가 길에서 자신의 앞날을 궁금해하며 책자를 받았던 그 응시생이 바로 훗날 "천왕"이 된 홍수전이었다. 태평천국과 관계가 밀접한 배상제회는 바로 홍수전이 받은 책자『권세양언』勸世良言이 촉매가 되어 태어난다.

『권세양언』

『권세양언』은 기독교 교의를 선전하는 중국어로 된 통속 간행물이었다. 양발梁發이라는 중국인이 저자다. 그는 개신교 최초 중국인 목사였다. 조판공雕版工 출신으로 교육수준은 높지 않았다. 여러 통속적인 전도 책자를 저술하였으며『권세양언』은 그 중의 한 권이었다.

『권세양언』은 약 10만 자 정도인데 절반은 당시 중국어로 번역된 성경에서 발췌한 내용이었고 절반은 양발이 중국적 상황에 맞춰 해석한 교리였다. 천지창조, 원죄와 구원, 천당, 지옥과 최후의 심판 등 신학의 기본적인 내용이 그 안에 담겨 있다. 특히 "하나님"神天上帝, 신천상제의 홀로 참되고, 거룩하며, 엄위한 절대성을 강조하였다. 무엇보다 기타 종교의 신들과 우상은 모두 몰아내야 하는 사악한 가르침이기에 이들을 믿는다면 하늘로부터 벌을 받게 된다고 하였다. 하나님神天上帝으로 하여금 중국에서 독존적 지위를 얻게 하기 위해서 『권세양언』에선 유·불·도 "삼교"三敎와 문창제군文昌帝君 학문의 신, 괴성魁星 문장의 성쇠를 맡은 신으로, 과거시험을 치를 때 가장 높이 받들어진 신을 포함한 모든 신들과 우상숭배와 무술巫術 및 풍수 등의 미신·풍습에 대해서는 여지없이 규탄하였다.

『권세양언』은 치밀하고 체계적으로 쓰여진 신학 서적이 아니다. 그가 참고한 중국어 성경엔 표현이 정확하지 못한 곳이 많았다. 무엇보다 양발 본인이 기독교 교리에 대해 이해의 한계가 있었다. 문장력도 빼어나지 못하여 일부 중요한 교리를 전함에 있어서 진의에서 벗어나거나 와전되었다. 예를 들면 하나님, 예수와 성령에 해당되는 "성신풍"聖神風의 관계에 대해 "삼위일체"적 의미에서 설명하기보다는 "삼위삼체"라는 인상을 사람들에게 주었다.

양발은 중국사회에서 성장한 사람이기에 기독교를 신앙한 이후에도 중국 전통문화의 영향에서 완전히 벗어날 수 없었다. 또한 교리를 전하는 데 있어 "중국의 맛"中國味을 진하게 배이게 하려고 노력했기에 무의식적으로 중국문화, 특히 유학의 성분을 자간에 첨가하여 기독교 교리를 일정 정도 변형시켰다. 예를 들면 다음과 같다. 인류의 시조가 뱀에게 유혹 받기 이전의 "본성은 선하며 악이 없다性本全善無惡"라고 하고, "선을 행하면 온갖 복을 내리고 악을 행하면 온갖 재앙을 내린다"[98]라는 말을 인용하여 인과응보의 관점을 부각시켰다. 또한 "덕德으로 이끌고, 예禮로 다스린다"로 "성경 말씀"眞經聖道의 훈육적 기능을 논증하고, "중용中庸의 바름에 합하고, 진리를 쫓아 행하다"와 "말은 참되고 미덥게 하고, 행동은 도탑고 공손히 하라"를 만물과 구별된 인간만이 소유한 도덕적 규범임을 강조하였다. 나아가 "진시황이 분서를 하지만 삼대三代, 하·상·주의 책을 다 태우지 못하고, 당고黨錮의 옥獄[99] 또한 명신名臣을 다 멸하지

---

98. 『尙書·伊訓』. (역자 주)
99. 후한後漢 말기에 관료와 환관이 충돌하여, 관료들이 환관세력에 의해 금고禁錮에 처한 탄압사건이다. (역자 주)

못한다"로 하나님의 진리가 비록 비방당하지만 궁극적으로는 밝히 나타난다는 필연성을 증거하였다. 기독교 교리를 이렇게 억지 적용하는 것은 오히려 교리를 왜곡하게 된다. 그러므로 로버트 모리슨(양발은 모리슨 밑에서 일하였음)은 양발이 쓴 전도 책자에 대해 기독교 교리를 "깨달은 바가 있다"고 칭찬하면서도 동시에 "용어 가운데는 중국 고유의 이교적 색채가 착색되어 있다"[100]고 언급 하였다.

길 잃은 어린양

출중하지 않은 전도용 책자 『권세양언』이 어떻게 홍수전에게는 특별한 효력을 발생하였을까? 이는 홍수전의 출신성분, 그의 인생여정 및 심리적 조건과 불가분의 관계가 있다.

홍수전은 일반 농가에서 태어나 어려운 형편에서 십여 년 과거 공부를 열심히 하였다. 과거에 급제하려는 그의 갈망은 부잣집 자제들보다 절박하였다. 그러나 도광 8년(1828) 15세 되는 때부터 도광 23년(1843) 30세가 되기까지 전후 4차례 부시府試를 치렀지만 번번이 낙방하였다.

『권세양언』을 얻던 해는 홍수전이 두 번째 응시할 때였다. 이런 전도 책자는 당시 그의 눈길을 끌지 않았다. 다만 전도자가 그에게 전한 상서로운 말에 대한 호감으로 건네준 책자를 기꺼이 받은 것이다. 그리고 잠깐 훑어본 다음 장롱 속에 던져놓고 다시 시험을 치루기 위해서 학업에 몰두하였다.

이듬해인 1837년 세 번째 응시에서 또 다시 실패한 그는 충격을 더 이상 견디지 못하고 크게 병을 앓았다. 40여 일 동안의 고열에 정신이 혼미해지더니 천상의 세계를 몇 차례나 유람하며 이런저런 기이한 것을 보게 된 것 같다. "정유이몽"丁酉異夢은 이때의 환상을 말한다. 이후 이 일에 관해 일부 문헌에서 서술하고 있는데 스토리를 다양하게 가공하여 사실적이지 못한 것이 많다. 다만 그 내용이 『권세양언』을 훑어본 뒤 뇌리에 남

---

100. 麥沾恩 저, 『中國最早的佈道者梁發』(원서명: George Hunter McNeur, *Liang A-Fa: China's First Preacher, 1789-1855.*), 胡簪雲 역 , 上海廣學會 중역重譯, 『近代史資料』, 1979年, 第2期. 『近代史資料』 第2期에는 『勸世良言』의 전문全文도 수록되어 있다.

은 기억들과 관련 있다는 것은 확실하다.

병에서 회복된 홍수전은 예전의 뜻을 접지 못하고 서당선생으로 일하며 시험을 위해서 또 다시 6년을 분투하였다. 그러나 그에게 돌아온 것은 역시 탈락이었다. 그는 벼슬길에 오르지 못한 데 대해 절망하였다. 비분이 가슴 가득 쌓였지만 어찌할 수 없었다. 다른 길도 모색하고 싶었지만 앞길이 보이지 않았다. 진퇴양난에 처하며 유리방황하게 된 처지의 그는 마치 길 잃은 어린양과 같았다.

신기한 이끔

바로 이러한 방황의 시기에 홍수전은 『권세양언』을 우연히 다시 읽게 되었다. 느낌은 이전에 읽었던 때와는 사뭇 달랐다. "유교"를 공격하고, 과거제도를 비난하며, 문창제군文昌帝君과 괴성魁星을 부정하는 책의 문구들은 마치 새가 날카로운 부리로 먹이를 쪼듯 그의 마음에 와닿았다. 그는 홀린 듯이 한 글자 한 글자 자세히 읽어 내려갔고, 몸과 마음은 점점 신기한 빛의 바닷속으로 빠져들었다. "바르고 올곧은 거룩한 가르침"이 이해되며 득도의 경지에 이르는 듯하였다. 6년 전 열병 중 본 환상은 하나님이 그를 천상의 세계로 불러 돌아보게 한 것으로 지난 수많은 의혹들이 하루아침에 풀리는 느낌이었다. 그는 다음과 같이 말하고 있다.

> 이 몇 권의 책은 하늘이 내게 주신 것이다. 이 책은 나의 지난 경험이 실제였음을 증명하고 있다. 만약 내가 이 책자만을 얻고 전에 병들지 않았다면 이 책에서 말한 것을 믿지 못하고 세상의 천한 욕망에도 반대하지 못하였을 것이다. 또한 앞서의 병든 적만 있고 이 책자가 없었다면 내가 병중에 보고 경험한 것이 확실하다는 것을 증명할 수 없어 지독히 아플 때 헛된 생각을 하였던 것으로 간주하였을 것이다.[101]

---

101. 洪仁玕 述, 韓山文 著, 簡又文 譯, 『太平天國起義記』, 『中國近代史資料叢刊·太平天國』(上海: 上海人民出版社, 1957), 第6册, 848.

홍수전은 "하나님"에게 돌아가기로 결심한다. 자신의 기독교적 이해를 바탕으로 스스로 세례를 행한다. 죄를 씻어내고, 옛 것을 버리고 새 것을 쫓겠다는 것이었다. 세례 후 그는 천당에 이르는 참 길을 발견한 듯하였고, 마음이 영생의 소망으로 가득 차며 심히 기뻤다. 이는 종교에 귀의할 때 경험하는 독특한 심리적 체험인 것이다.

분명한 것은 이때까지의 홍수전은 경건한 종교 개종자이었지 혁명가가 아니었다는 것이다. 그가 추구한 목표는 하나님이 계신 천국이었다.

그러나 홍수전은 기독교에 관한 지식이 없고 가르쳐 줄 사람도 없는 환경과 특별한 상황 속에서 자력으로『권세양언』을 연구하고 이해하면서 기독교를 수용하였다. 기독교에 대한 인식의 한계로 편차가 있을 수밖에 없었다. 홍수전은 하나님의 신기한 이끔을 받게 되지만 하나님의 길을 치우침 없이 걸어가기에는 역부족이었다.

오솔길을 따로 내다

홍수전이『권세양언』을 다시 읽었을 때 만약 때맞춰 그를 인도할 선교사가 있었다면 그는 진정한 기독교인이 되었을 가능성이 있었다. 그러나 이런 기회는 도광 27년(1847)에야 오게 된다. 너무 늦은 때였다.

도광 27년 봄, 홍수전은 광주에 있는 미국인 개신교 선교사 잇사갈 로버츠Issachar Jacox(또는 Jacob) Roberts, 羅孝全를 찾아간다. 전하는 바에 의하면 홍수전은 기독교 지식을 배우는 데 매우 열정적이었으며 잇사갈 로버츠에게 세례를 줄 것을 요청하였다. 그러나 잇사갈 로버츠는 홍수전이 말하는 종교에 관한 내용을 납득할 수 없었고 기독교에 대한 진정한 이해도 부족하다고 생각하여 요청을 거절하였다. 얼마 뒤 홍수전은 그를 떠나간다.

잇사갈 로버츠에게 있었을 때 홍수전은 비로소 중국어로 번역된『성경』과 기타 기독교 서적을 읽을 기회가 있었다. 여러 기독교 관련 인물들을 만나고 그들로부터 비교적 체계적인 설교도 들을 수 있었다. 이는 홍수전으로 하여금 "정통" 기독교 지식을 풍부하게 하였다. 그러나 이러한 이해도 배상제회拜上帝會를 돕고 세우는데 이용되었지 정통 기독교의 기준에 맞게 환골탈퇴하게 할 수는 없었다.

이때의 배상제회는 창립한 지 벌써 4년이 경과하였고 비교적 체계적인 교리를 갖추고 있었다. 홍수전이 집필한 「백정가」百正歌, 「개사귀정」改邪歸正, 「원도구세가」原道救世歌, 「원도성세훈」原道醒世訓 등의 저작물에 나타나고 있다. 배상제회는 조직의 규모에 있어서도 이미 상당한 규모였고 핵심 멤버들도 있었다. 배상제회는 독립된 종교로서 기본 틀을 다진 상태였다. 잇사갈 로버츠를 떠난 뒤 홍수전은 광서성廣西 계평현桂平 자형산紫荊山 산지로 돌아갔다. 당시의 상황은 배상제회를 혁명에 이용되는 쪽으로 급격히 돌아서게 하였고, 기독교로 돌아가는 기회를 차단하였다.

홍수전이 광서로 들어간 것은 이번이 두 번째이다. 홍수전이 광서에 처음 들어갔었던 해는 도광 24년(1844)으로 같은 고향 출신이면서 배상제회를 최초로 발전시킨 풍운산馮雲山과 함께 전도하기 위해서였다. 그러나 성과는 별로였다. 그 해 홍수전은 고향으로 돌아온다. 그러나 풍운산은 계속 광서에 남았고 자형산에서 점차 국면을 타개해나갔다. 홍수전이 두 번째 광서에 들어갈 때 배상제회 조직은 이미 창립되어 2천 여 회중이 있었다. 홍수전은 매우 기뻐하며 광서 자형산에 남아 사역을 전개하였다.

형세의 영향 속에 이때 홍수전은 사상에 커다란 변화를 일으키는 시기로 접어든다. 사회적 현실에 대한 불만과 반감은 그의 온몸에서 분출되고 급속하게 팽창하였다. 사상에 변화를 주었을 뿐만 아니라 배상제회에 대해서도 혁명적인 변화를 가하였다. 이로부터 배상제회의 정치적 색채는 더욱더 분명해졌다. 홍수전이 이 시기에 쓴 「원도각세훈」原道覺世訓 에는 황상제皇上帝, 하나님와 그의 자녀들, 요괴閻羅妖, 염라요, 중국의 여러 신선이나 귀신들과 봉건세력을 멸시하여 부르는 홍수전의 용어와

홍수전의 초상화

요괴의 수하들妖徒鬼卒을 "정"正과 "사"邪 두 대립된 진영으로 나누고 있다. 종교적 언어로 현실 사회를 반영하는 정치적 의도가 은연히 내포되어 있다. 단순히 종교적 가르침만을 전하던 그의 과거 저서들의 울타리를 넘은 것이다.

이로써 배상제회는 점차 순수한 종교단체가 아니라 정치적 군사적 조직으로 변모하였다. 금전기의金田起義, 1851년 금전촌에서 일어난 태평천국운동 이후 청 왕조와 대치하는 태평천국 정권은 이러한 특징을 유지하며 정교합일 체제를 택하였다. 종교의 정치화, 정치의 종교화로 상호 "화학적 반응"을 일으켰다. 태평천국에 들어가 답사하였던 어느 선교사는 이렇게 논평하고 있다.

> 그들의 정치 체제는 혼잡하였다. 반은 정치이고 반은 종교였다. 그 성격은 세상에 속한 정치 체제와 하늘에 속한 정치 체제를 동시에 지니고 있는 것 같았다. 바꿔 말하면 보이면서도 보이지 않는 기관 같았다.[102]

실질적으로 말한다면 양자는 동등하지 않다. 정치와 종교는 주主 · 종從 관계였고, 속은 정치 겉은 종교였다. 비록 이럴지라도 배상제회는 국가종교로서 그의 영향력은 태평천국의 사회생활 내 모든 면에 스며들었다. 이는 간과하거나 회피할 수 없는 사실이다.

홍수전은 이러한 오솔길을 따라 "태평상제"를 빚어냈다.

남쪽의 귤나무가 북쪽에선 탱자나무가 된다

배상제회가 최초의 창립에서 태평상제로 모습이 굳혀지기까지 기독교와 어느 정도 관계가 있지만 양자는 크게 달랐다.

---

102. 『北華捷報』, 1854.7.22.

배상제회는 분명하고 체계화된 경전이 없었다. 그의 교리는 여러 문헌에 드문드문 나타나고 있다. 천경天京, 오늘의 남경에 수도를 정한 다음 태평천국은 『구유조성서』舊遺詔聖書와 『신유조성서』新遺詔聖書를 정부 간행책자로 출간하였다. 두 책자는 기독교의 『구약』과 『신약』 성경인데 배상제회의 경전으로 삼은 듯하다. 그런데 홍수전은 두 책자에 "잘못된 기록이 있다"며 여러 차례 수정하고 주석을 덧붙였다. 새로 출간된 두 책자는 『흠정구유조성서』欽定舊遺詔聖書와 『흠정전유조성서』欽定前遺詔聖書, 원래의 서명인 "신"新 글자를 "전"前으로 고침로 명칭을 고쳤다. 뿐만 아니라 홍수전은 자신이 만든 『천명조지서』天命詔旨書를 "진약"眞約, 참 언약으로 삼아 앞의 두 책자와 나란히 할 것을 선포하였다. 『천명조지서』의 내용과 취지가 성경과 천양지차인 것은 말할 필요도 없다. 홍수전이 기독교 신·구약에 가한 수정과 주석만으로도 배상제회의 기독교 교리와의 중요한 차이는 구체적으로 드러나고 있다. 그 가운데 상제관上帝觀, 즉 신론은 양자의 차이를 가장 잘 나타내고 있다.

"일체"인가 "삼체"인가

"삼위일체"는 기독교의 기본교리이다. 대략적인 의미는 하나님의 본체는 하나인데 성부, 성자, 성령 세 위격位格을 포함하고 있으며, 삼자는 각자의 역할이 있으나 세 독립적인 하나님이 아니라, 한 하나님의 한 위分位[103]로 네 안에 내가, 내 안에 네가 있고, 네가 나이나 또 내가 아니고, 내가 너 아니며 또 너인 관계라는 것이다.

배상제회는 이를 이해할 수 없었고 공감할 수도 없었다. 그러므로 "삼위삼체"三位三體설을 다음과 같이 주장하였다. 여호와는 유일하신 참 하나님이시다. 그리스도는 하나님의 태지이지 하나님이 아니다. "분명히 하나님은 하나님이고, 그리스도는 그리스도이다." 성령은 동왕東王 양수청楊秀淸이다. 홍수전도 "일체"一體에 대해 언급한 바 있는데 주로 부자지간의 혈연관계로 말하므로 궁극적으로는 각각 일체였다. 그는 『흠정전

---

103. 저자는 "분위"分位란 용어를 사용하였는데 기독교에서는 사용하지 않는다. (역자주)

유조성서 · 요한상서』欽定前遺詔聖書 · 約翰上書 제5장에 이같이 주석을 덧붙이고 있다.

> 하나님上帝은 유일 지존하시고, 그리스도는 하나님의 태자이다. 아들은 아버지에 의해 태어나, 원래 일체一體요 하나合一이다. 그러나 아버지는 아버지, 아들은 아들로, 하나에서 둘이되고, 둘이지만 하나한 핏줄인 것이다. … 성령 동왕東王은 … 하나님의 사랑하는 아들로서 맏형 및 짐과 한 어머니로부터 태어나, 천지가 있기 이전에 삼위는 아버지와 아들들로 한 핏줄이다.[104]

실은 도광 27년(1847) 홍수전이 제정한 「천조서」天條書 내 찬양 가사에 이미 "하나님上帝께서 천성부天聖父이심을 찬양하네, 예수께서 구세성주救世聖主이심을 찬양하네, 성신풍聖神風께서 성령이심을 찬양하네. 삼위께서 하나되신合一 참 하나님真神을 찬양하네"라는 내용이 있다. 그러나 내막을 아는 어느 선교사가 말한 것처럼 이 "삼일송"三一頌은 "기독교에서 비롯되고, 외국 선교사가 만든 것인데, 그 뜻을 그들(홍수전 등)은 전혀 이해할 수 없었을 것이다."[105]

강등된 "태자"

기독교는 유대교처럼 여호와를 유일한 참 하나님으로 받들지만 예수를 새로운 종교를 일으킨 창시자로 여겨 예수를 중심으로 한다. 예수의 활동은 "인간적 행적"人迹에 구체적이고 실재적으로 드러났고, "삼위일체"의 교리적 해석을 통해 신성시되어 영적 하나님에 포함되었다.

배상제회에서 예수는 이러한 지위를 누리지 못하였다. 예수는 하나님의 "태자"이기에 여호와와 함께 하나님의 지존의 대우를 누리지 못하고 "차존"次尊만을 누렸다. "제"帝라 일컬어지지 못하고, "다만 '주'主로 일컬어졌다." 이곳의 "주"라는 호칭은 유일한 참 하나님 상제上帝와는 구별된

---

104. 金毓黻 외 편, 『太平天國史料』(北京: 中華書局, 1955), 85.
105. 簡又文, 『太平天國典制通考』(홍콩香港: 猛進書屋, 1958), 下冊, 1939 참조.

세속적 호칭으로 기독교에서 부르는 "주"의 의미가 아니다. 결론적으로 말한다면 배상제회에서 예수는 분명히 강등되어 기독교에서의 신성과 지위를 잃고 있었다. 독일 학자 에윈 비커트Erwin Wickert, 魏克德가 연구한 결론은 다음과 같다.

> 홍수전은 그가 예수의 동생인 것을 증명할 때에만 예수와 예수의 생애 및 그의 제자들의 행적을 기록한 『신약전서』를 사용하고 있다. … 그가 예수께서 지향한 실제 목표에 대해서 진정한 인식이 있는지, 예수의 품성에 대해서 … 어떤 이해가 있는지 우리는 알 수 없다.[106]

또한 그리스도의 구원론도 배상제회에 의해 이해되거나 수용될 수 없었다. 배상제회에 의하면 동왕 양수청이 성령의 화신이자 "병을 치유하는 주님"贖病主으로서 예수의 구속의 역할도 대체되고 사라지게 되었다. 배상제회에서 예수는 이렇게 강등된 모습이었다.

유형 혹은 무형

기독교 경전과 교리에선 하나님은 영靈이시어 사람이 보지 못하였고 볼 수 없는 분인 것을 강조하고 있다. 그러나 배상제회의 하나님은 시종 분명한 신인동형神人同形의 특징을 띠고 있다. 홍수전이 말하는 하나님의 형상은 "정유이몽"丁酉異夢에 근거하고 있다. 「태평천일」太平天日에서는 하나님의 모습을 이렇게 묘사하고 있다.

> 천부天父 상주上主 황상제皇上帝, 하나님는 머리에 높은 테두리 모자를 쓰고, 검은 용포를 입고, 입가의 금빛수염은 복부까지 길게 늘어지고, 생김새는 우람하고, 몸집은 가장 크고, 앉아 있는 모습은 매우 엄숙하고, 옷은 무척 단정하며 두 손은 무릎 위에 놓여 있었다.

---

106. 『太平天國譯叢』, 第1輯(北京: 中華書局, 1981), 283.

이 하나님은 형체가 있을 뿐만 아니라 보통 사람과 똑같이 부인과 자식들이 있었다. 또한 천상 세계에 있을 뿐만 아니라 자주 지상에 내려와 몸을 빌려 말씀을 전하였다. 이에 어떤 외국인 선교사는 "신인동형론人神同形論이 매우 현저하다. 하나님이 멀리 하늘에서 세상으로 내려온 것을 세상 사람들처럼 묘사하고 있다. 내가 보기에는 황당하다고 생각될 뿐이다."[107]고 평하였다.

겉으로 보면 배상제회도 하나님이 영적 존재임을 수용하는 것 같다. 개신교 선교사 메드허스트Walter Henry Medhurst, 麥都思가 지은 『천리요론』天理要論 중 앞의 8장을 태평천국이 간행하여 태평천국 관서의 일종으로 삼았으니 말이다. 이 책은 하나님이 영인 것에 대해서 남김없이 논술하고, "하나님은 영"인 것과 "극히 맑은 영"으로서 하나님은 숫자로 헤아릴 수 없고, 남녀로 구분할 수 없으며, 무한하고, 공간적 제약이 없으며, 영원하고, 처음과 나중이 없으며, 항상 존재하고, 무소부재하며, 무소불능인 것을 강조하고 있다.

사실 신인동형보다 추상적이고 오묘한 신학 이론을 홍수전 같은 이들이 진정한 이해를 통해 수용할 수 있는 것이 아니었다. 아울러 이러한 이론은 배상제회의 여러 교리와 충돌하여 결국은 신인동형론을 고집할 수밖에 없었을 것이다. 태평천국에서 『천리요론』天理要論을 "새로 판간"한 해(태평천국 갑인甲寅 4년, 서기 1854), 동왕 양수청은 천경을 방문한 영국 관원에게 공문誥諭, 태평천국에선 동왕의 문서를 고유라 칭함을 보낸다. 그는 하나님의 형체에 대해 여러 질문을 던졌다. 예를 들면 너희 서양인들은 하나님의 키가 얼마이고, 얼굴색은 어떻고, 배는 얼마나 나오고, 수염은 어떠하고 얼마나 긴지, 어떤 모자를 쓰는지, 어떤 두루마기를 입으시는지, 그가 시를 쓸 줄 아는지, 시를 얼마나 빨리 쓰시는지, 그분의 성격과 도량을 아느냐? 등등이었다.[108]

---

107. 洪仁玕 述, 韓山文 著, 簡又文 譯, 『太平天國起義記』, 앞의 책, 第6冊, 916.
108. 太平天國歷史博物館 編, 『太平天國文書匯編』(北京: 中華書局, 1979), 303-304.

민간 종교의식과의 혼합

또한 성례전에 있어서도 배상제회는 기독교와 크게 달랐다.

물론 기독교의 각 교파들도 성례 예식에 차이가 있다. 천주교와 동정교에서는 7성사를 행한다. 그러나 개신교에서는 세례와 성찬식만 행한다. 그래도 각 교파는 공통된 교의敎義와 공동으로 지키는 성례전이 있다.

그러나 배상제회는 달랐다. 성찬식 없이 오직 세례만 있었다. 세례 또한 기독교에서 행하는 것과는 사뭇 달랐다. 『태평천국기의기』太平天國起義記에서 소개하는 바에 의하면 세례식을 집행할 때는 신단 위에 두 등불을 밝히고, 맑은 차 세 잔을 논 다음, 이름이 쓰여 있는 참회서를 갖추어 세례를 받는 자가 읽은 뒤 불로 태우므로 하나님에게 상달되었다고 여겼다. 이렇게 등을 밝히고, 차를 올리고, 서식을 태우는 의식은 기독교 세례에서는 볼 수 없는 것이다. 오히려 중국에서 내려오는 제사방식을 이식한 것이었다.

이밖에도 출생 및 생후 한 달이 되는 날이나 결혼과 장례를 포함하여 평상시 부뚜막을 만들고, 집을 짓고, 돌을 쌓거나, 땅을 파는 일 등에 이르기까지 어김없이 짐승을 잡고 차와 음식 등 먹거리로 하나님에게 제

배상제회의 예배당

를 올렸다. 아울러 올린 제마다 특정한 기도의 "상주문"奏章을 사용하였다. 이 모든 것은 배상제회가 중국의 민간종교의 풍습을 모방한 것으로 기독교의 성례전에서는 볼 수 없는 의식이다.

배상제회의 "신 내림"降神, 천부와 천형의 강림은 더더욱 당시 광서 지역의 민간에서 성행한 "강동술"降僮術, 기도나 주문으로 동자僮子에게 신을 내리게 하는 술법을 그대로 본뜬 것이 분명하다. 이밖에도 평소 죽은 교도들의 영혼을 이른바 "저 세상으로 떠나보내는"超升 의식 등은 모두 중국의 민간종교에서 행하는 것이지 전혀 기독교적이지 않다.

결론적으로 말한다면 성경 및 교리에서 성례전에 이르기까지 배상제회는 기독교와 현저한 차이가 있었다. 특히 성경과 교리면의 차이는 더 핵심적이다. 그러므로 두 종교가 관련이 있고 일부 상통하는 것도 있다지만 이로 인해 배상제회를 기독교의 직계 후손으로 여겨서는 안 된다. 사실 배상제회는 자신만의 특징을 지닌 별개의 종교이다. 마치 남쪽 귤나무가 북쪽에선 탱자나무가 되듯이 "잎만 비슷하지 맛은 완전히 달랐다."

서양 하나님洋上帝과 토종 하나님土上帝

"잎만 비슷하지 맛이 다른" 원인은 "환경"이 달랐기 때문이다.

홍수전이 서양의 하나님을 받아들인 한 원인은 그가 공부하였던 중국 고전에 유대교의 하나님과 겉으로 비슷해 보이는 "토종 하나님"이 있었고, 둘은 서로 상통하는 바가 있었기 때문이다.

중국 상고시대의 하나님 "상제"上帝는 보통 "천"天 혹은 "호천"昊天과 동의어로 사용되었다. 『설문해자』說文解字, 중국에서 가장 오래된 자전字典에는 "천天은 정상頂이다"라고 해석하고 있는데 더없이 높다란 뜻이다. 이 더없이 높은 권위는 곧 초자연적 하나님을 가리킨다. 그는 의지적이고, 좋고 싫음이 있고, 명령을 내리고, 모든 자연과 인간사를 주관하며, 모든 것을 감찰하고, 조금도 어긋남이 없이 상과 벌을 내렸다. 중국 고전에는 이에 관한 여러 사례들이 기록되어 있다. 높으시며 모든 것을 주재하는 하나님을 인정하는 것에 있어서는 양계초가 말한 바와 같다. "고대의 천天은 의지가 있는 인격신이다", "히브리 구약전서에서 언급한 것과 매우 같다."[109]

그러므로 과거 마테오 리치도 "천天을 통해 논할 수 있었던 것이다". 지금의 홍수전 또한 『권세양언』에서 처음 알게 된 "신천상제"神天上帝, 로버트 모리슨 선교사가 번역한 중국어성경에서 하나님을 신천상제라 부름가 신선하면서도 낯설지 않은 느낌을 가졌던 것이다. 마치 과거에 아는 듯한 느낌이었다. 홍수전이 그 하나님을 알고 믿었던 것은 이런 논리일 것이다. 이 "신천상제"는 서양에서 선박을 타고 중국에 온 것이 아니라 만천하가 처음부터 공유하는 존재였다. 중국은 반고盤古의 천지개벽부터 하 · 상 · 주夏 · 商 · 周 삼대에 이르기까지 서양의 여러 나라처럼 하나님을 경배하는 큰 길을 걸었던 것이다. 다만 서양 사람들은 이 길을 끝까지 걸었고 중국은 진 · 한秦 · 漢 이후 "엉뚱하게 귀신을 섬기는 길로 빠진" 것이다. 이제 하나님을 믿자고 함은 예전의 옳은 길로 돌아가자는 것에 불과하다.[110]

홍수전은 중국의 여러 서적에서 "황상제"皇上帝, 하나님란 용어가 있는 내용들을 인용하여 삼대 이전의 중국인들도 황상제를 경배한 사실들을 입증하며 "황상제를 믿는 것은 오랑캐를 쫒는 것"이라는 "망언"에 반박하였다. 그의 마음속에도 드넓은 중국, 당당한 염황炎黃(炎帝와 黃帝), 중국인의 시조, 이곳에선 중국인을 의미의 기개가 있어 "오랑캐를 따르는 것"을 부끄러워하고 싫어하였던 것이다.

사실 중국의 토종 하나님土上帝과 서양 하나님洋上帝 사이에는 본질적인 차이가 있다.

첫째, 서양 하나님은 유일신이다. 토종 하나님은 지극히 높지만 유일하지 않았다. 중국의 고대로부터의 전통은 여러 신을 가리지 않고 다 섬기는 것이었다. 예를 들면 천신天神 가운데, 가장 높은 호천상제昊天上帝 아래엔 동방창제東方蒼帝, 남방적제南方赤帝, 중앙황제中央黃帝, 서방백제西方白帝, 북방흑제北方黑帝 오제五帝가 있었다. 『예기』禮記에도 호천昊天과 오제를 제사하는 분명한 규정이 있다. 오제 외에도 천신에는 사중司中, 사명司命, 풍

---

109. 梁啓超, 『先秦政治思想史』, 『飮氷室全集』, 專集 50, 20.
110. 洪秀全의 이런 관점은 「原道救世歌」, 「原道覺世訓」, 「天條書」 등에 전형적으로 나타나고 있다.

사風師, 우사雨師, 뇌신雷神, 운신雲神 및 일월성신日月星辰 등 저마다 다스리는 특정 영역이 있는 많은 신들이 존재했다. 천신만 하더라도 이렇게 대가족을 이루고 있는데 "지신"地神, "인신"人神 등의 여러 신들에겐 더 말할 필요도 없을 것이다.

둘째, 서양 하나님은 신학적으로 완비되는 발전 과정을 거쳤다. 하지만 토종 하나님은 자연적 윤리적 변천과정을 거쳤다. 기독교는 유대교의 신인동형神人同形의 흔적이 비교적 분명한 하나님을 삼위일체의 하나님으로 발전시켰다. 이는 중대한 신학적 창조이다. 삼위일체론은 서기 4세기에 이르러 기독교의 정통 교리로 확고하게 자리 잡았다. 이를 어기는 자는 이단으로 판단되었다. 서양 하나님은 그의 존재에 관해서는 이성으로 이해하는 것이 아니라 오직 믿음으로 받아들여야 하며, 이는 온전히 신비한 계시에 속해 있다는 경지로 규정되었다.

토종 하나님은 달랐다. 신비한 색채는 희미해져 갔다. 사실상 춘추·전국의 제자백가諸子百家 시대에 이르렀을 때 사람들의 "천"에 대한 인식은 예전과 많이 달랐다. 그 후 갈수록 두 갈래로 분화되었다. 하나는 고개를 들면 볼 수 있는 자연적 실체로 천을 인정하는 것이었다. 또 하나는 인간의 윤리 법칙의 신성함으로 천을 동화同化시키는 것이었다. 어느 것이 되었든지 예전의 하나님 "상제"上帝와 뜻이 같은 "천"에게 있어서는 질적인 변천이었다.

알고 보니 하나님은 어버이네요

태평상제太平上帝는 토종 하나님土上帝과 서양 하나님洋上帝 중 누구를 어떻게 취사선택하였을까?

형식과 배상제회를 창립한 자들의 주관적 의도로 본다면 태평상제는 유일한 참 하나님이다. 배상제회는 일신론 종교인 것이다. 그러나 삼위일체와 같은 논리적 신학이론으로 설명하고 옹호하지 못하므로 배상제회의 일신론에는 허점과 하자가 있었다. 배상제회에서 "하나님의 태자" 예수는 보통 사람이 아니므로 사람들은 그의 형체를 볼 수 없고, 그가 세상에 임재할 때는 다른 사람의 몸을 빌려 말하고, 할 일이 끝나면 바로 승천하였다. 분명 "한 분"一位의 하나님 아니신가? 다만 그가 명분에 있어서만 하나님으로 인정받지 못한 것뿐이다. 그러므로 일신론과 다신론을 하나의 영적 존재를 믿는지 여러 영적 존재를 믿는지로 구분한다면 배상제회는 사실상 다신론 종교이다. 어느 논자가 지적한 바와 같이 태평천국의 일신론은 사실은 "일제론"一帝論인 것이다.[111]

태평상제太平上帝는 윤리화된 특징 또한 또렷하다. 즉 "가정 모드로" 완전히 전환되었다. 배상제회의 이론에 의하면 하나님은 인간 세상 "모두의 아버지"大共之父이고 세상 사람 모두는 그의 자녀이다. 인간 세상의 윤리관계로 미루어보면 결국은 한마디로 "알고 보니 하나님은 어버이인"上帝原來是老親[112] 것이다. 이 "어버이"老親는 모두의 어버이이지만 자신만의 가정도 있었다. 부인이 있고, 자식과 사위도 있었다. 예수는 맏형이고 홍수전은 둘째 아들이며 풍운산馮雲山과 양수청楊秀淸과 석달개石達開 또한 그의 자식들이었으며 소조귀蕭朝貴는 사위였다. 예수도 부인이 있었으니 홍수전 등의 "하늘의 형수"天嫂였다. 그러나 예수 부부는 하나님을 위해 자녀를 낳지 못했다. "세 가지 불효가 있는데 그 중 후사를 두지 못한 것이 가장 크다"는 성인들의 가르침은 "하늘의 형님"天兄에게도 예외일 수 없었다. 결국 홍수전은 자기의 아들을 양자로 보내 예수의 후사가 되어 두 집안의 대를 잇게 하였다.

기독교인들에게 이러한 것들은 정말 황당한 내용이 아닐 수 없다. 그러나 태평천국의 지도자들은 정색을 하고 상대방에게 이제 알겠냐고 묻는다. 태평상제의 소小 가족에서 대大 가족까지의 모습은 세속적 가부장제의 소小 가족에서 군주국가에 이르는 모습의 반영이 아니고 무엇이겠는가? 이는 중국의 유교적 윤리문화가 배상제회에 깊숙이 스며든 전형적인 사례가 아닐 수 없다.

태평상제의 유교의 윤리적 성품을 확인하는 또 다른 사례도 있다. 『구유조성서 · 창세전』舊遺詔聖書 · 創世傳 제38장에 이러한 이야기가 기록되

---

111. 王慶成, 『太平天國的歷史和思想』(北京: 中華書局, 1985), 307.
112. 「太平詔書」, 『太平天國印書』(南京: 江蘇人民出版社, 1979), 上冊, 16.

어 있다. 유다에게 세 아들이 있었다. 큰 아들은 엘, 둘째 아들은 오난, 셋째는 셀라였다. 유다는 큰 아들 엘을 위해 다말을 아내로 데려왔다. 얼마 후 엘이 죽자 유다는 관습에 따라 오난으로 하여금 형수를 아내로 맞이하게 하였다. 그러나 얼마 뒤 오난도 죽었다. 이때 셀라는 아직 나이가 어렸기에 유다는 며느리에게 친정집으로 돌아가 수절하게 하였다. 그 후 셀라가 장성하였지만 유다는 다말을 셀라의 아내로 맞이하게 하지 않았다. 그러자 다말은 창녀로 가장하고 그곳을 지나던 시아버지 유다를 속여 동침하고 임신하게 된다. 시아버지는 자신이 한 일을 솔직히 인정하고, 자신이 그녀를 아들 셀라의 아내로 맞이하지 않았으므로 며느리가 자신보다 더 의롭다고 말하였다. 그 뒤 며느리는 쌍둥이를 낳았다.

　이런 일은 중국의 인륜도덕적 잣대로 보면 패륜으로 입에 담을 수 없는 수치스런 내용이다. 그러므로 홍수전은 『흠정구유조성서』欽定舊遺詔聖書에서 이 내용을 대대적으로 뜯어고쳤다. "형수를 아내로 맞이하다"를 "아내를 맞이하다"로 고치고, 며느리가 창녀로 가장하여 시아버지를 속인 것을 며느리가 시아버지를 만나 시동생으로 하여금 아내를 맞아들여 아들을 낳아 형의 후사를 잇게 해 달라고 간청하고, 며느리도 시집에서 두 노친네를 봉양하는 것으로 수정하였다. 며느리가 쌍둥이를 낳은 것은 셀라가 아내를 맞이하여 낳은 것으로 고쳤다. 서양 하나님이 계시하여 『성경』에 기록한 내용을 홍수전은 태평상제로 하여금 인정치 못하게 하였다. 태평상제가 인정한 것은 오직 중국의 윤리에 부합된 내용이었다. 중국 성현들의 윤리관이 태평상제에게도 골수까지 스며들어 있음을 알 수 있다.

양날의 검

　홍수전은 하나님을 믿고 의지하기로 결심을 한 그 날부터 공자의 위패를 없애버렸다. 이런 용기와 배짱은 정말 세상이 놀랄 일이었다. 태평천국이 세워진 뒤 유교를 한꺼번에 제거하려는 살벌한 때도 있었다. 학궁學宮.학교을 파괴하고, 공묘孔廟를 부수고, 공·맹의 "요사스러운 책"을 소지하지 못하게 금했다. "감추어둔 책자를 찾아내어 지게에 지고, 뒷간 옆을 지날 때 한 줌씩 던져주고, 그래도 남으면 불로 태우고, 그래도 남으면 물을 뿌린다. 읽는 자 죽이고, 거두는 자 죽이고, 사고판 자 함께 죽인다"[113]고 하였다.

그러나 언제부터인가 연이은 포고문을 통해 "『논어』, 『맹자』는 요사스러운 책이 아니라" 조금만 고치면 된다고 공포하였다. 태평천국은 "산서아"删書衙, 책 내용을 삭제하는 관청를 두었다. 그런데 『논어』에 대해선 공자를 높인 말 "부자"夫子를 "공 아무개"孔某로 고치고, 고전에 나오는 하나님 "상제"上帝 앞엔 "황"皇자를 더하는 정도였다. 실제로 수정한 것은 솜털 정도였고 오장육부는 손도 안댔던 것이다.

공자에게 채소밭을 가꾸도록 벌함

"공 아무개"孔某에 대한 태평상제의 태도와 정책은 홍수전의 정유이몽丁酉異夢에 절묘하게 드러난다. 어쩌면 의도적으로 "이몽"에 덧붙인 가장 재미있는 장면일 것이다.

이 날, 홍수전은 하늘 궁정天庭에 소환되었다. 하나님은 그의 면전에서 "요마妖魔가 말썽을 일으킨 이유를 규명하면서 공자의 책이 얼마나 많이 잘못된 지를 추궁하였다." 심지어 홍수전마저도 공자의 책을 읽고 잘못 가르쳐졌다고 말하였다. 이에 하나님은 공자를 심히 꾸짖었다. 공자는 처음엔 강변하였지만 결국엔 깊이 생각하며 말이 없었다. 예수와 홍수전도 그를 나무랐다. 공자는 하늘의 모든 사람이 자기에게 잘못을 묻자 도망을 쳤다. 하나님은 홍수전과 천사를 보내어 쫓아가서 공자를 묶어오도록 하였다. 하나님은 매우 화가 나서 천사에게 공자를 매질할 것을 명하였다. 공자는 무릎을 꿇고 거듭 용서를 빌며 사정하였다. 그러자 하나님은 "그가 세운 공을 참작하여 잘못을 용서하고, 하늘에 미물되 인간세상으로 영원히 내려가지 못하게 하였다."[114]

---

113. 馬壽齡, 『金陵癸甲新樂府』, 『中國近代史資料叢刊·太平天國』, 第4冊, 735.
114. 「太平天日」, 『太平天國印書』, 上冊, 38-39.

--- 성내며 질책하고, 엄히 처벌하고, 마음껏 조롱하였지만 끝내는 적당히 용서하면서 마무리 지었다.

이는 지성선사至聖先師로 불리는 공자로서는 겪어보지 못한 충격이고 조롱이었다. 그의 명예와 존엄에 큰 손상을 입었다. 하늘 궁정에서 공자를 혼낸 이야기는 태평천국에서 널리 전해졌고 심지어는 가공되고 윤색되어 항간의 웃음거리가 된 흔적들이 있다. 예를 들면 하나님 아버지가 공자에게 채소밭을 가꾸도록 벌하였다는 것이다. 공자는 세상에서 육체노동을 일관되게 경시하였는데 이제 그는 강제로 "노동 개조"에 처하여 일개 "채소를 가꾸는 농부"가 되어 버린 것이다.

그러나 이 "채소를 가꾸는 농부"는 결코 순순히 채소밭에서 일하지 않았다. 여전히 그의 "사람들을 잘못 가르친" 책을 밑천으로 먹고 살았다. 그의 책은 정말 대단했다. 사실 처음부터 태평상제를 제어하며 홍수전을 이끌어 나갔다.

공자의 그물망

홍수전이 제정하고 시행한 태평천국의 관서 가운데 어떤 제목들은 윤리도덕과 삼강오상, 공·맹의 가르침을 전하는 것을 핵심 내용으로 하고 있다. 이것들은 『유조성서』遺詔聖書類보다 실질적 효과가 더 컸다. 예를 들면 『유학시』幼學詩에 오언시五言詩 34수가 수록되어 있는데 그 제목을 보면 다음과 같다. 경상제敬上帝, 경예수敬耶穌, 경육친敬肉親, 조정朝廷, 군도君道, 신도臣道, 가도家道, 부도父道, 모도母道, 자도子道, 식도媳道, 형도兄道, 제도弟道, 자도姊道, 매도妹道, 부도夫道, 처도妻道, 수도嫂道, 심도嬸道, 남도男道, 여도女道, 친척親戚, 심잠心箴, 이잠耳箴, 구잠口箴, 수잠手箴, 족잠足箴, 천당天堂이다. 모두 종교와 인륜의 도리를 설명하고 있고, 인륜에 관한 것이 종교를 압도한 채 중요한 고지에 자리 잡고 있다. 이 여러 "도"道와 여러 "잠"箴은 대부분 유가의 인륜과 도덕적 원칙에 근거하여 사람들이 각자의 사회적 지위나 특정 신분에 따라 행동하여야 하는 규범들이다. 예를 들어 "부도"夫道, 남편이 지켜야 할 도리와 "처도"妻道, 아내의 도리를 보면 다음과 같다.

"부도":
부도의 본은 강인함에 있다. 아내 사랑에는 방도가 있어야 한다.
하동河東 땅에 사자가 울부짖어도아내가 사나워도 놀라 당황하지 말라.

"처도":
처도는 삼종三從, 여인이 지켜야 할 세 가지 도리에 있으니 남편을 거스르지 말라.
암탉이 새벽을 알리면 집안에 어려움을 자초하느니라.

    종교류 제목에 속한 태평천국의 관서와 각종 공문서에도 그 행간에는 여지없이 공·맹의 가르침이 스며있다. 예를 들면 「원도구세가」原道救世歌의 서두 첫 마디가 바로 "도道, 가르침의 근원은 천天으로부터 왔네"로, 유교의 말 한마디로 도입부를 장식하고 있다. 내용 중 "안회顔回는 배움을 즐거워하며 같은 잘못을 두 번 범하지 않았네. 예禮가 아니면 보지도 듣지도 말하지도 행하지도 말라는 가르침은 사람들의 의식을 진작시키네", "존귀하게는 천자가 되어 세상의 부를 누리고, 효성은 하늘을 감동시키니 어찌 가볍게 볼 것인가", "지극한 효도는 부모를 평생 길이 사모하네", "부모에게 효도하는 것이 천제天帝, 하나님에게 효도하는 것이네", "공자와 안회는 소박한 식사에도 즐거워하며 자신의 운명을 알고 가난에 거하되 뜻을 굽히지 않았네" 등은 다 유교적 도리 혹은 일화로 개과천선의 교의를 해석한 것이다. 또한 공자와 성현들의 숭고한 지위를 명확히 인정하여 그들로 하여금 하나님과 자리를 함께 하도록 하고 있다. 이른바 "주 문왕周文王과 공자가 자신을 올바르게 하여 그들의 영혼이 오르거나 내리거나 늘 하나님帝 좌우에 머무네"이다.
    사실 이러한 이들의 영혼이 어찌 "하나님 좌우에 머무네" 정도였겠는가? 처음부터 그의 몸속에 자리하였던 것이다. 홍수전은 "황상제"皇上帝의 뜻을 받아 명하길:

임금이 임금 아니고, 신하가 신하 아니고, 아비가 아비 아니고, 자식이 자식 아니고, 남편이 남편 아니고, 아내가 아내 아니어서야 되겠는가. 반드시 임금은 임금, 신하는 신하, 아비는 아비, 자식은 자식, 남편은 남편, 아내는 아내이어야 한다.[115]

그야말로 간단명료한 결론이 아닐 수 없다. 태평상제의 권세가 어떠했든 결국엔 공자가 짜놓은 인륜이란 그물망을 벗어나지 못하였다. 물론 실체는 태평상제를 만들어 낸 홍수전 자신부터 마법의 울타리를 벗어나지 못하였던 것이다.

융합의 묘한 효용

태평상제의 탄생에 서양 하나님洋上帝의 일부 소재가 사용되었지만 주된 소재는 중국 본토의 전통문화에서 취할 수밖에 없었다. 양자가 혼합되어 하나의 온전한 유기체를 이룬 것이다. 태평상제는 중서 융합이되 중국을 근본으로 하였다. 비록 중서 성분의 다소와 주객 여부에 차이가 있지만 양자는 상부상조하여 어느 한쪽도 없어서는 안 되었다.

태평천국에게 있어서 이 융합은 묘한 효용이 있었다. 기독교 교리 자체에는 명확한 사회적 내용이 없었다. 그럴수록 중국 전통문화의 풍부한 소재는 선택의 여지가 많았다. 홍수전 등은 필요에 따라 의식적으로 양쪽에서 소재를 선택하고 결합시키고 개조하여 이용하였다. 예를 들면 기독교의 유일신 교리와 중국의 삼대三代, 하 상 주 시대의 "상제"上帝를 억지로 묶어, 이를 삼대 이후 진秦 왕조에서 청淸 왕조에 이르는 역대 봉건군주지배의 합법성을 부정하는데 이용하였다. 즉 역대 황제들은 천명을 받든奉天承運 천자가 아닐 뿐만 아니라 주제넘게 스스로 황제라 행세한 심히 오만한 죄인이었다는 것이다. 동시에 이를 자신이 진정한 하나님의 아들 "천자"天子로서 임금 되는 신성한 근거로 이용하였다. 이 밖에 초기기독교의 평등사상과 유가사상 중 "천하위공"天下爲公, 천하는 만인의 것의 대동설

---

115. 「王長次兄親目親耳共證福音書」, 『太平天國印書』, 下册, 714.

大同說을 결부시켜 태평천국에서 말하는 "누구든지 사사로이 취하지 않고, 모든 것은 다 하나님께 속한 것"이라는 독특한 평균사상을 형성하였다. 이런 류의 모든 것은 빠짐없이 태평상제의 뜻으로 신격화되었다.

태평상제에 대한 신앙에서 비롯된 천조天朝 군민들의 힘, 즉 종교적 열정에서 솟는 고무적인 힘, 종교적 일체감에서 나온 응집력, 종교적 도덕에서 우러난 구속력, 종교적 신비의 경외케 하는 힘, 종교적 분위기를 통한 감염력은 혁명대오를 보존하고, 전투적 정서를 조장하며, 비전과 신념을 유지하는 데 확실히 효과가 있었다.

홍수전 등은 "천상의 천국"을 현실적 고난에서 벗어나길 갈망하는 군중들에게 호소력이 강한 "지상의 천국"으로 구현시켰다. 또한 지상의 천국으로 하여금 천상의 천국의 어렴풋한 환영이 겹치도록 하여 신비로운 영적 광채에 휩싸이게 하였다. 이는 태평천국의 독특한 모습이었고, 중서 융합에 의해서 존재하게 된 태평상제를 교묘하게 이용한 결과이다. 교묘한 발상이 아닐 수 없다. 그러나 태평천국에게 있어 태평상제는 이해利害를 겸비한 양날의 검과 같았다. 우리는 그의 칼날의 다른 쪽 면을 살펴볼 필요가 있다.

쇠방망이가 대나무 막대기가 되다

태평상제의 거룩한 지팡이와 배상제회의 호신부가 홍수전 등에게 혁명을 일으키고 이끄는 데 이용되었지만 홍수전 등이 의식적으로 정치적 도구로 사용한 것은 아니었다. 과거 그들은 배상제회의 신실한 신자였다. 특히 홍수전 본인은 최후까지도 "하늘과 땅을 논하는" 종교적 심취에서 깨어나지 못했다. 태평천국의 도성에 식량이 떨어지고 병사가 부족한 절체절명의 순간에도 그는 도성 사람들에게 "감로"甘露, 달콤한 이슬. 성경의 "만나"를 생각한 듯. 역자 주를 먹을 것을 명하고, "짐의 천상 군대는 물보다 더 많다"는 황당한 말을 하였다. 종교적 마취로 인한 피해로부터 홍수전과 배상제회의 많은 신자들은 자유로울 수 없었다.

태평천국의 적들에게 태평상제는 홍수전 등을 지켜주는 효과적인 방패가 전혀 되지 못했다. 오히려 그들의 공격을 돕는 조수助手 역할을 하였다.

태평상제와 서양 하나님의 "혈연관계"를 통해 "서양 형제"들은 태평천국을 편하게 출입할 수 있었다. 대략적인 통계에 의하면 태평천국을 "방문"한 선교사 수만 20명 이상이었다고 한다(태평천국 지배 지역 내에서 선교하는 외국인은 포함되지 않았다). 순수한 "종교적 목적"만으로 오간 사람의 수는 더 드물 것이다. 태평천국의 지도자들은 이들의 본심을 파악할 수 없었다. "서양 형제"들의 의식은 오히려 깨어있었다. 태평상제와 그가 근거한 "천국"의 참 모습을 어렵지 않게 파악한 선교사들은 적잖게 실망하였다. 비교적 점잖은 인사의 입에서도 "진리가 기의 起義를 일으킨 자들의 마음에서 사라졌으니 그 권세도 곧 사라질 것이다. 쇠방망이가 대나무 막대기로 변할 것"[116]이라는 저주성 발언이 튀어나왔다. 그런데 "서양 저주"보다 더 무서운 것은 서양 총포와 서양 용병들이었다.

상군의 지도자이며 만청晩淸시기의 중신
증국번의 초상화(淸 內府 原藏)

"청 요괴"淸妖, 청 정부 쪽을 보면 "요괴의 우두머리"들은 서양 사람들 앞에서는 몸을 바로 세우지 못하는 골연화증 환자 같았다. 그렇다고 "서양적 분위기"洋氣를 내는 태평상제에게도 뒷걸음질 치지는 않았다. 그들은 오히려 더 큰 적개심을 품었다. 또한 그들은 적개심을 교활하고 음흉하게 조장하여 태평천국에 맞서는 세력을 일깨우고 응집시키는 유용한 도구로 삼았다. 상군湘軍의 지도자 증국번曾國藩의 『토월비격』討粤匪檄은 바로 공들여 빚어낸 대표적인 유용한 도구였다. 다음 내용을 읽어 보면 그 요체를 엿볼 수 있다.

---

116. 제임스 레게의 이야기, 顧長聲, 『從馬禮遜到司徒雷登--來華新敎傳敎士評傳』, 132에서 재인용.

당唐 요堯, 우虞 순舜, 삼대三代, 하상주 이래 역대 성인들은 명교名教를 지지하고 인륜을 바로 하여 군신, 부자, 상하, 존비를 마치 관모와 신을 거꾸로 쓰고 신을 수 없듯이 질서정연하게 하였다. 그러나 광동의 비적粵匪, 태평천국을 가리킴들은 서양 오랑캐의 것을 베껴 천주天主 종교를 숭상하였다. … 중국의 수천 년 예의禮義, 인륜人倫, 시서詩書, 전칙典則을 하루아침에 모두 사라지게 하려고 하였다. 이는 어찌 우리 청淸만의 변고이겠는가? 이는 천지가 개벽한 이래 명교의 예상치 못한 변고이며, 우리의 공자 맹자께서 구천에서 통곡하는 바이다. 무릇 공부하고 글은 아는 이들이여 어찌 수수방관만 할 수 있겠는가? 무엇을 할 지 고민해야 하지 않는가?[117]

이 글이 선동하는 힘은 가히 헤아릴 수 없을 정도로 컸다. 많은 "학식 있고 예절 바른" 문약文弱한 지식인들이 책상을 내려치며 일어나 비적들을 척결하는 군사가 되어 전쟁터로 나갔다. 그들이 수호하려는 것은 청 왕조만이 아니라 "천지가 개벽한 이래의 명교"였다. 그들의 마음속에 이는 진리와 같아 절대 훼손될 수 없는 것이었다.

증국번의 이같은 과장된 묘사는 또 다른 효력을 유발시켰다. 즉 눈앞의 동란태평천국을 통해 "서양 종교"를 관찰하는 지식인들에게 매우 자극적인 만화같은 장면을 제시한 것이다. 그 결과 이후 오랜 세월 동안 그들은 서양 종교를 생각만 하면 태평천국의 "가공할" 이미지가 연상되었다. "자라보고 놀란 가슴 솥뚜껑 보고도 놀란다"는 신경과민은 청말 반양교 운동을 격화시킨 요인 중 하나가 되었다.

어찌 되었든지 태평천국이 "쇠방망이"에서 "대나무 막대기"로 쇠약해지고 무너지는 데는 태평상제에게도 일말의 책임이 있다.

117.『曾國藩全集·詩文』(長沙: 嶽麓書社, 1986), 232.

제9장 망해루의 불길

평소 온화한 중국인들이 갑자기 죽음을 두려워하지 않고 하나님의 사자들과 결사 항전을 벌였다. 귀양성貴陽城에 피가 낭자하고, 망해루望海樓가 불길에 휩싸였다. 한 건 한 건의 경악할 만한 교안敎案의 배후에는 과연 무엇이 숨겨져 있었을까?

삼대三大 교안敎案

아편전쟁 이후에 발생한 청말 교안은 다음 세 시기로 나눌 수 있다. 첫째 시기: 「북경조약」 체결 이전까지의 "서서히 격화되는 시기". 둘째 시기: 「북경조약」 체결에서 의화단운동義和團運動이 끝나기까지의 "폭발적으로 작열하는 시기". 셋째 시기: 의화단운동 이후의 "점차 수그러지는 시기". 세 시기는 각각 1860년대 이전, 1860-1890년대, 그리고 20세기 이후에 해당된다.

교안 발생의 고조기를 향해

「북경조약」 체결(1860) 이전, 외국의 교회 세력은 아직 중국 내지에서의 자유로운 선교가 가능한 "합법적" 호신부를 정식으로 취득하지 못한 상태였다. 그러나 이미 백여 명에 이르는 선교사들이 내지에서 활동하고 있었다. 이들의 불법적 행동에 대해 중국에선 민·관 모두가 제재하고자 노력하였다. 때문에 1840년에서 1860년에 이르는 20년 간 수십 건의 크고 작은 교안이 발생하였다. 일부 사태는 심각할 정도였다. 도광 28년 (1848)에 발생한 청포교안青浦教案이 그러하다. 그러나 전반적으로 볼 때 이 시기의 외국 교회 세력의 활동은 일정 정도 제한을 받고 있었으므로 교안의 빈도와 강렬함은 비교적 낮은 편이었다.

그러나 「북경조약」 체결 이후, 중국 각 지방에서의 자유로운 "선교" 특권을 등에 업은 교회 측의 기세는 대단했다. 마치 엄청난 홍수가 몰려오듯 삽시간에 중국 사회를 휘젓는 정치 세력으로 신속하게 자리잡았다. 이러한 변화에 대해 중국의 민중들은 마음의 준비가 되어 있지 않았다. 실은 관청도 쌍방의 충돌이 심각하게 격화되는 것을 원치 않았다. 의화단운동 시기까지의 40년간의 교안의 특징은 다음과 같다.

첫째, 발생 횟수가 많았다. 고위급 외교 경로를 통해 처리된 큰 사안만 하여도 몇백 건에 이르고, 지방에서 해결한 안건은 훨씬 더 많았다.

둘째, 규모가 크고 사태도 심각하였다. 초대형 안건이 많고, 관련된 인원의 범위도 컸다. 어떤 사안은 여러 나라와 관계되었다. 중국 쪽에서도 자주 수천수만의 대규모 군중들이 참여하였다. 사태도 사활을 걸 정도로 격화되고 인명의 희생도 뒤따랐다. 상황이 복잡하고 교섭도 쉽지 않았다. 사안의 발생에서 종결까지 짧게는 수개월에서 길게는 몇 년이 걸렸다. 또한 보통은 단독적이고 우발적 사안이 아니었다. 여러 사안들이 뒤엉켜 어느 한 곳에서 사안이 발화하면 여러 곳에 연쇄적 반응을 일으키며 줄 잇는 사태로 발전하였다.

셋째, 유발 요인이 복잡하고, 유형도 다양하였다. 이는 교회 측이 다양한 수단과 방법으로 침략하였고, 중국 쪽도 이에 상응한 수단과 방법으로 대항하였기 때문이다.

의화단운동 이후의 십여 년간은 교안이 상대적으로 진정되는 추세였다. 교안의 양적인 면에서 볼 때 비록 적은 양이 아니었지만 크고 중요한 사안이 두드러지게 감소하였다. 이 시기의 교안은 대개 지방에서 우발적으로 일어난 사안들이었다.

의화단사건 후 재단장한 북경 서십고西什庫성당의 외관

그 원인을 살펴보면 다음과 같다. 열강은 의화단운동을 무력으로 진압한 뒤 청 정부에게 「신축조약」辛丑條約의 체결을 강요하고, 외세에 저항하는 중국인들의 손발을 최대한 묶어버려 중국 측의 항쟁을 어느 정도 무력화하였기 때문이다. 다른 한편으로는 중국 각계각층의 외국 교회 세력에 대한 지속적이고 강력한 저항으로 중국에서의 "복음사역"이 적잖은 난관을 겪고, 특히 의화단운동의 "서양 섬멸"滅洋이란 위세를 경험하면서 교회 측이 충돌 완화로 교회발전에 도움이 되는 전략과 조치를 모색하였기 때문이다.

재단장한 북경 서십고성당의 내부

이러한 상황 속에 양측의 긴장 관계는 상대적으로 완화되었다. 교회 측은 이로 인해 세력을 확장시키는 유리한 기회를 가졌다. 중국에 있는 선교사 및 교인 수의 증가라는 양적 측면에서 볼 때 청대의 마지막 10년은 교인 수가 급증하고 청말 기간 중 발전이 가장 빠른 시기였다.

자색 비단 가마의 풍파

함풍咸豐 11년 2월 25일(1861년 4월 4일) 귀양성貴陽城 내 순무아문巡撫衙門, 지방장관 순무의 관청으로 통하는 길에 백여 명으로 구성된 의장대가 자색 비단 가마를 빼곡히 둘러싸고 있었다. 가마 안에는 머리에 사각모를 쓰고 어깨에 자색 띠를 걸친 사람이 타고 있었다. 이러한 복장과 가마와 의전은 당시 성省급의 군정軍政 요원만이 누릴 수 있는 수준이었다. 그런데 가마를 탄 사람은 예상 밖으로 루이스 파우리에Louis Faurie, 胡縛理라는 프랑스 국적의 천주교 성직자로 당시 귀주성 주교였다. 그의 이러한 행동은 나름의 이유있는 치밀하게 계획되고 준비된 행동이었다.

며칠 전, 루이스 파우리에는 청淸 총리아문總理衙門, 외교부에 해당되는 관청에서 발급한 "선교사 여권"傳教士護照을 주중 프랑스 공사관으로부터 받았다. 이 여권과 부속 서류에는 「북경조약」에 포함된 선교 특권에 관한 규정이 쓰여 있었다. 루이스 파우리에와 그의 동료들은 몹시 기뻐하며 여권을 소지하고 정한 날 성省의 군정 요원을 만나 규정에 쓰인 것을 인정하는 확답을 받고자 하였다. 이로 볼 때 루이스 파우리에의 가마 행렬은 호화로운 겉치레를 내보이려는 것이 아니었다. 저의가 있는 정치적 시위였고 외교적 공갈 협박이었다.

관청에 도착한 루이스 파우리에는 여권을 순무巡撫 하관영何冠英에게 오만하게 제시하며 인정할 것을 요구하였다. 하관영은 "현재 성내 상황이 혼란하고, 밖에서 선교하기에는 실로 불편함이 있음"을 들어 완곡하게 거절하였다. 거절당한 루이스 파우리에는 제독提督, 한 성의 군대를 거느린 관원이 있는 관청으로 방향을 바꿔 제독 전흥서田興恕를 만나고자 하였다. 전흥서는 루이스 파우리에가 순무아문에서 시위하며 티격태격 하였다는 소식을 이미 전해 들었다. 그는 파우리에 일행에게 관청 밖에서 기다리도록 명령을 내렸다. 그런데 두 시간이 지났어도 파우리에를 맞이하러

나오는 관청 사람이 없었다.

이때 파우리에 주위에는 구경하는 군중들이 더욱더 많아졌고, 때마침 순시하는 군사들의 근무 교대 시간이 다가왔다. 행인들의 혼잡함과 병기가 부딪치며 내는 굉음 등 소란스러운 분위기에 파우리에는 좀 전의 거만했던 행동과는 달리 두려움에 사로잡혔다. 관청 안에서 호포號炮, 신호를 전달하는 화포 소리가 울리며 안으로 들어오라고 했을 때는 파우리에 일행이 가마를 버리고 벌써 도망친 다음이었다. 군중들은 파우리에 일행을 뒤쫓아 예배당으로 들어가 욕을 퍼부으며 분을 풀었다. 이 일이 있은 후 전흥서는 군인들을 수차례 보내어 예배당을 수색하였다. 또한 하관영과 결탁하여 귀주성貴州省 내 각급 군정 관원들에게 천주교 교회를 공격하고 몰아내라는 "비밀서한"을 발송하였다.

이 파문이 가라앉기도 전에 또 다른 파문이 뒤를 이었다. 같은 해 단오절, 귀양貴陽 인근 청암진靑岩鎭에 사는 사람들이 전통풍습에 따라 나들이 이른바 "유백병"游百病을 하면서 요가관姚家關의 천주교 수도원을 지났다. 그때 지나던 아이들이 "천주교 성당을 불지르자"는 등을 외쳐댔고(역자 주) 수도원 경비와 중국인 수사들이 그들을 향해 욕을 하며 내쫓자 다툼이 일어났다. 이 수도원은 원래 파우리에가 청암의 단수團首 조위삼趙畏三(趙國澍)과 결탁하여 민간인 토지를 강매强買하여 건축된 곳이었다. 조위삼은 이 무렵 상관들의 반천주교 의향을 파악하고 그가 행한 잘못에 대한 책임 추궁이 두려운 나머지 "공을 세워 속죄해야겠다"고 마음먹었다. 그는 충돌 소식을 듣자 처음에는 소란을 피운 수사들을 구금하고 수도원을 떠나라며 훈방하였다. 그러나 경고를 무시한 채 수도원을 끝까지 지키려 한 세 명의 수사를 곧이어 체포한 뒤 처형하였고 수도원도 불태웠다.

이 사안을 놓고 중국과 프랑스가 교섭하는 동안 동치同治 원년(1862) 정월 대보름에 개주開州 지역에서도 사건이 발생하였다. 이 지역은 대보름 절기를 보낼 땐 관례대로 용등龍燈을 걸고, 용신龍神에게 제사를 드렸는데 해당 비용을 각 가정에서 갹출하였다. 그런데 프랑스 선교사 피에르 닐Jean-Pierre Néel, 文乃爾은 교인들에게 이 비용을 지불하지 말 것을 교사

敎唆하며 충돌이 발생하였다. 개주지부開州知府 대록지戴鹿芝와 단수團首 주국장周國璋은 범인들을 "검거하여 현장에서 극형에 처하라"는 전흥서의 지령에 따라 피에르 닐과 사건을 앞장서 일으킨 장천신張天申 등 4명의 교인을 체포한 뒤 처형하였다.

연이어 발생한 사건들에 대해 열강은 떼를 지어 간여하였다. 프랑스 공사는 "영, 미, 러 등의 공사들과 함께 청 정부에 강력한 외교적 위협을 가하고 무력으로 협박하였다. 피해 보상은 물론 전흥서田興恕, 대록지戴鹿芝, 조외삼趙畏三 세 명을 처형할 것과 교회를 보호하는데 힘쓰지 않고 사건을 신중하게 처리하지 않은 관리들을 엄벌할 것 등을 요구하였다. 교섭은 시간을 끌었고 결국은 청조 측이 다음과 같이 타협하며 종결되었다. 하관영, 대록지, 조외삼은 사망하였으므로(하관영은 병고, 대록지와 조외삼은 반청기의를 진압하는 과정에 맞아죽음) 추궁하지 않는다. 전흥서는 신강新疆으로 유배시키고, 기타 관련자들은 면직 또는 충군充軍, 죄인을 변방으로 유배 보내 군졸로 충당하거나 노역을 시킴(역자 주)시키며, 귀주성의 제독아문을 교회 측에 양도하여 사용케 하며 교회 측에 은 12,000냥을 배상하도록 한다.[118]

망해루를 불태우다

도도하게 흐르는 강 해하海河는 중국의 주요 도시 천진天津을 지나 발해만으로 흘러 들어간다. 망해루望海樓라는 건물은 천진 성내 해하 기슭 삼각지에 우뚝 솟아 있었다. 동치同治 9년(1870) 6월 21일 망해루에 갑자기 짙은 연기가 사방에서 일어나더니 불길이 하늘을 찔렀다. 중국과 세상을 놀라게 한 천진교안天津敎案이 발생하였던 것이다.

사건 발생 이전 천진에는 공포스런 분위기에 휩싸여 있었다. 교회 측에서 영아를 유괴하여 눈과 심장을 파낸다는 소문이 도시 곳곳에 전해지며 사람들은 바람소리에도 소스라칠 정도였다. 천진 서관西關에선 얼마 전 정해靜海 지역에서 어린이를 유괴하는 장전張拴, 곽괴郭拐 두 사람을 검거한 사건이 있었다. 심문한 결과 그들은 마취제 미약迷藥을 사용해 어린

---

118. 이 사안의 전후 내용은 『近代中國敎案硏究』(成都: 四川省社會科學出版社, 1987) 중 熊宗仁의 貴陽敎案에 관한 글을 참고하였다.

당시 목판으로 각인한 불타는 망해루

이들을 유괴하였다고 자백하였다. 천진 지부知府 장광조張光藻는 지현知縣 유걸劉傑과 함께 재심한 다음 그들을 사형에 처하고 도시와 마을에 이 사실을 알린다. 이러므로 아동을 유괴한다는 소문은 사람들의 마음속에 더 강한 진실로 각인되었다.

이런 상황 속에 매우 공교로운 사건이 발생하였다. 천주교 교회 측에서 하동河東 공동묘지義地, 과거 가난한 사람들을 묻는 공동묘지에 매장한 육영당育嬰堂의 영아 사체 중 사체 2구가 들어있는 하나의 관이 들개들에 의해 파헤쳐진 것이다. 여론은 크게 들끓었다. 매일 수백 명의 사람들이 무덤 현장을 구경하였고 관가에서도 사람을 보내 조사하였다. 사람들은 여러 나무 상자를 발굴해냈고, 상자마다 시신이 몇 구씩 들어 있었다. 사람들은 이를 교회 예배당 대문이 종일 굳게 닫혀 있어 음산하고 무서웠던 것과 육영당의 영아가 많이 죽은 것, 교회 측에서 야음을 틈타 은밀히 매장한 것 등과 연관시켰다. 그러자 그간 사람의 뇌를 채취하고 눈과 심장을 파낸다는 유언비어가 사실처럼 인식되었다. 그런데 교회 측은 적절한 방법으로 사람들을 이해시키지 않았다. 오히려 묘지에서 시신을 발굴한 사람들을 잡으려고 하고 천진 주재 프랑스 영사에게 사건에 관여할 것을 요청하였다.

이러한 일련의 전개 과정은 서로 뒤엉키며 천진 시민들의 분노와 경계심을 더욱 격화시켰다. 심지어 천주교 교인을 유괴범으로 몰아 관가로 압송하는 사람들이 끊이지 않았다. 5월 20일 도화촌桃花村 주민은 19세의 무란진武蘭珍을 현청으로 압송하며 아동을 유괴하였다고 고발하였다. 심문 결과 무란진은 교회의 사주를 받아 행한 것이고 유괴한 아동 1인당 은화銀洋 5원씩을 받았다고 자백하였다. 이 소식은 천진성에 신속하게 전해지고 민심은 흉흉해졌다. 급기야 사람들은 교회 예배당을 에워쌌다.

천진 주재 삼구통상대신三口通商大臣 숭후崇厚와 관련 지방관원들은 신속한 문제해결로 사태의 악화를 방지하기 위해 천진 주재 프랑스 영사 퐁타니에Henri Victor Fontanier, 豊大業와 협상을 진행하였다. 그러나 퐁타니에의 태도는 매우 무례하고 완악하였다.

23일 아침 천진의 도道, 부府, 현縣 소속 관원들은 약속한 대로 예배당으로 가서 유괴범과 대질하고자 하였다. 그러나 예배당 측의 비협조로 아무런 결과가 없었다. 게다가 예배당 사람들은 구경하는 군중들에게 행패를 부리며 싸움을 일으켰다. 퐁타니에는 숭후에게 군대를 보내 군중들을 진압할 것을 요구하였다. 그런데 숭후가 수행 관원巡捕官 몇 명만을 보냈다는 말을 전해 듣고는 노발대발하였다. 그는 흉기를 소지하고 숭후의 관청으로 나아갔다. 검을 뽑아 탁자를 내리치며 숭후에게 "난을 일으킨 자들이 내 목숨을 원한다고 들었는데, 네가 먼저 죽어봐라!"라고 소리치며 총을 꺼내 방아쇠를 당겼다. 총알은 숭후의 어깨를 스쳐 지나갔다. 그는 관청의 사무를 보는 사람들에게도 검을 휘두르며 집기를 함부로 파손하였다. 영사관으로 돌아가는 길에 그는 천진 지현 유걸劉傑을 만났는데 유걸의 수행원 한 명을 현장에서 사살하였고, 그의 비서는 퐁타니에 일행을 에워싸며 다가서는 군중들에게 총을 쏘았다. 군중들은 분을 더 이상 참지 못한 나머지 달려들어 퐁타니에와 그의 비서를 때려죽였다. 또한 징을 울려 사람들을 모아 다음 보복에 나섰다. 망해루를 포함한 프랑스 천주교 성당들과 영사관에 불을 질렀다. 영, 미 예배당들도 같이 파괴되었다. 이 사건으로 인해 퐁타니에와 수행원 3인, 프랑스 수사와 수녀

화재 소실 후 재건된 망해루 성당

12인이 사망하고, 혼란 속에 프랑스 교민 2인과 러시아 교민 3인도 오인 받아 죽임을 당하였다.

사건 발생 후, 열강들은 연합하여 관여하였다. 프랑스와 미, 영, 독, 러, 프로이센, 벨기에, 일본 등 주중 공사들은 청 정부에 함께 항의하였다. 영국 공사는 프랑스 공사를 도와 사안에 직접 뛰어들며 까다로운 조건들을 제시하였다. 예를 들면 장광조張光藻, 유걸劉傑 등의 처형을 포함하여 사건의 범인들을 엄벌할 것과 예배당에 대한 배상 및 복구, 거액의 위자료 배상, 외국 군대의 천진과 대고구大沽口, 해하의 바다 유입구 주둔에 대한 비준 및 중국 측의 관련 군비 부담 등이었다. 열강은 천진의 진입로에 군함을 속속 들여보내 외교적 협박에 군사적 힘을 더하였다. 청 정부는 증국번曾國藩과 이홍장李鴻章을 앞뒤로 파견하여 이 사안을 처리토록 하였다. 몇 달이 지나고, 우여곡절을 거치면서 사건은 다음과 같이 끝을 맺었다. 장광조와 유걸은 면직 처분 후 충군充軍시킨다. 민중 20명을 사형에 처하고(최종적으로 16명만 처형됨), 25인을 실형에 처한다. 은 50만냥을 배상하며, 숭후崇厚를 프랑스에 보내어 사과토록 한다. 사건의 범인으로 처벌받은 민중들 가운데는 이 사건에 참여한 적이 없는데도 붙잡혀 외국인들에게 사죄하는 데 제물로 바쳐진 원혼들도 있었다.

작은 마을 예배당의 피바람

광서 23년(1897) 10월 7일, 산동 조주부曹州府 거야현巨野縣 장가장張家莊의 천주교 성당에 두 명의 서양 손님이 머물렀다. 양곡陽穀과 운성鄆城 일대에서 활동하던 독일 천주교 선교사 니에스Franz Xaver Nies 또는 Franciscus Nies, 能方濟와 헨레Richard Henle, 韓·理加略였다. 두 선교사는 이곳 "만성절"All Saints' Day, 또는 제성절諸聖節에 참여하고자 온 것이다. 성당은 독일인 천주교 선교사 스텐츠Georg Maria Stenz, 薛田資가 맡고 있었다. 스텐츠는 침실을 손님에게 양보하고 자신은 문간방에서 잠들었다. 그날 밤 9시 쯤 되었을 때 칼과 몽둥이를 손에 든 20-30명의 사람들이 갑자기 성당 뜰 안으로 잠입하였다. 그들은 실내에 등불이 꺼진 것을 확인하고는 창문을 부수고 안으로 들어갔다. 곧이어, 니에스와 헨레는 침상에 피를 뿌리며 숨을 거두었다. 스텐츠는 잠자리를 옮겨 다행히 화를 면하였다.

사후 조사에 의하면 이는 민간 비밀 조직인 대도회大刀會의 교회에 대한 계획적이고 조직적인 적대 행동이었다. 악행을 쌓은 선교사를 표적으로 삼아 보복을 가해 분을 풀고자 했던 것이었다.

이 사건을 빌미로 독일 황제 빌헬름 2세Wilhelm II는 함대에 명을 내려 교주만膠州灣, 산동반도 남쪽에 위치을 즉시 점령토록 하였다. 그러자 가까운 상해上海와 만리 밖 해역에서 독일 군함들이 밤낮으로 달려왔고, 넓은 교주만은 군함들로 좌충우돌할 정도였다. 준비가 완료되자 독일은 청 정부를 압박하였다. 즉「중독교오조계조약」中德膠澳租界條約을 체결하여 교주만을 그의 "합법"적 조차지租借地로 점유한 것이다. 뿐만 아니라 산동성 전 지역을 자신들의 세력 범위로 확정하였다. 이는 열강들이 모방하여 중국을 분할하려고 하는 선례가 되었다.

독일은 교주만을 강점한 다음 무력을 바탕으로 청 정부를 협박하여 교안을 해결하였다. 최종 "협의"는 다음과 같다. 산동순무 이병형李秉衡의 직위를 해제한다. 청 정부는 교회 측에 은 3천냥을 손실 비용으로 배상하고, 제녕濟寧, 조주曹州, 거야巨野 세 곳에 은 6만6천냥을 각각 지급하여 새 예배당 한 곳씩을 지어주고, 새 예배당엔 "황제의 명으로 지어진 천주당"敕建天主堂이라는 글자를 새긴 비석을 세운다. 거야巨野, 하택菏澤, 운성鄆城, 단현單縣, 성무城武, 조현曹縣, 어대魚台 7곳엔 선교사 저택 각 한 동을 건축하며 이를 위해 은 2만4천냥을 지불한다. "범인" 혜이벙어리惠二啞巴와 뇌협신雷協身을 처형하고 소성업蕭盛業, 강삼록姜三綠, 장윤張允 등을 5년간 감금한다. 청 조정에서 명을 내려 선교사를 보호할 것이며 유사한 사건이 재발하지 않게 할 것을 보증한다. 범인으로 지목된 혜이벙어리와 뇌협신 등은 실은 진범이 아니었다. 난데없이 체포되어 희생양이 되었던 것이다. 청 측은 사건을 신속히 해결하고자 억울한 옥사도 불사하였으니 천진교안의 상황과 유사하였다.

이상이 거야교안巨野教案, 조주교안曹州教案이라고도 함의 전모이다.

상술한 세 내용은 모두 크고 유명한 사안들로 1860, 70, 90년대에 각각 발생하였으며, 세 시기를 대표하는 의미를 띠고 있다.

장작을 쌓은 자와 불을 놓은 자

교안은 한 건 한 건 몸서리치게 하는 사건이었다. 줄곧 온화한 중국인들이 교회 측에 대해서는 왜 이다지도 원한에 사무쳐 온몸을 내던지며 대항하였을까? 가장 중요한 이유는 교회 측이 일상적이고 보편적인 침략적 행위로 중국인의 이익에 직접적이고 심각한 해를 끼쳤다는 점이다. 이는 중국인들에게 강한 위기감을 갖게 하였으며 침략에 반하는 저항의식을 본능적으로 일으켰다. 따라서 일정한 조건과 상황이 형성되면 내재되었던 이러한 의식은 반양교 행동으로 폭발하였던 것이다.

분명한 죄상

중국인의 반침략적 행동을 촉발시킨 교회 측의 주요 행적은 다음과 같은 방식으로 나타났다.

첫째, 관청을 억압하고 굴복시켜 정무政務에 불법적으로 간섭하였다.

불평등 조약이 선교 자유의 호신부가 된 다음부터 선교사들에게 중국 관청은 다만 그들을 보호할 의무가 있을 뿐 구속할 권리는 없는 곳으로 생각되었다. 선교사들은 그들이 도착하는 곳마다 툭하면 지방 관청으로 하여금 그들을 예우하고 보호해 줄 것을 요구하며 자신들은 오만방자하게 멋대로 행동하였다. 조금이라도 여의치 않으면 거짓말로 해당 지방관청을 고발하였다. 관작官爵이 있든 없든 걸핏하면 각 성省의 고관들과 맞먹었다. 루이스 파우리에胡縛理가 하나의 예이다. 또한 거야교안이 발생한 산동성처럼 선교사가 한 성의 최고위급 장관 순무巡撫라 자칭하며 공공연하게 그 성의 각급 지방관으로 하여금 예배당의 명령에 복종할 것을 요구하였다. 거야현巨野縣에서는 새로 부임하는 모든 관리들이 예배당을 먼저 예방하고 설이나 절기를 맞이하면 선물을 보냈다. 선교사들은 심지어 마음대로 현청을 출입하며 송사에 간여하였다.

둘째, 가옥과 토지를 침탈하고 중국인들을 착취하였다.

교회 소유였던 옛 토지와 가옥을 반환할 것과 "토지를 임대 또는 매입하여 편리할 대로 건축하게 한다"는 내용이 조약 형식으로 확정된 다음부터 교회 측은 임의로 가옥과 토지를 중국인들에게 강요하는 것이 일상화 되었다. 마음대로 지정하고, 바치도록 강요하고, 저가로 구매하고, 불법으로 사거나 전매하고, 강제 점유하는 등의 다양한 수단과 방법을 가리지 않았다. 이런 방법을 통해 교회는 대량의 가옥과 토지를 획득하였다. 사천 서부川西에서는 한 교회가 좋은 논밭 30만 무畝를 점유하였다. 혹자의 계산에 의하면 19세기 말 천주교에서 보유한 부동산 가치만 하더라도 3,700만 프랑에 이르렀다고 한다.[119] 교회 측이 점유한 부동산은 교무에 필요한 수요를 만족시킬 뿐만 아니라 중국의 빈민들에게 여분을

---

119. 雷麥, 『外人在華投資』(원서명: C. F. Remer, *Foreign Investments in China*.), 顧長聲, 『傳教士與近代中國』, 135에서 재인용.

대여하여 많은 중국인들을 교회의 소작농으로 전락하게 하였다. 어떤 예배당 주인은 심지어 그 지역의 최대 지주가 되기도 하였다.

셋째, 악한 자들을 교사敎唆 및 비호하여 민중들과 교회 측과의 대립을 불러왔다.

교회 측의 교인 증가 과정에서 저마다의 목적으로 입교하는 중국인들 가운데 대부분은 선량한 백성들이었지만 불순한 자들도 있었다. "입교하기 전에는 쥐새끼 같았는데 입교한 뒤에는 호랑이 같았다"[120]는 속담처럼 교세에 기대어 자신의 세를 키우는 자들이 있었다. 또는 원래 무뢰배 깡패였던 자들이 입교 후에는 호랑이에게 날개 단 듯이 행세하였다. 그들은 "범죄를 일삼으며 마을 사람들은 등치고, 약한 자들을 괴롭히고, 남의 아내를 빼앗고, 재산을 침탈하고, 소작료를 납부하지 않거나 세금을 체불하고, 관청의 송사를 도맡고, 평민을 살상하는 등 그 비행이 이루 헤아릴 수 없을 정도였다."[121]

그러다 소송으로 번지면 "선교사들은 시비를 안 가리고 교민만을 비호했으며, 영사領事도 옳고 그름을 묻지 않고 선교사들 편만을 들었다. 평민들과 교회 측이 다투게 되면 평민들은 항상 굴복했고 교민들은 늘 승리하였다. 교민들은 더욱더 기고만장했고 평민들은 울분만을 삼켰다. 울분이 극에 달하면 폭발하기 마련이고, 평민들이 모여 함께 행동에 나선 것이다."[122] 이상은 증국번曾國藩이 명을 받아 천진교안을 처리하는 과정 중 청 조정에 보고할 때 한 말이다. 실로 많은 교안은 이렇게 발생한 것이었다. 열강은 영사재판권을 교민에게까지 사실상 불법적으로 확대 적용하였던 것이다. 이 결과 어느 서양 학자가 공정하게 평론한 것처럼 "교민敎民을 수많은 동포들로부터 분리시켜 그들로 하여금 외국인의 보호를 받는 독립 왕국이 되게 하였다."[123]

---

120. 『籌辦夷務始末·同治朝』, 卷76, 33.
121. 王明倫 選編, 『反洋教書文揭帖選』(濟南: 齊魯書社, 1984), 422.
122. 『籌辦夷務始末·同治朝』, 卷76, 40.
123. 威羅貝, 『外人在華特權和利益』(北京: 生活.讀書.新知三聯書店, 1957 中譯本), 436. (원서명: Westel W. Willoughby, *Foreign Rights and Interests in China*.)

넷째, 부녀자들을 욕보이거나 차지하고 혼사에 간섭하여 가정을 파괴하였다.

반양교 여론 중 선교사들의 성적 비행에 대한 질책이 크게 과장된 면이 없지 않다. 하지만 선교사들 가운데도 비행을 일삼는 불량배들이 있었다. 그들은 여러 수단을 이용하여 부녀자를 욕보이고 음란을 조장하였다. 교인과 비 교인간의 혼사에 선교사들이 간섭하여 가정을 파괴하는 일들은 더더욱 비일비재하였다. 이런 일들은 단지 도덕이나 가치관과 풍습의 문제만이 아니다. 인간의 기본권에 대한 침해이다.

교회 측의 여러 침략적 행동은 관청에서 일반인들에 이르는 각계각층의 중국인들로부터 공분을 불러일으켰다. 그러므로 때로는 하잘것없는 듯한 "사소한 일들"도 커다란 사안으로 확대되곤 하였다. 마치 장작더미가 가득 쌓인 곳에 작은 불씨가 던져지면 활활 타오르는 불길이 되는 것 같이. 교회 측은 바로 장작더미를 쌓는 이들이었다.

광서 17년(1891) 외국 교회의 침략에 반대하는 저항이 불일 듯 일어나는 시기에 서양문화에 상당한 이해가 있는 어느 지식인은 외국인이 출간하는 『북화첩보』北華捷報, North-China Herald라는 신문에 "한 중국인"一個中國人이라는 이름으로 서한을 보내 다음 같이 정곡을 찌른 적이 있다. 반양교 폭동은 능욕과 상해를 늘 당해 왔던 중국인들의 누적된 분노가 일시에 폭발한 것에 불과하다. 교회 측에 대한 중국 평민들이나 지식계층의 증오는 선교사들이 전적인 책임을 져야한다. 『중화제국의 대외관계사』中華帝國對外關係史, The International Relations of the Chinese Empire의 저자 모스Hosea Ballou Morse, 馬士같은 서양 인사도 이렇게 솔직히 인정하지 않을 수 없었다. 중국의 근대 교안을 발생시킨 근원은 중국의 주권을 침해한 선교 특권에 있다. 중국에 온 선교사들은 거의 예외없이 이런 특권을 이용하여 불법적 활동을 자행하였다. 이것이 바로 모든 교안 발생의 직접적 원인이다.

반양교 관원들

외국 교회 세력의 침략에 대해 중국 측이 가한 폭로와 성토는 당연하였다. 중국 측은 여론에 호소하였을 뿐만 아니라 행동으로도 옮겼다. 외국 교회 세력의 침략에 반대하는 저항의 불길은 점점 더 거세졌고 온 천지가 불바다로 변했다.

이 불을 지핀 사람들을 살펴보면 각계각층의 구성원들로 일종의 연합전선이었음을 알 수 있다. 소위 "군민과 고관대작 모두가 한 목소리로 양교洋教와 원수가 되었다"[124]란 말이 이런 상황을 잘 반영하고 있다. 이 연합은 민족자위民族自衛란 초석 위에 이뤄진 연합이었다. 또한 이 전선은 지위와 신분에 따라 모습이 다른 몇 개의 집단으로 나뉘어졌다. 일반적으로 관官, 신紳, 민民 세 집단으로 분류된다.

"관"官이란 각급 관청에 시정권施政權이 있는 인원을 말한다.

청 정부는 최고 관청으로 열강과 불평등조약을 체결하여 "선교"와 각종 특권을 부여한 주요 책임자였다. 비교적 큰 교안은 모두 청 정부가 나서서 각국 공사와 타결하였고, 외국의 강요 속에 국가의 권익을 매도하였다. 물론 청 정부도 사안을 처리하는 과정에서 저항의 의지가 전혀 없었던 것은 아니었다. 긴 시간 동안 이른바 "겉으로는 따르되, 속으로는 계도하는"陽爲撫循、陰爲化導 전략으로 외국 교회 세력에게 암암리에 제재를 가하려고도 하였고, 일부 중앙관원들의 구교仇教의 정서도 상당히 강렬하였다. 그러나 전체적으로 볼 때 청 중앙정부의 관원들은 "불을 지르는 자"가 아닌 "불을 끄려는 자"였으므로, 외국 교회의 침략에 반대하는 연합전선에서는 제외되어야 한다.

성省, 부府, 주州, 현縣에 속한 각급 지방관원들 중에는 적지 않는 이들이 한동안 불을 지르는 자의 행렬에 서서 점화를 주도하였다. 귀양교안貴陽教案이 대표적 사례이다. 지방관원들이 반양교 대열에 서게 된 직접적이고 중요한 원인은 교회 측이 관청의 존재를 무시하고, 그들 위에 군림하고, 정무에 직접 간여하고, 지방민을 그들의 영향력 아래 두고자 하였

---

124. 李鴻章,「復駐俄楊使」,『李鴻章全集』(三)(上海: 上海人民出版社, 1987), 967.

산동의 어느 지방관과 선교사들이 함께 찍은 사진

기 때문이다. 그들의 권위를 모독하고 침해하였으며 그들은 심지어 직접적인 피해자가 되기도 하였다. 문화적 요인은 부차적이었다. 소위 "우리의 학문을 업신여기는 것은 염려할 바 못 되지만, 우리의 행정을 방해하는 것은 심히 염려할 바이다. 우리의 가르침을 침해하는 것은 두려워할 바 아니지만, 우리 백성을 나쁜 길로 유인하는 것은 심히 위험한 바이다"[125]라는 표현은 그들의 솔직한 심정과 일치한다. 중국의 지방관원들이 교회 측의 행정 방해와 백성을 악하게 만드는 행위에 제재를 가함에는 그들 자신의 권력을 수호한다는 의미만이 아니라 국가의 주권과 민족의 이익을 지키려는 적극적 의미도 담겨 있다.

외국 교회의 침략에 반대하는 지방관원들의 참여 과정을 보면 시종일관된 것은 아니었다. 초기에는 그런대로 끈질기고 용감하였다. 귀주교안을 예로 들 수 있다. 교회 측이 청 조정의 명령으로 지방관원들을 굴복시키려고 하였지만 관원들은 "장수가 전쟁터에 있을 때는 임금의 명령이라도 받들지 않을 수 있다"로 대응하며 자신들의 생각대로 행하였

---

125. 王明倫 選編, 『反洋教書文揭帖選』, 413.

다. 그러나 지방관원들도 황제가 그들에게 책임을 직접 묻게 되어 있어 궁극적으로는 조정으로부터 통제를 당할 수밖에 없었다. 그러므로 조정이 외국 침략세력의 압박에 의해 지방 관청에 대한 교안에 대한 예방과 통제를 강화하자 지방관원들의 항쟁의 예봉은 무뎌질 수밖에 없었다.

1870년대 이후 지방관원들은 외국 교회 세력의 침략에 반대하는 전선에서 물러나는 조짐을 보였다. 90년대 말에 이르자 청 정부는 천주교 측의 강요로 선교사들에게 관원에 상응한 자격을 승인한다.「지방관의 선교사 접대 규정」地方官接待教士章程에 의하면 대주교와 주교는 독무督撫, 지구장 신부攝位大司鐸는 사도司道, 그 밖의 사제司鐸는 부府 · 청廳 · 주州 · 현縣의 관원과 맞먹는 관품이라고 규정하고, 양자가 회견할 때는 대등한 관품에 따라 서로 예를 갖추도록 하였다. 또한 교민教民과 비 교민 사이의 쟁의 사안은 양자가 상의하여 의결하고, 중대한 사안이 있을 시는 교회 측 공사 혹은 영사와 함께 처리토록 하였다.[126] 이는 "약속한 법"約法으로 지방관원들이 "불을 지르는"데 참여 못하도록 손발을 더더욱 묶어버리는 조치였다.

그렇다고 외국 교회 세력의 침략에 반대하는 관원이 연합전선에 아무도 머물러 있지 않았던 것은 아니다. 실은 관품이 낮은 관원일수록 이 전선에 더 오래 버텼고 태도도 더 결연하였다.

『교무교안당』教務教案檔

126.『清季外交史料 · 光緒朝』(王彦威、 王亮 편, 1934, 鉛印本), 卷137, 6-7.

"말단 관리" 중에는 파직될 것을 두려워하지 않고 심지어는 죽기까지 저항한 자들도 심심찮게 찾아볼 수 있다. 예로 염소백閻少白이란 현령縣令은 강서성江西省 영신현永新縣에 재임하면서 선교사가 정무에 "간여하여 (정무를) 좌우하고", "멋대로 행하며 풍파를 일으키고", 양보할수록 더 얻어내어 끝내는 "교민敎民은 뜻을 이루고, 중국 백성華民은 한을 품는" 어려운 상황과 이를 어찌하지 못하는 것에 격분하며 자결하였다. 그는 "대국大局을 유지하기 위하여 자신의 주검으로 간언"[127]한다면서 비분강개하며 남긴 유고遺稿를 황제에게 대신 올릴 것을 독무督撫에게 부탁하고 절명시 4수를 쓰고 목숨을 끊었다. 때는 광서 22년(1896) 년말이었다.

마을의 천적

소위 "신"紳이란 관원官이 아닌 사신士紳을 특별히 지칭하고 주체는 "향신"鄕紳이다.

신紳은 관원의 가장 중요한 사회적 기반이다. 이들은 정치적으로 과거시험을 통해 취득한 자격공명자격 功名資格을 배경으로 소정의 특권을 누렸다. 이들은 관료 대열의 퇴직자들 혹은 대기자들로 관과 밀접한 이해관계가 있었다. 다른 한편으로, 신紳은 현직에 있지 않은 재야인사들로 "민"民의 의무와 부담을 일부 감당했다. 그들의 지위와 신분은 관官과 민民 사이에 위치하고 있었다.

신紳들 가운데 많은 이들이 외국 교회의 침략에 반대하는 전선에 뛰어든 중요한 이유 역시 교회 측으로부터 자신의 이익이 침해당했기 때문이다. 경제적 이익 면에서 볼 때 교회 측이 가옥과 토지를 강점하는 것은 향신들에게는 심각한 손해였다. 기층사회에서 가옥과 토지의 주요 소유주는 바로 향신이었기 때문이다. 그들의 화려한 가옥과 비옥한 전답이 교회 측으로부터 과거 교회 측의 소유로 거론되거나 다른 구실에 의해 강탈당하는 일은 흔한 일이었다. 나아가 이로 인한 손실에는 가옥과 토지만이 아니라 착취 가능한 소작농들도 포함되어 있었다.

127.「署永新縣令閻少白遺稿幷絕命詩」,『反洋教書文揭帖選』, 370-371.

정치적 권익 면에서 보면 향신들은 과거시험을 통해 취득한 자격, 재력과 물력, 문장력 등을 통해서 지방에서 높은 명망을 누렸다. "관습법"에 의해 부여된 조직, 관리 및 교화의 권한을 등에 업고 "스승"師의 지위에 놓여 있었다. 동시에 그들은 종법제도宗法制度로 족권族權을 제어하였으며, 지방의 무장조직(단련團練 등)도 대부분 그들이 장악하고 있었다. 이런 권위는 그들에게 우월감과 여러 특권을 주었다. 그런데 선교사들이 나타나 마을을 활보할 뿐만 아니라 교인들을 대대적으로 확보하고 그들로 하여금 불법을 행하도록 교사하였다. 향신들은 자신들의 권위가 도전받고 동요되는 것을 느낄 수밖에 없었다. 과거 그들에게 머리를 조아리며 굽신거리던 "쥐 같은 자들"이 입교 후에는 돌변하여 "호랑이"가 된 자도 있었으니 향신들이 어찌 분노하지 않겠는가!

향신들은 지식계층으로서 예민한 정치적 감각을 지니고 있었다. 더구나 향촌과 재야에 있는 그들의 위치는 관원들처럼 조정의 통제를 직접적으로 받지 않았다. 관원보다 더 많은 자유과 자주권이 있었다. 향신들은 민중들 사이에서의 우월적 지위와 명망을 통해 민중들의 호응을 얻어내기에 유리했다. 지방관들 또한 "지방 토박이"의 도움이 필요하였기에 이들을 비호해 줄 수밖에 없었다. 위로는 관官을 따르고 아래로는 민民을 계도하는 사신士紳들의 특별한 지위와 조건은 그들로 하여금 반양교 항쟁에서 혁혁한 역할을 발휘토록 하였다. 상당히 긴 시간 동안 그들은 외국 교회의 침략에 반대하는 전선에서 주도적 힘이 되었고 교회 측과 양립할 수 없는 원수 같은 사이였다.

죽을 각오로 싸우는 백성들

소위 "민"民은 관官과 신紳이 아닌 수많은 민중들을 말한다.

민의 지위는 사회의 최저층에 위치하였고 외국 교회 세력으로부터 가장 큰 피해를 입었다. 동치同治 원년(1862) 강서순무江西巡撫 심보정沈葆禎은 교안 해결을 위해 비밀리에 민중들을 탐방하며 민중들에게 왜 선교사들과 목숨을 걸고 싸우느냐고 물었다. 민중들은 다음과 같이 답하였다.

그들은 우리가 공동으로 지은 보육원育嬰堂을 빼앗으려고 하고, 우리에게 많은 은화를 배상하라고 한다. 또한 그들의 종교를 믿는 자들에게 우리의 가게와 토지를 무단으로 점유하라고 하고, 군대와 전함이 우리를 굴복시킬 것이라고 말한다. 우리가 한 걸음을 양보하면 그들은 한 걸음을 더 내딛는다. 그렇다면 결국은 평안히 살 수 없으니 어찌 그들과 목숨을 다해 싸우지 않겠는가?[128]

교회 측이 중국인의 생계를 위협하는 침략활동이야말로 중국인들로 하여금 일어나 반항케 하는 가장 직접적인 원인이었음을 알 수 있다. 민중들이 피해를 가장 크게 입기에 항쟁도 가장 결연하였다. 탐문자들이 "정말로 교회 측 군대와 군함이 와도 당신들은 그들과 싸우려고 하느냐?"라고 물었을 때 민중들은 이렇게 답하였다.

중국의 마을을 지나는 선교사

---

128. 본 인용문과 다음 두 인용문의 출처는 『籌辦夷務始末·同治朝』, 卷12, 33-34.

현재 그들의 종교를 따르는 자들의 침탈을 통해서도 죽고, 장차 그들의 종교를 따르는 자들이 많아지면서 성읍을 빼앗겨도 죽을 테니 … 이래도 죽고 저래도 죽습니다. 그들은 포화炮火가 강한 것뿐입니다. 우리는 모두 죽도록 싸울 것이고, 포 한 발에 어디 몇 사람을 죽이나 보지요. 우리를 다 폭사시키지 못하면 열 사람이 그들 한 사람을 죽여도 충분할 겁니다.

"귀신이 아무리 흉악해도 결코 항복하지 않는다"는 결연한 각오가 정말 대단하였다.

민중들도 자국의 관官, 신紳으로부터 착취와 억압을 받아왔다. 하지만 외국 교회의 침략에 반대하는 데 있어서 관·신과 일정 정도 함께 연합할 수 있었던 것은 공통된 민족적 이익에서 비롯되었다. 이 연합전선에서 민이 차지하는 인원이 가장 많았고 늘 주력군의 위치에 있었다. 그러나 그들도 본능적으로 자신들과 관·신과의 차이를 의식하고 있었다. 탐문자가 민중들의 관·신에 대한 견해를 묻자 그들은 이렇게 답하였다.

관청이나 신사紳士들은 항상 교회 측 편을 든다. 관직에 있는 자들은 하루하루 무사하길 바라면서 하루하루의 급여를 사취한다. 그러다 긴급할 땐엔 떠나갔지 언제 백성들의 가정과 생명을 염려하였던가. 신사도 관과 비슷하다. 자기들의 가산이나 챙기고 옮긴다. 고생하는 자는 다 백성이지, 그들과 무슨 관계가 있는가. 우리는 이제 그들이 우리에게 이래라저래라 하지 않았으면 한다. 우린 다만 우리가 해야 할 일을 하면 된다.

그러나 민중들은 여전히 관·신의 지지를 얻어내고자 힘썼다. 심지어는 그들을 상당히 의지하였다. 예를 들어 어느 일반 민중의 손에서 나온 반양교 게첩揭帖, 벽보을 보면 "왕야"王爺, "시랑"侍郎, "독무督撫·사도司道"

"부府 · 현縣정당正堂"부 · 현의 지방관, "장군將軍 · 제진提鎭" 등의 "문 · 무 · 대 · 소" 관원들에게 "머리를 조아리며" 그들이 항쟁에 앞장서서 국가와 인민을 보호할 것을 요구한다. 그런 다음에야 비로소 "관원들이 보호하지 않으면 백성들이 스스로 결정할 것이다"[129]라고 언급하고 있다.

산당山堂의 불

1870년대 이후, 즉 연합전선에서 관원들이 물러날 무렵부터 민중들의 반양교 항쟁의 수위는 새로운 높이에 도달하였다. 민중들의 조직력 강화가 핵심이었다. 비밀결사단체들이 발전하면서 외국 교회의 침략에 저항하는 가장 큰 힘이 되었다. 광서光緖 초년 호북 · 사천 · 귀주鄂川黔 접경지역에 "가로회"哥老會에 속한 회당會黨 조직이 깃발을 들고 봉기하였다. 우두머리인 오재표吳才標는 「출산간」出山簡이라는 포고문을 발표하였다. 글에서 조직을 창립하는 것은 "천하를 한 집안으로 하고, 한 나라를 한 사람처럼 되게 함"에 근거하여 "성씨가 다른 이들을 같은 형제로 연합하고, 천 명을 한 집안으로 묶기 위함"을 취지로 하였다며 다음과 같이 선언하였다.

> 중국의 피해는 외국 오랑캐들로부터 시작되었다. 영국, 프랑스, 러시아, 회흘回鶻, 일본 등이 중원中原을 노리면서 중원엔 조용한 날이 없었다. 그러나 중원의 권력을 장악하고 행사하는 자들은 오랑캐들을 물리칠 책략은 고사하고 언제나 화해를 주장한다. 그런 자들은 장작을 안고 불을 끄듯 대응하고 남에게 지배당하는 것을 부끄러워하지 않는다. 이 어찌 문을 열고 강도를 맞아들이는 것과 다르지 않은가? 우리 형제들이 합심 단결하여 오랑캐 놈들을 모두 제거할 것이다.[130]

---

129. 王明倫 選編, 『反洋教書文揭帖選』, 167.
130. 四川總督 丁寶楨의 光緒四年九月初九日 奏摺에 「抄呈匪首吳才標「出山簡」一紙」 수록, 中國第一歷史檔案館 藏 軍機處錄副奏摺.

「출산간」은 청말 비밀결사단체의 초기 포고문이다. 교회와 기타 외국의 침략세력에 반대하는 것을 하나로 묶었을 뿐만 아니라 외국침략에 반대하는 것과 "문을 열고 강도를 맞아들이는" 청 통치자들에 반대하는 것을 결합시켰다. 때문에 이 회당은 청조 관청에게 용납될 수 없었고 바로 진압당해 소멸되었다.

하나의 회당이 소멸되면 열 개의 회당이 출현하였다. 비밀결사단체의 발전 추세는 억누를 수 없었다. "회당의 불"은 넓은 들을 태우고도 남을 기세였다. 이에 1890년대 초 외국 교회 침략에 반대하는 회당의 항쟁은 거대한 운동이 되어 전국적으로 전개되었다. 남방에서는 화중華中지역의 양자강 유역에서 서남의 사천성四川省에 이르기까지 가로회哥老會가 일으킨 대규모 항쟁이 불을 뿜었다. 북방에서는 금단교金丹教가 열하熱河 조양朝陽에서 일으킨 거사가 있었다. 각 지역의 항쟁은 세찬 격랑을 일으켰다. 중국은 물론 세계를 경악시킨 의화단운동義和團運動도 비밀결사단체들의 외국 교회 침략에 반대하는 항쟁의 기초 위에서 형성되고 발전했던 것이다.

제10장 완강하게 저항하는 보루

서양의 대포가 굳게 닫혔던 중국의 대문을 열었지만 대문 안 문화라는 보루는 여전히 완강히 저항하였다. 하나님의 사자들은 여러 차례의 공격에도 보루를 함락하지 못하자 "공자에 예수 더하기"라는 셈법을 고안하였다.

꿈과 현실

프랑스 천주교 선교사 루이스 파우리에胡縛理가 귀양貴陽에서 위세를 떨치다 야기한 풍파가 채 가라앉기도 전이다. 영국의 개신교 선교사 그리피스 존Griffith John 楊格非과 그의 동료는 "헬레스폰트"Hellespont 赫勒斯邦호 기선을 타고 중국의 제일 큰 강양자강의 도도한 물줄기를 거슬러 중국 중부지방을 향해 진군하였다. 그리피스 존은 당시의 느낌을 다음과 같이 기록하고 있다.

> 우리는 위대한 양자강의 물줄기를 거슬러 올라갔다. ⋯ 거대한 강이 신기한 세계처럼 내 눈 앞에 갑자기 나타났다. 우리 두 사람은 이 아름답고도 웅대한 강이 십자가 사자들의 큰 길이 된 것에 하나님께 감사드렸다.[131]

---

131. 湯普生, 『楊格非傳』(원서명: Wardlaw Thompson, *Griffith John: The Story of Fifty Years in China.*)(런던: 1908년본), 159, 顧長聲, 『從馬禮遜到司徒雷登--來華新教傳教士評傳』, 194-195에서 재인용.

십자가의 사자들은 오랫동안 이런 확고한 신념을 품고 있었다. "하나님의 영광이 반드시 중국에 나타나야 한다. 용은 제거되고 이 광활한 제국 안에 그리스도만이 유일한 왕으로 경배의 대상이 되어야 한다."[132] 당시 연해지역에서 내지에 이르는 중국의 모든 문호는 십자가 사자들에게 개방되지 않을 수 없었다. 선교사들은 품었던 꿈이 곧 실현될 것으로 확신하였으니 어찌 벅찬 감격을 억누를 수 있었겠는가?

그러나 십자가의 사자들이 기뻐하기엔 아직 일렀다. 용은 생각처럼 쉽게 정복되고 하나님으로 대체되지 않았다. 용은 거칠게 저항하였고 단호하게 방어하였다. 하나님은 용에게 여전히 "전능함"을 나타내지 못하였다. 더 많은 중국인들이 하나님에게 돌아오도록 선교사들은 최선을 다하였지만 입교하는 자들은 "수많은 중국인들 가운데 극소수에 지나지 않았다." 십자가를 진심으로 받아들인 이들은 더욱이 불쌍할 정도로 미미하였다. 선교사들의 기대와 노력에 크게 미치지 못하는 성과였다.

갖은 방법을 동원하였지만 결과는 빈손

일부 선교사들은 처음에는 아래로부터 위로 향하는 선교가 가능할 것으로 생각하였다. 길거리와 골목을 누비고 심지어 가가호호 방문을 통해 복음서적을 나눠주고 말씀을 전하는 것으로 중국의 백성 한 사람 한 사람이 입교하기를 바랬다. 그들은 일단 백성들이 하나님에게 돌아오면 관·신官·紳들도 자연히 돌아올 것이라고 보았다. 그리피스 존楊格非은 바로 이런 대표적인 "길거리 선교사"였다. 그는 호북성湖北省 한구漢口 일대에서 몇 년을 그렇게 사역하였다. 또 다른 영국 국적의 선교사 티머시 리처드Timothy Richard, 李提摩太도 이러한 선교에 열심이었다. 산동성山東省 연대煙臺 일대에서 이런 선교를 시도하였다. 그러나 그들이 거둔 효과는 미미하였다. 그들에게 이끌린 사람들은 설교를 듣기 위해서라기보다는 서커스 공연을 보듯이 서양인들의 이상한 외모와 미숙한 중국어를 "감상"하기 위해 모였다. 그러니 그들 가운데 하나님을 진심으로 신앙하는 사람이

---

132. 『中國叢報』, 1832년 8월호, 140, 顧長聲, 『傳敎士與近代中國』, 29에서 재인용.

있길 어떻게 기대할 수 있겠는가? 실망스런 결과는 마침내 길거리 선교사들의 인내심을 흔들었다.

그렇다면 이와 반대인 위로부터의 선교는 가능하였을까? 선교사들 가운데 일부는 처음부터 이러한 선교를 주장하고 고집하였고, 일부는 아래로부터의 선교가 벽에 부딪힌 다음 전환하였다. 티머시 리처드는 후자에 속한다. 많은 교회들도 중국에 파송되는 선교사들에게 이렇게 당부하였다. "중국의 지식인들을 확실하게 손에 넣어야 한다. 이는 매우 중요하다. 그들이 기독교

티머시 리처드와 부인

로 돌아오기만 하면 중국 전체가 하나님에게 돌아설 가능성이 있다." 그러나 예상과는 달리 복음은 이 계층들의 거센 저항에 부딪혔다. 중국의 지식인들 사이에서 하나님을 따를 가능성을 찾기란 나무에 올라가 물고기를 구하는 것과 다르지 않았다.

십자가의 사자들은 낙심하지 않고 온갖 묘책을 짜내며 사람들의 흥미와 호감을 얻어내려 노력하였다. 예를 들면 티머시 리처드와 W. A. P. 마틴丁韙良 등은 과학 기술을 이용한 "작은 마술"에 능했다. 중국 관중들에게 불가사의하게 느끼지는 변화를 그들은 하나님의 기이한 역사라고 강조하였다. 그러나 "마술"을 신기하게 여긴 사람들은 있을지라도 하나님에 대해서는 관심이 거의 없었다.

때로는 선교사들의 노력이 예외적으로 "분명한 효과"를 내는 듯 보이기도 하였다. 예를 들면 이재민 구호가 그러했다. 흉년이 들 때마다 선교사들은 하나님의 사랑과 긍휼을 나누기에 바빴다. 이재민들에게 동전 몇 잎을 나누어 주면서 한 장의 염가 천국 입장권을 받게 하는 구제활동은 "입교의 홍수"로 이어지기도 하였다. 티머시 리처드는 화북華北 지역

제10장 완강하게 저항하는 보루 217

에서 이러한 방법으로 많은 교인들을 모았다. 당시 직예총독直隸總督 겸 북양대신北洋大臣으로 있었던 이홍장李鴻章은 티머시 리처드를 접견하면서 그가 행한 구호활동에 감사를 표함과 동시에 솔직하면서도 익살스럽게 이런 말을 했다. "그렇게 불러 모은 교인들은 기독교를 먹는 자들에 불과하다. 어느 날 그들에게 돈을 나눠주지 않으면 남는 교인은 한 사람도 없게 될 것이다." 이 점에 있어서 교회 측도 조사와 경험을 통해서 솔직히 인정하였다.

전통이란 보루

중국인들은 왜 하나님에게 신앙의 마음 문을 굳게 닫았을까? 다양한 이유가 있겠지만 그중 문화적인 것이 가장 뿌리 깊은 원인이라고 할 수 있다. 이에 대해 교회 측도 결국엔 깨닫게 되었다. 수많은 사역의 어려움을 겪으면서 어떤 선교사는 정곡을 찌르는 감회를 다음과 같이 토로하였다.

> 중국인들은 내가 만나고 알게 된 민족 중 종교에 가장 관심이 없고 냉담하고 무정하며 종교를 필요로 하지 않는 민족이다. 그들은 자신들만의 성인聖人과 철인哲人과 학자가 있다. 그들은 이런 사람들이 있는 것을 자랑스럽게 여기고 이들을 신명神明으로 간주하고 숭배한다. 하나님은 공자와 기타 중국의 철인들만 못하고, 기독교의 취지는 깊이나 높이에 있어서 그들의 성인과 지혜로운 자들의 가르침과 비교할 수 없다고 확신하고 있다. 중국인들은 유물주의에 심취되어 보이는 사물만을 모든 것으로 생각한다. 그들에게 잠깐 시간을 내어서 세상 밖의 보이지 않는 영원한 것을 생각하게 하는 것은 정말 어렵다. 왜냐하면 지성선사至聖先師 공자가 귀신을 공경하되 멀리하라고 말하였기 때문이다. 이러한 민족에게 복음의 진리를 주입시킨다는 것은 얼마나 어려운 일인가! [133]

---

133. 湯普生, 『楊格非傳』(원서명: Wardlaw Thompson, *Griffith John: The Story of Fifty Years in China*), 57, 64, 顧長聲, 『從馬禮遜到司徒雷登--來華新敎傳敎士評傳』, 188-189에서 재인용.

이는 문화의 특성이란 문제에 대한 언급으로 근대 재중 선교사들 가운데 이 문제를 깊이 인식한 대표적인 사례이다. 윤리중심주의의 중국 전통문화 속에서 성장한 중국인은 신의 가르침은 멀리하되 인륜은 중시하고, 정신적 가공의 왕국은 경시하되 물질적 현실세계는 중시하며, 본토의 성현들을 존숭하되 본능적으로 "이단"을 배척하는 등의 뿌리 깊은 문화심리를 역사적으로 이어왔다. 근대에 이르러서는 시대적 자극 요인과의 "화학적 결합"을 통해 그 힘이 더욱 증대되었다. 이에 선교사들은 선교사역에 심각한 장애에 직면하게 되었고, 중국을 "지구상에서 저 옛날부터 마귀에게 점령당한 가장 완고한 보루"로 여기게 되었다.

이러한 보루를 마주하며 수많은 선교사들은 어려움을 무릅쓰고서라도 정면 공격으로 이 보루를 함락시켜 "중국문화를 근본적으로 개편하여야 한다"고 생각하였다.

주공도의 저항

"주공도"周孔徒는 당시 전국적 반양교 여론의 거대한 물결을 일으킨 "광인"狂人이다. 성은 주周, 이름은 한漢, 자는 철진鐵真이고, 호남성湖南省 영향寧鄉 사람으로 향신鄉神 가정에서 태어났다. 어렸을 때부터 사서오경을 배우고 15세에 현학縣學에 들어가 수학하였다. 함풍咸豊 10년(1860) 상군湘軍, 호남성 지방군에 가입하여 군인의 인생을 시작하였다. 먼저는 태평천국군과 싸웠고 이어서 좌종당左宗棠을 따라 북상하여 염군捻軍과 섬감회민폭동陝甘回民暴動을 진압하였다. 후에는 군대를 따라 신강성新疆省으로 들어가 야쿱 벡Muhammad Yaqub Bek, 阿古柏정권을 타도하며 유금당劉錦棠 수하에서 군무軍務를 돌보았다. 능력을 인정받아 후보도候補道, 청대 관직명로 승진하고 직함은 2품에 이르렀다.

광서光緖 10년(1884) 그는 군대를 떠나 호남성 고향으로 돌아가 문인의 삶을 시작하였다. 처음엔 장사長沙에서 "권선서善書 보급"과 "고향 후세 감화"를 목적으로 한 "보선당"寶善堂 경영에 참여하였다. 그 후 광서 15년(1889)부터는 반양교 선전에 전념하였다. 광서 24년(1898)까지 10

년간 그가 손수 집필하여 발행한 반양교 선전물은 무려 백여 종이나 되었다. "주공도"周孔徒란 그가 반양교 선전에 사용한 필명이었다.

주한의 반양교 선전물엔 발행인의 이름과 출처가 다양하게 사용되었다. 발행인으로는 자신의 진짜 이름을 포함하여 성현들과 유명 관료들의 후손 혹은 기타 인사들의 이름까지 사용하였다. 출처 또한 관청 문서나 심지어 국가 외교문서 등으로 가장하였다. … 표현 양식도 시문詩文, 가요歌謠에, 화집畵集, "사함"私函, 개인의 사사로운 편지과 "공문"公文 등으로 다양하였고, 발표 또한 성명서告白와 게첩揭帖, 벽보 등의 형식을 빌었다. … 글의 품격은 고상하기보단 거칠고, 신랄하며 심술궂고, 풍자와 욕설을 퍼부었다. 간단히 말하면 그의 글은 형식에 구애받지 않고 상황에 따라 다양한 화법을 구사하였다.

내용적인 면에서 본다면 외세 침략에 반대하는 반침략적 내용이 다수의 비중을 차지하였다. 하지만 더 주목을 끄는 것은 중국 성현들의 가르침으로 기독교와 서양 사물을 비난하고 있다는 것이다.

숭정벽사崇正闢邪의 삼대 소구점訴求點, 어필 포인트

주한의 반양교 선전 강령과 기조는 "숭정벽사"이다. "숭정"崇正은 옛 성현들 특히, 공공자·맹맹자의 가르침을 존숭하는 것이다. 공·맹의 확고한 정통성과 불변의 합리성 그리고 타의 추종을 불허하는 완전성을 수호하는 것이다. 소위 "벽사"闢邪는 중국의 "정도"正道와 상충되는 기독교와 기타 서양 사물을 배척하는 것이다. 구체적으로 살펴보면 숭정벽사론에는 삼대 소구점이 있다.

첫째, 임금과 나라에 충성하자는 것이다. 주한은 "충도"忠道를 나타내는 군신지강君臣之綱을 당시의 신하 및 백성과 청 조정의 관계에까지 적용하였다.[134] "우리 대청大淸 열조 열종列祖列宗, 역대 조상과 황제들은 모두 요堯·순舜 등 여러 성인들과 같은 덕행, 같은 교화로 성도聖道의 정통을 이은 이들이다. 대청의 신하와 백성들은 "이 땅에 살고 이 땅에서 나는 것

---

134. 한족들 가운데는 청의 정통성을 부인하는 이들이 있었다. 그런데 주한은 정통성을 강하게 인정하였다. (역자 주)

을 먹고, 그 깨끗한 가르침에 영향을 받았다." 그런데 "오늘날 예수란 돼지[135]의 부르짖음이 횡행한다. 어찌 이를 몰아내고, 성현의 가르침을 수호하고, 천자의 은혜에 보답하며, 조상들의 가르침을 지키려는 생각을 하지 않을 수 있으랴!" 그는 주공周公과 공자의 제자로 자처할 뿐만 아니라 항상 "대청 신하"大淸臣子의 신분을 잊지 않았다. 자신의 정식 호칭도 "대청 신하 주공도"大淸臣子周孔徒 또는 "공문의 제자 대청 신하"孔門弟子大淸臣였다. 벽사闢邪, 숭정崇正, 대청을 지킴保大淸 이 셋은 그에게 있어 분리될 수 없는 한 몸이었다. 그는 반양교 선전에 전념하면서부터 목숨을 걸고 죽을 각오를 하였다. 자신의 죽음을 애도하는 만련輓聯을 아래와 같이 미리 남기기도 하였다.

> 거룩한 가르침을 따르고 전하며, 사교邪敎를 물리치다 죽나니. 열조列祖 · 열종列宗 · 열성列聖 · 열선列仙 · 열불列佛들의 영령 의연히 만나고, 머리 조아려 스스로 진정한 남아라 한다.
> 만약 당할 재난을 염려하고, 떠도는 말에 현혹되고, 사나운 짖음을 두려워하여 뜻을 굽히면, 죽어도 불충 · 불효 · 부지不智 · 불인不仁 · 불용不勇의 악취를 남기나니, 온몸을 보전한들 어찌 대청大淸 사람이라고 하리요!

주한은 반양교 선전을 충군 · 애국의 실제 행동으로 삼고 시종일관 뜻을 굽히지 않았다.

둘째, 종법宗法을 수호하자는 것이다. 효도는 종법제도를 수호하는 윤리의 초석이므로 주한은 당연히 힘써 지키려고 하였다. 그는 기독교는 부모와 조상을 버리고, 인륜을

주한의 반양교 만화 중 한 장면

---

135. 기독교에서는 예수를 "주"라고 부른다. 그런데 당시 반기독교 중국인들은 "주"를 "돼지"로 불렀다. 이는 두 중국어 발음이 "zhǔ"와 "zhū"로 거의 같기 때문이다. (역자 주)

멸하는 짐승만도 못한 존재라고 줄기차게 비난하며 절대 용납할 수 없다는 비분을 자아냈다. 그의 「멸귀가」滅鬼歌에는 이러한 문구가 있다.

> 하늘 돼지 짖으면 쉽게 알 수 있으니, 오직 예수 한 돼지만 섬김이로다. 천지군친天地君親, 하늘과 땅과 임금과 부모 모두에게 불경하니 … 집에서는 조상을 모시지 않네. 지방에 이런 사람 있거든 그 집 식구들은 귀신 나부랭이니. 속히 묶어 오줌을 먹이시오. 오줌을 먹인 다음 집안을 뒤지고 귀신바가지 책들 찾아내거든 불구덩이 속으로 던지시오.

주한의 반양교 만화 중 한 장면

주한에게 있어 족권族權, 종족에 대한 족장의 지배권은 신성하여 "사교"邪敎가 파괴하는 것을 용납할 수 없었다. 나아가 족권을 사교인 기독교와 천주교를 제압하는 비장의 무기로 삼고자 하였다. 「근준성유벽사전도」謹遵聖諭闢邪全圖라는 화집에 한 장의 「족규제귀도」族規制鬼圖가 있다. 화폭에는 조상 위패가 있는 사당에 종가의 어른들이 모여 집안 내 서양 종교에 입교한 가족 구성원을 처벌하는 장면이 있다. 두 사람이 테이블 앞에 무릎 꿇고, 두 사람은 기둥에 묶여 있으며 한 사람은 발가벗겨진 채로 엉덩이를 맞고 있다. 화폭 양쪽에 대련對聯[136]이 있는데 내용은 다음과 같다.

> 한 가정이 사사로이 돼지 정령예수를 말함을 섬기면 일족은 공개적으로 개자식이 된다.

---

136. 문 입구 양쪽 또는 기둥 같은 곳에 걸거나 붙이는 대구(對句). (역자 주)

천하가 연합하여 귀신 일당을 제거하여 모든 백성이 후세에 오명을 남기지 않아야 한다.[137]

셋째, 정절을 지키자는 것이다. 주한은 남녀유별을 엄히 지킬 것과 특히 여성들이 정절을 잃지 않도록 예방해야 함을 강조하였다. 그는 기독교가 불륜을 일삼고 기이한 음행이 고질화되어 "창녀만도 못하다"고 욕설을 퍼부었다. 심지어 사람들에게 경고하기를 일단 입교하게 되면 "마누라, 며느리 모두가 돼지들과 어울려 자고, 딸마저도 돼지 곁에 두려고 시집 보내지 않으며", "한 가정의 처와 여식이 모두 음행을 저지르니", "형제와 부자는 녹색모자처가 타인과 간통한 남편이 쓰는 모자를 쓰고 일가친척과 이웃은 오가며 비웃는다"고 하였다. 「근준성유벽사전도」謹遵聖諭闢邪全圖에 한 장의 「규당[138]전교도」叫堂傳敎圖가 있다. 화폭엔 여러 교인들이 반달형으로 모여 십자가에 매달린 돼지 한 마리예수를 향해 절하고 있는 모습이 그려져 있다. 그들 등 뒤로는 멀지 않은 곳에서 3쌍의 남녀가 서로를 부둥켜안고 음행을 저지르고 있는 장면이 보인다. 남녀 옆엔 "전교"傳叫라는 글씨가 쓰여 있다. 화폭에 배치한 대련對聯은 다음과 같다.

악취 2천년 전해지니 참 견디기 어렵네, 사방팔방에서 낯선 자들 모여 아무렇게나 둘씩 짝지어 남녀가 한 베개 베고 함께 잠자네.
그림으로 전국 백성들에게 알리니, 원근각처 모든 사람들 모아 망할 놈의 기독교 무리들이 집안으로 들어오지 못하게 엄히 예방하시오.[139]

부녀들의 정절은 당시 사람들이 지극히 중시하는 도덕적 영예였다. 또한 정절은 종법제도에서 특별히 중시하는 혈연의 순수성 여부와 관계된 문제였다. 그러므로 사람들이 매우 민감하게 반응했고 선전 효과도 쉽게 얻을 수 있었다.

---

137. 呂實强,「周漢反敎案」,臺灣『中央硏究院 近代史硏究所集刊』, 第2期.
138. 예배당을 폄하한 용어. (역자 주)
139. 臭流二千年萬分不堪, 聽八方一熟半生, 隨意成兩成雙人鬼女男同枕睡; 圖告十九省百姓通曉, 合五服四鄰三黨, 謹防亡六亡七天豬兄弟進門來. 위의 책.

우리의 선·불 멸하려는 것을 어찌 용납하리

이밖에도 "선仙·불佛의 보존" 또한 주한의 숭정벽사론에서 주목을 끄는 내용이다. 주한은 불교의 부처들佛과 도교의 여러 신선들仙이 비록 공자와는 비교할 수 없지만 필경 "갈래만 다르되 원류는 같아 사악하지 않다"고 하였다. 그들의 상호관계는 "일월과 성신처럼, 빛의 차이는 있지만 서로 거스르지 않는다"고 보았다. 그는 서양 종교는 성인 공자를 욕보였을 뿐만 아니라 긴 세월 공자와 평화적으로 공존하고 공자를 지킨 "문창제군文昌帝君, 관성제군關聖帝君, 태상로군太上老君, 석가불釋迦佛, 관음보살觀音菩薩, 조군사령竈君司令, 재신노야財神老爺 및 모든 대소 올바른 신들大小正神"[140]인 중국의 여러 신들을 갈라놓았다고 질책한다. 때문에 사람들에게 사교邪教인 기독교를 제거하여 신들을 보호할 것을 호소하였다.

불교와 도교 두 종교는 공자의 왼팔과 오른팔이 되었을 뿐만 아니라 중국의 셀 수 없는 다양한 신령들도 중국인들의 일상생활의 "실용품"이 되었다. 많은 신을 봉안하는 것은 중국 민간에서 행해지는 중요한 풍습이었다. 윤리문화의 보조적이고 보충적 기능뿐만이 아니라 배양토와 보호제로서의 중요한 기능을 한 것이다. 동시에 서민들의 공동체의식을 강화시키고 공동체 행위를 조율하는 중요한 역할도 하였다. 기독교는 그의 엄격한 일신론으로 중국의 여러 신들을 모두 부정하고 배

주한의 반양교 만화 중 한 장면. 이 만화를 통해 불교 도교와 연합하여 양교에 대항하려는 주한의 의도를 알 수 있다.

---

140. 이 인용문과 위 "崇正闢邪三大訴求" 소제목의 내용 중 각주 130과 131을 제외하고는 모두 王明倫 편, 『反洋教書文揭帖選』 내 「湖南周漢等發布的反洋教文件」 참고. 주한의 반양교선전물에는 천주교의 "주"主 자를 같은 발음의 돼지 "저"豬 자로 비하하고, 천주교 또한 "돼지가 부르짖다"豬叫, "귀신이 부르짖다"鬼叫 등으로 폄하하고 있다.

척하려고 하였으니 당연히 서민들의 원망과 강렬한 반대를 불러왔다. 나아가 교회 측은 민간의 신맞이 행사, 용왕에게 기우제를 지내는 등의 활동에 간섭하여 충돌사건을 자주 일으켰다. 주한은 이러한 것들에 불을 지피고 풀무질을 했으니 그 효과는 가히 상상할 만하다.

사실, 민간에서는 중국의 여러 신들을 보존시키려고 힘썼을 뿐만 아니라, 신들을 교회 측에 맞서 싸우는 천적으로 삼았다. 이는 의화단 사건을 통해 전형적으로 나타나고, 의화단이 작성한 한 토막 저주의 내용만을 보더라도 이를 알 수 있다.

> 오, 천지 신령들이여! 창시자祖師인 신령들이여 나타나소서. 먼저 당승唐僧과 저팔계猪八戒를 청하고, 다음은 사승沙僧과 손오공孫悟空, 이랑二郎, 마초馬超와 황한승黃漢升, 우리 불조佛祖이신 제전濟顚, 강호江湖의 유수정柳樹精, 비표飛標 황삼태黃三太, 전 왕조前朝의 냉여빙冷如冰을 청합니다. 나아가 화타華佗를 청하오니 병을 치료하소서. 끝으로 탁탑천왕托塔天王 이정李靖과 그의 금타金吒, 목타木吒, 나타哪吒 세 태자를 청하오니, 하늘의 십만 군대를 인솔하오리![141]

주한의 사력을 다한 반양교 활동은 교회 측의 극도의 미움을 샀다. 교회 측은 그냥 내버려 둘 수 없었다. 정부의 외교기구를 통해 청 정부에 끊임없이 압력을 가하며 엄히 처벌할 것을 요구하였다. 청의 지방 당국은 주한이 서양인의 미움을 사고 말썽을 일으키는 것이 싫었지만 그의 반양교 취지와 영향에 대해서는 동정하고 오히려 비호하였다. 호광총독湖廣總督 장지동張之洞은 총리아문總理衙門에 보내는 보고서에 주한은 "성현들의 가르침을 바른 것을 수호하고崇正 사악한 것을 쫓아내겠다는 것黜邪을 명분으로 삼고, 한 몸을 희생하여 국가에 보답하겠다는 것을 주장하니. 만약 이 자를 처벌하면 국가 통치체제에 해를 줄 수 있고, 호남성의 무지한 자들은 반드시 이에 격분할 것이다"[142]라고 언급하였다.

---

141. 羅惇曧, 「拳變餘聞」, 『清季野史』(長沙: 嶽麓書社, 1985), 46.

142. 『張文襄公全集』(北平: 文華齋, 1928), 卷136, 33.

그러나 외국의 압력을 못 이기고 사고를 억제하기 위해 결국엔 주한을 체포하였다. 심리 과정에서 주한은 자신의 언행에 대해서 인정할 뿐만 아니라 모든 책임을 지겠다고 말하였다. 자신의 행동을 잘못으로 여기지 않았고, 오히려 잘한 것으로 생각하고 태도도 매우 완강하였다. 마침내 그는 "정신이 온전치 못한 채 사람들을 선동하고 유혹한" 죄명으로 정신병 사례에 의거하여 장기 감금되는 판결을 받았다. 옥중에서 그는 늘 꿋꿋하며 의지를 굽히지 않았다. 훗날 평류례기의 萍瀏醴起義, 1906년에 발발한 반청 무장기의로 체포된 혁명당원이 주한과 같은 감옥에 있게 되어 그에게 글을 부탁하였다. 주한은 "용호"龍虎 두 글자를 갈겨쓰고 "비록 새우가 조롱하고 개들이 괴롭히지만 위풍당당함은 여전하도다. 하하하!"라는 제사題辭, 서화 등 작품 앞면에 쓰인 글을 남겼다고 한다. 이때 그의 나이는 60이 넘었는데 강인함과 고집은 예전과 다름이 없었다. 이로 볼 때 "주공도"는 정신이 이상한 적이 없었다. 다만 특정 환경과 여건 속에서 강상명교綱常名教, 소위 사람이 행하여야 할 도덕과 인륜의 명분을 밝히는 가르침라는 전통문화가 빚어낸 고집불통의 인물이었다.

모두가 다 우연이 아니었다

주공도주한의 반양교 이력에서 우리는 무엇을 보았을까?

발생 지역으로 보면 호남성이었는데 결코 우연이 아니었다. 청말 호남성은 줄곧 반양교 여론의 주요 발원지이고 소용돌이의 중심지였다. 1860년대부터 가장 멀리 전파되고 영향이 컸던 반양교 선전물들은 대개 호남에서 나왔다. 저명한 반양교 모음 글 『벽사기실』闢邪紀實을 펴낸 "천하에 가장 마음 아픈 자"天下第一傷心人는 주한과 동향이었던 최간崔暕이었다. 최간도 제생諸生, 청대 부府, 주州, 현학縣學에 진학한 학생 출신으로 상군湘軍에 입대하여 주한과 비슷한 이력을 갖고 있었다. 이는 결코 우연의 일치가 아니다.

호남은 함풍咸豊 연간1850-1861에 증국번曾國藩, 호림익胡林翼 같은 이들이 배출되어 지식인들의 활동이 두드러졌다. 지식인들 가운데는 사명감으로 봉건적 가르침을 절대 수호하겠다는 "주공도" 같은 이들이 있었다. 그들은 비록 지위가 다르고 구체적인 활동이 달랐지만 전통 수호라는 공통된 사상적 특징을 갖고 있었다. 주한과 같은 이들이 격동기에 교회 측과 부딪치게 된 것은 호남 지역 지식인들의 활약과 밀접한 관계가 있었던 것이다.

시간적인 면에서 보면 주한의 반양교 선전활동 기간은 대략 19세기 말 10년 정도였다. 이 시기는 청말의 반양교 항쟁이 최고조에 달하던 시기였다. 이때는 청불전쟁(1883년 12월-1885년 4월)이 지난 갑오전쟁(1894년)의 전·후 시기였다. 외국 교회 세력의 팽창과 제국주의의 대對중국 식민침략 강화가 서로 맞물려 지속되었고, 중국의 반양교 항쟁이 발전하고 민족의 위기는 날로 심화되는 상황이었다. 여러 모순은 예전보다 더 복잡한 양상을 띨 수밖에 없던 시기였다. 이러한 여건 속에 전통적 문화심리가 강렬한 현실의 자극을 받으며 반양교 여론 고취에 반영되는 것은 당연하다고 할 것이다.

지위나 신분에서 볼 때 주한은 매우 대표적인 인물이다. 그는 청말 관官·신紳이란 특별한 계층에 속했다. 반양교 선전의 기수로 활동하기에 가장 적합하였던 것이다. 지식인 출신으로 그는 전통수호 사상衛道思想을 품지 않을 수 없었고, 이를 위해 군에 입대하였고 공을 세워 2품관으로 승진하였다. 이로써 그는 일반 향신鄕紳들이 오를 수 없는 정치적 지위를 얻게 된다. 그러나 그는 증국번처럼 국가 중요 정무에 참여하는 위치에 이른 것이 아니었고, 곽숭도郭嵩燾처럼 "이무"夷務, 대외/서양 사무에 종사하면서 "서학"을 이해하고 사상적 변화를 일으킨 것도 아니었다. 그는 원래 상태의 문화적 자질과 사상만을 유지하였고, 재야 사신士紳의 대열로 물러나 그들의 선두에 섰던 것이다.

그는 자신의 우월한 자격을 바탕으로 수많은 향신들을 주도하며 반양교 여론의 거센 물결을 일으켰다. 그의 주된 선전 대상은 상위계층이 아니라 하위계층이었다. 전통문화의 영향을 받으며 성장한 수많은 민중들은 문화적 수준은 낮았지만 소박하고도 강렬한 전통 수호의식이 있었다.

특히 효도 문화와 아녀자妻女의 정절과 전통풍습을 수호하려는 직접적이고도 현실적이며 절박하고도 민감한 요구가 강했다. 그러므로 이들은 쉽게 반양교 정서에 선동되고 숭정벽사의 외침에 호응하였던 것이다.

반양교 수준과 특징으로 볼 때 주한의 반양교 선전에는 다음과 같은 특징이 있다. 숭정은 평범한 설교조로 일관되고, 벽사는 논리적 설득보다는 욕설이 넘쳤다. 이지적 비판은 부족하고 감정적 발산은 지나치게 많았다. 질적 깊이는 부족하고 양적 반복은 넘쳤다. 선교사들과 교민들을 구분하지 않고 싸잡아 성토하고 공격하였다.

청말 반양교 여론을 종합해 보면 전통문화를 통해 기독교에 가한 제재와 비판은 대개 이상과 같은 수준에 머물고 있었음을 볼 수 있다. 깊이가 결여된 선동이 난무하였고 엄정한 논리는 드물었다. 엄정한 논리라고 해도 일반적으로 사상적 깊이가 부족하였다. 저속한 욕설만 좀 덜할 뿐 주한의 논조와 비슷하였다. 이럴 수밖에 없었던 원인은 강상명교綱常名敎라는 전통문화가 갖는 시대적 낙후성에서 찾을 수 있다. 이는 강력한 반양교 논리를 근본적으로 제시할 수 없게 하였다. 또 다른 원인으로는 본능적인 혐오감과 거부감을 들 수 있다. 이는 비판할 대상에 대한 이해 부족을 초래하게 된다. 상대방을 잘 알지 못하는데 어찌 잘 싸울 수 있겠는가?

유가의 악몽

주한과 같은 자들의 반양교 동력에 대해 외국 학자는 다음과 같이 논하고 있다.

> 청말 선교사들이 주된 자극요인인 것은 확실하다(나도 그렇다고 확신한다--원래의 주). 그러나 선교사들이 만난 민중들 가운데는 대다수가 이미 쉽게 격노할 선입견을 갖고 있었다. 이러한 사실 또한 간과되어서는 안 된다. 반기독교 사상의 흐름은 적어도 명나라 말때까지 소급된다. 그때 이러한 저작물은 매우 흔했다. 19세기 후

반 중국이 기독교를 받아들이는 "사상적" 저변에는 명말의 반기독교 저작물이 주된 바탕이 되었다.[143]

『파사집』,『부득이』 같은 전통수호에 강한 특징을 띤 명말의 반양교 문서들은 후대 지식인들에게 잊혀지지 않고 있었다. "이단을 공격하고, 성인의 가르침을 수호하여야 한다"는 마음 자세는 언제든지 당겨질 수 있는 활시위가 되었다. 금교禁敎의 긴 세월 속에 기독교는 줄곧 지하활동이란 특별한 방식으로 전해 내려왔다. 있는 듯 없는 듯, 사라졌다 나타났다 하는 유령과 같은 존재는 "사악한" 기운과 공포스러움을 더욱 가중시켰다. 반양교적 전통사상이란 무기는 결국 많은 사람들에게 승계되어 사악한 기운을 없애는 부적처럼 여겨졌다. 이러한 전통의 저력의 뿌리는 선교사들이 저주하는 이른바 "유가의 악몽"이었을 것이다.

근대에 이르러 중국의 전통문화는 서양문화에 비해 전체적으로 뒤쳐졌다. 하지만 중국 전통문화를 계승하고 발전시킬 핵심이 전혀 없는 것은 아니었다. 예를 들면 이성적 사고력과 어떤 윤리와 미덕은 오늘날에도 우수한 정신적 보화가 아닐 수 없다. 한편 당시의 서양문화에도 배척해야 할 쓸모없는 것들이 있었다. 특히 종교신학이 해당된다. 종교신학은 서양문화의 정수가 아니고, 더군다나 비정상적인 문화교류를 통해 사람들에게 강요되었기에 그렇다. 그러므로 중국 전통문화의 정수를 보존하고자 노력하고 서양문화 가운데 쓸모없는 것을 배척하며, 중국의 민족적 감정과 신앙습관에 적응하지 못할 뿐만 아니라 비정상적 방식으로 전파되는 종교에 대해 수용을 거절하는 것은 인지상정으로나 도의적으로 비난의 여지가 없다.

그러나 주공도 같은 자들의 반양교 문화심리를 살펴보면 이와는 좀 달랐다. 그들이 힘써 지키고자 한 것은 강상명교綱常名敎라는 요체였고, 그들이 증오하고 비판하며 배척한 것도 단순히 기독교에 한하지 않았다. 서양의 문화 전반에 대한 맹목적 거부였다. 이런 측면에서 이는 일종의 전통의 타성惰性이라고 할 수 있다.

---

143. 費正清 편,『劍橋中國晚清史』, 上卷, 603. (원서명: John K. Fairbank ed., *The Cambridge History of China*, Volume 10, *Late Ch'ing 1800-1911*, Part 1.)

그러나 전통의 타성이라고 할 수만은 없다. 왜냐하면 이는 현실적 민족우환의식 및 자위의식과 화학적으로 복잡하게 "결합"되었기 때문이다. 민족적 위기와 사회적 위기라는 절박함이 재래식 사상적 무기만으로 문제를 해결하고자 한 주한 같은 자들을 과거의 양광선 등보다 더 충동적이고 격분을 억누를 수 없게 하였던 것이다. 이에 그들의 반양교 여론은 짙은 화약 냄새를 뿜었고 동시에 매우 이지적이지 못한 모습을 나타냈다. 이는 외국의 침략에 반대하면서 전통 문화질서를 수호하려는 왜곡을 초래했다. 외국의 침략에 반대하는 전자는 근대 민주혁명의 내용인데 반해 후자는 구시대를 향한 몸부림이자 후퇴이다. 주공도의 이야기가 비극적일 수밖에 없는 근본적 요인은 여기에 있었다.

공자에 예수 더하기

기독교에 대한 혐오는 주한 같은 사람들만의 특유한 태도가 아니다. 이는 청말 중국인들의 보편적인 심리였고, 지식인 계층에서 더욱 선명히 드러났다. 청말 정치사회에서 활약한 각 계파의 지식인들은 대부분 "비기"非基, 즉 반기독교적 독백을 남기고 있다. 서학과 인연이 있는 인물들도 예외가 아니었다. 이는 교회 측 인사들로 하여금 새로운 방법을 모색하지 않을 수 없게 하였다.

문제는 종교보다는 정치

위원魏源은 그의 저명한 『해국도지』海國圖志에 「천주교 고찰」天主敎考이라는 글을 남겼다. 글에는 양광선의 반양교 주장을 적지 않게 수록하고 있다. 물론 나름대로 연구도 하였는데 그의 결론은 천주교는 "천박한 학문에서 비롯되어", "모두 뒷골목 이야기들로 군자가 논할 거리가 아니다"는 것이었다.

풍계분馮桂芬은 『교빈려항의』校邠廬抗議에 「채서학의」採西學議, 서학을 취함에 있어서라는 제목의 글로 서양인들의 과학 분야에서의 조예에 대해서 깊은 존경을 나타내고 있다. "수학, 중학重學, 물리학의 한 분야, 시학視學, 광학, 화학 등은 모두 사물의 이치를 체득한 원리"라고 인정한 데 반해 기독교의 여러 교리에 대해서는 지극히 멸시하고 "모두 비루하여 언급할 가치가 없다"고 말했다.

영국, 프랑스, 벨기에, 이탈리아 4개국 공사를 역임하며 서양의 학문과 정세 연구에 상당한 조예가 있었던 설복성薛福成도 성경에 대해서는 "가탁假託하거나 견강부회牽强附會하며 신비감을 갖추려 하였지만 『봉신연의』封神演義와 『서유기』西游記 등 중국의 소설도 이렇게 저속하진 않다. 주장한 바가 진실되지 못함은 삼척동자도 다 알 수 있을 정도다"[144]라고 평하였다.

매판買辦 출신으로 양무洋務에 경험이 풍부하고 서학을 탐구하며 심지어 선교사들과 교류가 깊었던 정관응鄭觀應도 감정을 억제하지 못하며 다음과 같이 견해를 피력하고 있다. "이슬람교와 천주교의 황당하고 억지스러운 주장을 어찌 우리나라 성현과 임금의 가르침에 비교할 수 있겠는가?"[145]

서양에서 최초 외교관으로 봉직한 곽숭도郭嵩燾도 기독교를 중시하지 않았다. "정교함이 중국 성인들에 미치지 못하여 미련한 아랫사람들은 미혹시킬지언정 지혜로운 윗사람들은 미혹시키지 못한다"[146]고 확언하고 있다.

양무파洋務派의 기수이며 생애의 공과를 "화융"和戎, 외국과 화의으로 평가받는 이홍장李鴻章도 "중국의 문무 제도는 서양인들보다 모두 뛰어나다"[147]고 긍정하면서

양무파 지도자 이홍장

---

144. 薛福成, 『出使英法義比日記』(長沙: 嶽麓書社, 1985), 125.
145. 夏東元 편, 『鄭觀應集』(上海: 上海人民出版社, 1982), 上册, 491.
146. 郭嵩燾, 『養知書屋文集』, 卷11, 21.
147. 『籌辦夷務始末·同治朝』, 卷25, 9.

기독교에 대해서는 더욱 비호감이었다. 기독교는 폐해가 매우 크고, 교리는 "불교와 도교보다 더 비루하다"[148]고 언급하였다.

유신운동維新運動의 공신 강유위康有爲는 신농씨神農氏가 백초를 두루 맛보듯이 서학을 섭렵하며 채택하고자 하였다. 하지만 서양의 하나님에 대해서는 흥미가 전혀 없었으며 공공연히 "사교"邪敎라고 나무랐다. 그는 공자를 높이고 예수는 낮추려고 큰 소리로 "육경六經은 이용할만한 책이고 공자의 가르침은 세상을 다스리는 학문이거늘 책임지고 널리 알리지 않자 서양의 사교邪敎가 일어나 우리 백성을 선동하고 유혹하고 있다. 각 성省에 예배당은 쫙 깔려 있는데 공묘孔廟는 각 현縣에 한 곳밖에 없으니 어찌 통탄하지 않을 수 있으랴!"[149]라며 외쳤다.

정치적 입장이나 소속이 다른 이 인물들의 기독교에 대한 태도에서 주한과 같은 자들의 말투와 상당히 같다는 느낌이 들지 않는가?

다만 이들은 주한 등과 분명히 차이가 있었다. 서양의 모든 것을 대충 다 배척하지 않았고, 기독교에 대해서도 드러내는 공격 "열전"熱戰 방식이 아니라 암암리에 저항하는 "냉전"冷戰 방법을 취할 것을 주장하였다. 이들은 냉전적 전선을 결성한 것이라고 말할 수 있다. 그 원인은 양무파 인물들이 해석한 다음과 같은 대표적 이유를 통해서 가늠할 수 있다.

중국의 성현의 가르침은 영원하며 사람들 마음에 깊이 파고들어 저속한 기독교는 그와 필적할 수 없다. "우리가 올바른 가르침을 밝게 닦아나간다면 나아갈 바를 바르게 할 수 있다. 끓는 물을 폈다 부었다 하면서 끓지 않게 하려고 했다가 더 들끓게 할 필요가 없다."[150] 또한 근래의 형세에서는 "성현의 가르침이 짓밟힐 것을 염려하여 돕고 확대하려 한다면 종교와의 다툼보다는 정치를 잘 하는 것이 중요하다."[151]

이것이 그들이 주한 등보다 똑똑한 점이다. 사실, 기독교 자체의 충격으로만 중국 전통문화의 장벽을 허물기에는 턱없이 부족하다. 근대 중서

---

148. 위의 책, 卷55, 16.
149. 湯志鈞 편, 『康有爲政論集』(北京: 中華書局, 1981), 上册, 132.
150. 弈訢 등의 이야기, 『籌辦夷務始末·同治朝』, 卷62, 2.
151. 張之洞, 『張文襄公全集』, 卷203, 51.

中西 문화가 교전함에 있어 기독교는 서양 학문 중의 우수한 무기도 아니고, 서양 학문의 주요 운반체도 아니었다. 하물며 근대의 중서관계는 과거처럼 문화적 관계가 주된 것이 아니라 정치적 관계가 더 중요하였다. 그러므로 "종교와의 다툼"이 아닌 "정치를 잘하는 것"에 더 많은 힘을 쏟는 것이야말로 지혜로운 판단이라고 할 수 있다.

서로 다른 심리

냉전적 전선에서는 파벌, 정치 지위, 사회 역할, 문화적 소양의 차이로 반기독교적 심리와 외적 표현방식도 서로 달랐다. 예를 들면, 양무파洋務派와 유신파維新派의 대표적 인물간의 차이를 주목할 만하다.

양무파 요원들에게 중국 성현의 가르침은 주한 등과 근본적으로 같았고, 또한 그들은 진심으로 수호하고자 하였다. 그들이 "종교와의 다툼"을 주장하지 않은 것은 조약을 준수하고, 대국을 고려해 양보하며, 외교적 평화 국면을 유지하려는 데 있다. 이는 그들이 청 왕조의 당권파 인물들로 직접 외교에 몸담고, 교안을 처리하는 지위에 있는 것과 밀접한 관계가 있다. 그러므로 이들은 이른바 "형세를 위한 자들"이었다. 증국번, 이홍장이 그렇고 이후 장지동張之洞도 그랬다. 장지동은 그의 『권학편』勸學篇에서 그가 제기한 "기독교를 공격하지 않음"은 "형세를 위한" 논리적 결과물임을 명확히 하고 있다. 그러나 이들이 설령 종교와의 다툼을 원치 않는다고 해서 정치적으로 잘 대응한 것도 아니었다. 정치를 잘하겠다는 것은 종교와 다투지 않겠다는 구실에 불과하였다. 그러므로 양무파 거장들의 이른바 종교를 공격하지 않는 냉전암암리에 저항함 방식은 정치적 필요에 의해 문화적 인지를 왜곡시킨 기형적 산물이며, 공격하지 않는다면서 공격하는 모순되면서도 일치하는 미묘한 형체였다.

장지동, "비공교"非攻敎를 주장한 대표적 인물

양무파 거장들과 비교하면 강유위 등의 대표적 유신파 인물들은 반기독교 문제에 분명한 차이점을 나타내고 있다. 그들의 마음속엔 중국의 옛 성현의 가르침은 불변의 진리이자 만고불멸이란 확신이 동요되고 있었다. "중체서용"中體西用, 양무파의 기본강령이란 울타리는 그들의 발밑에서 이미 허물어진 상태였다. 강유위는 유교의 국교화를 주장하였다. 그는 "유교 수호"保聖教를 제기하며 유교 교회를 세우고 교리를 제정하여 "공자교"孔教를 국교로 정하고 이 공자교로 서양 종교의 침해를 배척하고자 하였다. 그러나 이때 그가 온 힘을 다해 내세운 공자는 고대 복장을 하고 최근 연극에 출연하는 그에 의해 개조된 "교주"教主였다. 그는 전통 사상 수호와 반역이라는 길목에서 기독교를 배척하고, 서양으로부터 "정치"政學를 배우는 과정 중에 서양 하나님을 버렸다. 이는 문화의 선택 면에서 양무파보다 분명히 더 자각적이고 차원도 높았다. 이러한 공자 세우기와 예수 낮추기는 주한 등의 숭정벽사崇正闢邪와는 질적 차이가 있다. 그러나 서양 하나님과의 간격이라는 점에서 본다면 "냉전"과 "열전" 전선에서의 각 계파는 크게는 동일하다고 말할 수 있다.

이런 상황에서 교회 측은 정면 돌파 말고 다른 어떤 방법이 있었을까?

몸이 붙은 형제

청말 일부 선교사들로부터 마테오 리치의 환영이 보이고, 리치식 선교방법의 냄새가 나는 듯하였다. 공자와 예수의 양립 불가의 대결구도 속에서 십자가의 사자들 가운데는 양자를 조화시켜 보려는 인물들이 있었다. 그들은 "공자 아니면 예수"의 관계식을 "공자에 예수 더하기"로 전환하려고 노력하였다. 흥미로운 건 그들은 마테오 리치가 속한 천주교 후손이 아니라 개신교 인사들이었다.

미국 국적의 존 알렌Young John Allen, 林樂知이 대표적 인물이다. 동치同治 8년 11, 12월(1869년 12월, 1870년 1월) 그는 자신이 운영하는 중국어 기간지 『교회신보』教會新報에 "소변명교론"消變明教論이라는 제목의 장편 글을 연재하였다. 이 글에서 "공자에 예수 더하기"의 관계식을 체계적으로 해석하였다. 그의 지론은 다음과 같다. 예수의 마음은 공·맹과 일치한다. 유교에서 오륜五倫을 중시하는데 우리 기독교도 오륜을 중시하고, 유교가 오상五常을 중시하는데 우리도 그렇다. 이 글을 보면 알렌은 근본적이고 핵심적인 곳에서 공자와 예수 사이에 한 몸을 이룰 연결점을 찾은 것이다. 알렌은 상관된 『성경』 구절을 일일이 언급하며 증명해 나갔다.(당시 번역된 성경은 현재 사용하고 있는 것과 차이가 있어 알렌의 원문을 그대로 인용하였다.)

존 알렌

알렌은 『성경』에 "임금를 존중하고", "임금를 저주하지 말며", "위의 권위에 복종하라"는 등의 구절로 "군신을 중히 여기다"重君臣를 증명하고, "부모를 공경하라"와 "부모를 욕하는 자는 반드시 죽이라" 등으로 "부자를 중히 여기다"重父子를 증명했다. "남편은 한 아내를, 아내는 한 남편을 배우자로 하여 음란을 삼가라", "아내는 남편에게 복종하고, 남편은 아내를 사랑할지라"는 말씀으로 "부부를 중히 여기다"重夫婦의 증거로 삼고, "형제를 사랑하라", "거짓 없이 형제를 사랑하고, 깨끗한 마음으로 서로 사랑하라" 등의 내용으로 "형제를 중히 여기다"重兄弟의 증거로 삼았다. "마음으로 친구를 권면하라", "서로 사랑하고 함께 기뻐하라"는 등의 구절로 "친구를 중히 여기다"重朋友의 증거로 삼았다. 이는 오륜五倫, 유교의 다섯 가지 인륜: 군신유의君臣有義·부자유친父子有親·부부유별夫婦有別·장유유서長幼有序·붕우유신朋友有信에 대한 증명이었다.

알렌은 또한 『성경』의 "사랑"에 관한 가르침으로 "인"仁을, "여호와는 의를 기뻐하시고 정직한 자를 눈여겨 보신다" 류의 언급으로 "의"義를, "예로 서로 양보하라"는 등의 말씀으로 "예"禮를, "지혜로운 말씀은 진주보다 귀하고 황옥이 비할 수 없으며 정금이 견줄 수 없다"와 같은 말씀으로 "지"智를, "믿음에 멈추라"는 종류의 내용으로 "믿음"信과의 일치를 주장하였다. 이는 오상五常, 유교의 인仁·의義·예禮·지智·신信의 다섯 덕목德目에 대한 증명이었다.

알렌의 글에는 『성경』 속 "모세의 십계명"을 이른바 "유교 군자 삼계" 儒教君子三戒와 비교하며 "일치하는 취지가 있음"을 증명하기도 하였다. 제7계명 "간음하지 말라"는 "색을 경계하라"戒色와 같고, 제6계명 "살인하지 말라"는 "다툼을 경계하라"戒鬥와 일치하며, 제8계명 "도적질하지 말라", 제10계명 "이웃의 집이나 아내나 종들이나 소나 나귀 등 이웃이 소유한 모든 것을 탐하지 말라"는 "얻는 것을 경계하라"戒得[152]와 같은 의미라는 것이었다.

이렇게 그는 예수와 공자를 윤리도덕의 "유전자"가 같은 몸이 붙은 형제라고 증거하였다. 알렌 외에도 또 다른 미국 선교사 길버트 리드 Gilbert Reid, 李佳白와 독일 선교사 에른스트 파베르Ernst Faber, 花之安 등도 공자에 예수 더하기라는 이론을 힘 써 고취한 이들이다.

주인과 하인

기독교 측의 "공자에 예수 더하기" 관계식 안에 더해지는 양자의 지위는 어떠한가? 겉으로 볼 때는 공자가 위에 있는 것 같거나, 적어도 양자는 대등한 관계로 보인다. 그러나 이를 제안한 이들의 진정한 의도는 예수를 주인, 공자를 하인으로 하여 예수로 공자를 지배하고 개조하려는 의도가 깔려 있었다.

이는 에른스트 파베르花之安의 공자에 예수 더하기를 고치는 대표작 『자서조동』自西徂東, 서양에서 동양으로의 서문에 명백하게 드러나고 있다. 서문을 요약하면 다음과 같다. 중국은 서양의 학문을 터득하고자 하는데 겉만 배우고 깊은 이치를 파악하지 못하니 배워도 도움이 안 된다. 반드시 근본적인 것에서부터 배워야 하는데, "예수의 말씀"이 바로 모든 아름다운 사물을 존재케 한 근원이다. 중국은 아직 예수의 진리에 복종하

---

152. 『教會新報』, 1869년 12월 4일, 11일, 25일, 1870년 1월 1일, 8일, 顧長聲, 『傳教士與近代中國』, 제7장 제3 소목차에 관련된 내용을 자세히 수록하고 있다.

지 못하고 있다. 비록 개별적으로 말씀을 따르는 중국인들이 중국을 돕고자 하지만 둥근 장부 구멍에 네모난 장부가 들어가지 못하듯 힘이 빈약하여 뜻을 이루지 못하고 있다. 그러므로 가장 시급한 것은 중국인들이 한 마음 한 뜻으로 함께 서양으로 가서 예수의 가르침을 정말로 구하는 것이다. 그다음 서양에서 동양으로 돌아와 중국 유가의 가르침과 상통하게 하는 것이다. 에른스트 파베르는 "예수의 가르침은 사실상 유교의 가르침과 내용이 같고 일맥상통하다"고 주장하였다. 그는 "예수의 가르침은 미비한 것이 없고 포괄하지 않는 것이 없다. 하늘의 오묘한 뜻이며 인간 세상의 윤리와 기강으로서 지상의 만물이 다 그 안에 총괄되어 있다"[153]는 것을 특히 강조하고 힘써 증거하고자 하였다. 그렇다면, "유교儒敎의 가르침"도 예수의 가르침 속에 당연히 포함되는 것이다. 그의 책은 73장 5권으로 되어 있다. 5권은 『인집』仁集, 『의집』義集, 『예집』禮集, 『지집』智集, 『신집』信集으로 각각 명명되어 있어 겉보기에는 유가의 "오상"을 논지로 삼은 듯하다. 그러나 실제로는 이를 "예수의 말씀" 안에 용해시키려고 하였다.

이들이 볼 때 중국의 공자는 어디까지나 일개 인간으로서 거룩한 예수와는 비교할 수 없었다. 기독교 참 빛은 당연히 유교 위에 있었다. 그렇다면, "이해가 올바른 유교도들"이 예수의 가르침을 온 세상의 복음으로 받아들이는 것을 방해할 그 무엇도 없었다. 그들에게 "공자에 예수 더하기"라는 공식은 넘지 못할 장애물이 없게 하였다.

이때 선교사들 중에도 유학儒學에 대해 학문적으로 진지하게 연구하고 체계적으로 서양에 소개한 이들이 있었다. 영국의 개신교 선교사 제임스 레게James Legge, 理雅各가 그렇다. 그는 공자를 "중국 황금시대 잠언의 주석가 및 해석가"로 보고 사서오경과 기타 여러 종류의 중국고전을 체계적으로 영어로 번역했고, 중국문화를 연구한 여러 저서를 남겼다. 귀국 후에는 옥스퍼드대학에서 다년간 중국학 교수로 재임하였다. 하지만

153, 花之安Ernst Faber, 『自西徂東』(영문명: *Civilization: A Fruit of Christianity* 또는 *Civilization: China and Christian*.)(上海: 廣學會, 1899, 重刊本), 저자의 自序 제4쪽. 이 인용문 앞의 요약문은 서문 전체를 잘 개괄하고 있다.

그조차도 중국에 선교사로 있는 동안 중국문화에 대한 이해를 서양의 하나님으로 하여금 중국에 뿌리 내리는데 도움이 되는 수단으로 삼았다. 그는 중국인의 고전을 철저히 파악하는 것이야말로 자신의 선교사 직책과 위상에 맞는 것이라며 핵심을 꿰뚫는 내심을 토로하였다. 문제는 이렇게 중국문화를 애써 통달하려는 선교사도 많지 않았다는 점이다. 심지어는 이런 우스운 이야기도 전해진다. 스스로 "중국통"이라는 선교사가 쓴 글에 『홍루몽』紅樓夢, 청대의 장편소설로 중국의 4대 명저 중 하나의 가보옥賈寶玉, 홍루몽 소설에 등장하는 남자 주인공을 "성질 거친 여인"이라고 언급할 정도였다.

조화시키려는 선교사들의 노력

그래도 조화시키려는 선교사들은 중국과 서양의 이질적 문화 사이의 충돌과 대립을 완화시키려고 노력하였다. 주목할 만한 현상은 이들이 기독교 신학에 대해서도 일정한 변화를 가하였다는 것이다. 도덕적 내용을 돌출시키고 강조하는데 특히 유의하며 신화적 색채가 두드러진 듯한 내용은 회피하며 중국 윤리문화와의 연결을 모색하였다는 것이다. 그들은 학문적 측면에서만이 아니라 실제 행위적 측면에서도 조화를 모색하고자 하였다. 대표적으로 중국 교인들에게 조상제사를 허용하는 여부 문제에서 엿볼 수 있다.

조상제사는 역사가 깊은 중요한 문제였다. 청말에 이르러 교회 측은 힘으로 금교禁敎의 벽을 무너뜨렸다. 하지만 중국문화의 풍습은 마음대로 변화시킬 수 없었다. 중국 교인들에게 조상제사를 허락하느냐 마느냐는 여전히 중국의 복음사역에 영향을 주는 중차대한 문제였다.

재중 개신교 선교사들의 전국대회가 열릴 때마다 이 문제는 늘 중요한 의제였다. 논쟁도 매우 격렬하였다. 이질적 문화의 간극으로 인해 서양인들은 중국 조상제사의 실제적 의미와 종족宗族과 종법宗法을 유지하는 사회적 기능에 대해서 충분히 이해하기가 쉽지 않았다. 보통 "신에 대한 숭배"拜神라는 표면적 형식에서 접근할 뿐이었다. 조상제사를 이해하는 문제에 있어 중국인들과 서양 선교사들의 사유 방식에는 근본적인 차이가 있었다. 한쪽은 육신적 관계, 즉 산 자와 죽은 자 사이의 혈연관계에 유의하였다. 다른 한쪽은 정신적 관계에 주목하였다. 즉 산 자와 죽은 자 모두 하나님에 의해 이어진 관계라는 것이다. 그러므로 많은 선교사들은 조상제사 문제에 있어 여전히 타협하는 것에 반대하였다. 조상에 대한 숭배를 용인한다는 것은 다른 신을 섬기거나 우상을 섬겨서는 안 된다는 가장 중요하고 기본적인 기독교 교리에 공공연히 위배된다고 그들은 여겼다. 그러나 조화시키려는 인사들은 중국문화를 좀 더 이해하는 것과 선교 전략적 측면에서 융통성을 발휘해야 한다고 주장하였다.

이 논쟁을 해결하고자 개신교 측에서는 전문위원회를 두어 조사와 연구를 진행하였다. 광서 33년(1907) 회의에서 전문위원회는 다음과 같이 보고하였다. 일부 선교사들은 중국의 상류층 사회에서 기독교가 발전하지 못하는 것이 교회가 조상숭배에 대해 대립적 태도를 취하는 데 있다고 여긴다. 중국의 조상숭배에 관한 의식 중에는 미신과 우상숭배의 여러 내용을 담고 있다. 그러나 이렇다고 하여 조상숭배를 부정하기보다는 오랜 기간에 걸쳐 형성된 풍습으로 어떤 종류의 진리를 보존하고 있을 수 있다는 점을 고려하여 계속 살펴 볼 필요가 있다고 보고서는 특별히 지적하였다.

대회는 전문위원회에서 제시한 건의에 대해 표결하였고 다음과 같은 기본방침을 확정하였다. 조상숭배는 기독교의 고귀한 정신과 양립할 수 없으므로 교회 내에 허락할 수 없다. 그러나 이러한 풍습을 통해 죽은 자를 존경하고 기념하는 심적 감정은 중시하여야 한다. 그러므로 이러한 교인들을 격려하고, 부모를 존경하여 행하는 행사에 대해 명확히 지도해 주어야 한다. 이로써 교회 밖 인사들도 교회는 효도를 교인들의 가장 중요한 의무의 일환으로 삼고 있음을 이해하고, 기독교는 효도를 중시한다는 인상을 갖도록 하여야 한다. 하나님의 인도하심 속에 교회는 이러한 문제들에 대해서 정확한 방침을 취할 수 있을 것이다.

이는 조화파 선교사들의 의향을 반영한 것으로, 그들의 "공자에 예수 더하기"라는 관계식 이해 속에서 도출해 낸 중요한 결과였다.

제11장 황당함과 합리성

유언비어가 퍼지는 것은 사람들이 믿고자 하기 때문이다. 청말의 반양교 유언비어는 황당무계하지만 합리적인 생성 토양을 갖고 있었다.

유언비어의 탄생

오늘날 누군가가 당시 중국에 있던 선교사들이 사진기나 은銀을 만드는데 사람들의 눈을 파서 재료로 쓴다고 한다면 우리들은 천일야화처럼 여길 것이다. 그러나 청말 반양교 여론이 비등한 가운데 이러한 류의 소문은 파다하게 퍼져있었다. 당시 반양교 선전물엔 다음과 같은 내용이 장황하게 묘사되고 있었다.

예배당에서는 자주 사람의 간과 뇌를 취하고 심장과 눈을 파내며 남녀가 나체로 모이고 여인들의 정기를 흡수한다. 선교사들은 모두 음탕한 마음을 품고 짐승 같은 짓을 하며 반인반수로 사람을 미혹해 못을 박아 죽이는 등 사악한 술수가 말도 못할 지경이다. 서양 국가에서는 아들이 어머니를 아내로 맞아들이거나 며느리가 시아버지와 혼인할 수 있다. 형제자매들이 큰 이불속에서 함께 자며 ….

이런 내용은 기본적인 상식으로도 터무니없는 말, 또는 과대 포장되거나 부분으로 전체를 개괄하는 등 모두 실제에 부합되지 않은 유언비어인 것을 알 수 있다. 그러나 당시엔 "근거 없는 말이 흐르는 물 같고 바람 불 듯"[154] 오랫동안 소멸되지 않고 난공불락의 철옹성 같이 버텼다. 그 비밀은 어디에 있었을까?

사슬과 고리

유언비어가 유포되고 효력을 낳는 일반적인 과정은 "형성→전파→수용→반응"이라는 네 개의 연결고리로 이어진다. 형성과 전파는 거짓인 것을 알면서도 "고의"로 하거나 거짓을 진짜로 여겨 "잘못"하는 것일 수 있다. 그러나 어찌 되었든지 효력이 발생하느냐 마느냐 관건은 듣는 자가 믿고 수용하느냐에 있다. 만약 믿지 않아 반응이 소극적이라면 이 유언비어는 곧 효력을 상실할 것이다. 그 반대이면 효력이 발생한다.

위에서 말한 "네 개의 연결고리"는 이해를 돕기 위해 "단위 프로세스"로 설명한 것이다. 그러나 수많은 유언비어의 유포 현상은 매우 복잡하고 그 수도 수백 수천에 달한다. 형성 및 전파의 통로도 한두 경로가 아니고, 수용자 및 반응자도 두세 사람이 아닌 수천수만 명에 달한다. 이에 사안의 완성은 여러 "단위 프로세스"의 집합이다. 이런 "집합"은 또한 기계적 조합이 아니라 상호 작용과 공명을 일으켜 1 더하기 1은 2 이상이 되는 큰 효과를 낳는다. 사안의 진행 메커니즘도 "하나의 고리"가 아니라 다음 그림에서 나타낸 "순환과정"이다.

이 도표에서 볼 수 있듯이 4개 고리 간의 순차적 순환 외에도 "반응" 고리는 "전방위"적으로 작용하고 있다. 위를 향한 화살표는 유언비어로 나타난 반응이 유언비어 사안의 범위를 벗어난 내용을 뜻한다. 예를 들면 기독교를

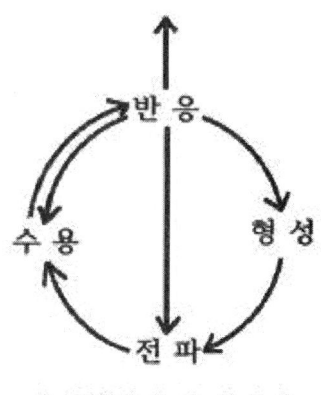

유언비어의 순환과정

---

154. 王明倫 選編,『反洋教書文揭帖選』, 214.

공격하는 행동 등이다. 그 밖의 세 화살표는 사안의 범위 내 다른 세 고리에 직접 작용을 가할 수 있음을 뜻한다. 유언비어를 전적으로 믿고 수용함으로 파생된 심적 자극--"반응"은 자신의 이해를 덧붙여 유·무의식적으로 유언비어를 개조하거나 유추하여 다시 새로운 유언비어를 탄생시킨다. 이는 "형성" 고리로 발전한다. 일단은 믿고 본다는 심리를 바탕으로 청취한 유언비어를 타인에게 전하게 된다. "전파" 고리로의 발전이다. 특정 또는 여러 유언비어에 대한 신뢰는 또 다른 유언비어를 믿게 한다. 이는 "수용" 고리로 나아가는 것이다. 이로써 유언비어의 운행체제를 유지하는 힘의 원천과 관성은 "반응" 고리에 있음을 알 수 있다. 유언비어를 일단은 믿고 보는 대중들에게서 생성되는 맹목적 동력이다. 개개인이 의식적으로 허위 사실을 만들고 유포하는 것은 불난 집에 부채질하는 듯 하지만 사안 전체를 통제하거나 결정하지는 못한다.

청말 반양교 유언비어가 오랫동안 대규모로 유포된 것은 당시 사회가 유언비어를 신뢰하고 수용하는 군중들이 존재하였기 때문이다. 만약 사람들이 허구성을 알고 있다면 다들 약속이나 한 듯이 자신과 남을 속이지 못하였을 것이다. 그러므로 사안의 근본 여건과 주요 특징은 당시의 사람들이 말한 바와 같다. "말한 자는 터무니없음을 모르고, 듣는 자는 그대로 신뢰하였다."[155] "말하는 자나, 듣고 전하는 자나, 전하며 쟁취하려는 자도 이러하였다."[156] 당시 많은 군중들은 낫 놓고 기역자도 모르는 "어리석은 백성들"이었다. 설령 붓을 들면 용이 나는 듯하고 가슴속 재주는 비단처럼 화려한 지식인들도 유언비어의 내용에 대해 대개는 의심 없이 확신하였다.

천진교안天津敎案을 예로 당시의 상황을 구체적으로 살펴보도록 한다. 이 사안의 직접적 원인은 천진 사람들이 교회 측에서 어린 아이들을 유괴하여 눈과 심장을 도려낸다고 믿은 데서 출발하였다. 민심이 들끓고 사람들이 모여서 성토하자 침략자들은 야만적인 탄압을 가하였다. 조정

---

155. 劉孟揚,『天津拳匪變亂紀事』,『中國近代史資料叢刊·義和團』(上海: 上海人民出版社, 1957), 第2冊, 11.
156. 王其榘 輯,『有關義和團輿論』, 위의 책, 第4冊, 176.

의 명을 받고 이 사안을 담당하게 된 증국번曾國藩은 조사를 하면서 눈과 심장을 도려낸다는 진실성에 약간의 의문을 나타내었다. 그러자 조정과 재야가 소란해지며 그가 서양인들에게 굴종하며 사실을 고의로 은폐한다고 의심하였다. 그에 대한 비방이 순식간에 비등해졌고, 심지어 도성에 있는 호남성 동향들까지 크게 노하며 그를 본적에서 제명하라고 요구하였다. 이에 증국번은 전전긍긍하다 사안의 진위를 제대로 가리지 못하게 된다. 결국 유언비어를 인정하겠다는 태도를 취하며 자신이 유언비어를 부인한 것은 사람들의 미혹에 의한 것이라고 해명하였다. 증국번 같은 "최고의 지성"도 이러하였으니 다른 사람들은 말할 필요도 없을 것이다. 설령 증국번이 본의 아니게 여론에 부화뇌동하였다고 하자. 부화뇌동할 수밖에 없었던 것, 즉 여론에 대한 불가항력성은 바로 여론을 신뢰하는 자가 얼마나 많고 보편적이었는지를 증거하는 것이다.

현실적 유발 요인

시간이 흐르면서, 유언비어는 서양과 세계와 근대 사물에 대해 점차 많은 이해를 갖게 된 지식인들 안에서 설자리를 잃었다. 그들은 믿지 않을 뿐만 아니라 비루하다며 사람들의 우매함을 나무랐다. 예를 들면 장지동張之洞은 그의 『권학편』勸學篇에 다음과 같이 견해를 밝히고 있다. "세간에는 예배당에 해괴하고 잔인한 일이 벌어지고 있다고 전한다. 눈동자를 취하여 기타 약물을 섞어 강산強酸, 강력한 산성 용액을 만들고, 이를 납 위에 떨구면 은이 된다고 한다. 이는 모두 잘못된 말의 전달로 믿어서는 결코 안 될 것이다."[157]

그는 자신이 조사 처리하였던 광서 17년(1891) 의창교안宜昌敎案의 경험을 증거로 제시하였다. 처음에는 관련자 모두가 한결같이 예배당에서 부양하던 아동 70명 모두가 다 눈동자가 없다고 말하였다. 그러나 사람을 보내 부府·현縣의 관원과 함께 검사한 결과 오직 한 아동만이 한쪽 눈이 멀었을 뿐이었다. 눈언저리가 움푹 패어있었지만 눈동자가 남아 있었

---

[157] 『張文襄公全集』, 卷203, 52.

고 본인과 부모도 모두 천연두로 인한 것이라고 인정하였다. 그때서야 사람들이 겨우 의심을 풀었다. 장지동은 "유언비어는 지혜로운 자에게서 먼저 멈춰져야 한다. 전·현직 관료나 유학자들이나 모두 우매함을 깨우칠 책임이 있다. 지혜롭지 못하므로 인해 외국인이 비웃도록 해서는 안 될 것이다."[158]

그는 반양교 유언비어들을 반박하고 금지하여 유언비어가 한꺼번에 소멸되기를 원했다. 그러나 이같이 "지혜로운 자"는 극소수에 불과하였다. 소수의 혼신의 노력만으로는 유언비어를 반박하고 그치게 하기엔 역부족이었다. 유언비어는 계속 유포되고 심지어는 점점 더 가열되어 19세기 말 의화단운동 시기에 절정에 이르게 된다.

요컨대 청말 반양교 유언비어들이 난무하고 널리 유포됨을 사안의 전반적 측면에서 보면 대중들이 자각적으로 동원한 항쟁 수단이 아니었다. 맹목적인 잘못된 생성→잘못된 전파→잘못된 신뢰→잘못된 반응에

천주교의 한 고아원이 강서江西 구강九江에서 고아들을 운송하고 있는 모습(1891년)

---

158. 위의 책, 53.

서 비롯된 것이었다.

뿐만 아니라 우리는 현실적 유발 요인을 간과하여서는 안 된다. 유언비어에 언급된 눈을 도려내고 배를 가르며 음란을 행하는 류의 내용들은 이 세상에 있을 수 없는 황당한 신화만이 아니었다. 당시 중국에 자리 잡은 교회의 침략세력들은 횡포를 부리며 중국인들을 해치는 많은 악행들을 저질렀다. 눈을 도려내고 배를 가른 사례는 없지만 부녀자를 욕보이는 류의 사건들은 제외하기 어렵다. 게다가 교회 측은 늘 문을 굳게 닫아 놓아 비밀스럽고 두려운 분위기를 자아냈고, 사람들의 의구심을 불러일으키기에 충분하였다. 이는 교회 침략세력에 대해서 지대한 적개심과 고도의 경계심을 쉽게 품도록 유도하였다. 문화수준과 인지능력이 제한된 사람들은 선교사들의 어떤 면의 악행에도 이를 근거로 다른 면으로까지 유추하거나, 혹은 한두 특별한 사례를 보편적 사실로 확대하게 된다. 풀잎이 바람에 살랑이기만 하여도 먹구름이 모이고 거센 바람을 일으키는 사태로 발전하였던 것이다.

당시 선교사들의 활동은 중국 각지에 퍼져 있었다. 일반 대중들은 보편적으로 심리적 압박을 느꼈다. 이는 "동조행동"同調行動을 쉽게 격발시켜 유언비어의 유포를 더 용이하게 하였다. 이런 상황 속에서는 약간의 낌새에도 유언비어는 과장되고, 설령 황당하고 허무맹랑한 사안에 대해서도 대중들은 냉정하게 판단하지 못하였다. 그러나 이보다 더 깊은 차원의 원인은 전통의 한계로 인한 문화적 몽매함에 있었다.

바깥세상에 대한 몽매함

수많은 반양교 유언비어는 이를 믿는 자와 전하는 이들이 자신의 생활 범위 밖 세상, 이민족, 타지역에 대해 매우 낯설고 무지하고 의구심이 많음을 반영하고 있다. 많은 억측과 괴담들은 이로 인해 생성된 것이다.

기독교에 대한 인지도에 있어서 스스로 "복음에 관한 여러 서적"을 읽었고 기독교에 대해서 전문적 고찰을 했다는 위원魏源도 그의 글에 다음과 같은 사례를 한 치의 의심 없이 인용하고 있다.

경성에 한 의원이 있었다. 어느 해 연말 가난한 나머지 천주교에 입교하여 가난에서 벗어나고자 하였다. 그러나 사교邪教라 함부로 입교하기가 두려웠다. 이에 설사제를 1리터 정도 달인 다음 부인과 의논을 하였다. 말인즉 내가 돌아왔는데 혼미한 상태이거든 속히 이 약을 마시게 하라는 것이었다. 그가 천주당에 들어가자 서양인이 비스켓 같은 환약을 주며 삼키게 하고 백여 금을 주었다. 그 후 의원이 집으로 돌아왔는데 손에 신주를 들고 입으로는 뭔가를 중얼거렸다. 부인은 앞서 말한 약을 급히 먹였고 한참 뒤 설사를 하고는 깨어났다. 그런데 화장실에 꿈틀거리는 것이 있어 씻어 보니 한 치 정도 되는 여인 모양의 물건이었고 이목구비가 살아 있는 듯하였기에 약병에 넣어두었다. 날이 새자 선교사가 찾아왔다. 손에 예리한 칼을 쥐고 어제의 물건을 돌려달라고 하였다. 의원은 이 물건이 어떤 것인지를 알려주면 주겠노라고 하였다. 선교사는 이는 천주의 성모라 말하였다. 입교 후 시간이 좀 가면 성모의 손이 사람의 마음을 감싸서 평생 잘 믿고 다른 종교로 개종하지 않게 된다고 하였다.[159]

위원魏源이 살던 시대1794-1857엔 기독교에 대해 아직 자세히 알기 어려웠을지라도 동치1862-1874, 광서1875-1908 연간에는 더 이상 그렇지 않았다. 그럼에도 불구하고 반양교 선전물엔 여전히 다음과 같은 내용이 가득했다.

--세례에 대해 말하자면 신부들과 교황의 시신으로 달인 크림에 독충과 미약을 섞은 용액을 사용하고 주문을 외우며 교부가 집행하였다. 처음 입교한 자가 서약을 마치면 용액을 머리에 떨어뜨리고 몇 방울을 물에 타 마시게 하였는데 이를 "청심수"清心水라 하였다. 이후 복부에는 "자그마한 아이"小豎子가 생겨나고 심장에 달라붙어 믿지 말라고 아무리 형벌을 가하거나 권면하여도 악령의 통제로 죽을지언정 돌아서지 않으니 이를 "보살심"菩薩心이라고 불렀다.

---

159. 魏源, 『海國圖志』(咸豐二年, 古微堂重刊定本), 卷27, 31.

--종부(천주교와 동정교의 한 성례)에 대해 말하면 입교한 자가 죽음을 앞두면 교인 몇 명이 와서 그 집안의 친속들을 내보낸 다음 병자가 숨을 거두기 전 그의 눈을 파내고 심장을 도려낸 뒤 시신을 헝겊으로 감싼다. 그다음 가족들을 불러 염을 하고 장례를 치루게 한다. 이렇게 하는 이유는 사람의 정령이 심장에 있고 오장五臟의 정령은 눈에 있다하여 심장과 눈을 보존하면 사람이 죽지 않은 상태로 있고, 그 사람에게 경기도문 등을 읽어주면 반드시 천당에 이르게 된다는 것이다. 남은 시신은 마치 전사傳舍(사람들이 쉬도록 역참驛站에 지은 집) 같아 안타까워할 필요가 없다고 한다.

　--예배에 대해 말하면 이는 정기적인 "연단煉丹의 날"단약을 만드는 날이다. 이날 교내의 남녀노소 모두는 예배당에 모여 경말씀을 읽고 난 후 서로 간음하며 마음껏 즐기는 것이다. 이를 "대공"大公또는 "인회"仁會라고 한다.

　이밖에도 신부들은 대개 어릴 때 가르침을 받는데 고환을 도려내는데 이를 "미싸이"彌塞. 미새라 하고, 입교한 자들은 신부와 늘 성관계를 갖는데 이를 "익혜"益慧라 하며, 결혼하는 신부는 반드시 교주와 먼저 잠을 자야 하는데 "성위뤄푸"聖揄羅福. 성유라복이라고 한다는 등의 기괴한 말이 많았다.[160]

　어찌 종교에 관해서 뿐이겠는가? 다른 나라의 인종과 모습, 강토와 지역, 민속과 국정에 대해서도 유사한 유언비어가 허다하였다.

폐쇄의 비극

　이러한 상황을 초래한 주요 원인은 중국이 오랫동안 폐쇄적이었기 때문이다. 외부 상황에 어두웠다. 유아독존唯我獨尊과 유아독대唯我獨大의 사회적 심리가 자리 잡으며 다른 민족과 국가에 대해 이해할 필요를 전혀 느끼지 못하고 있었다.

---

160. 이상의 내용은 「湖南合省公檄」과 饒州第一傷心人의 「天主邪教集說」에 근거한 것이다. 이 두 문건은 『反洋教書文揭帖選』에 수록되어 있고, 첫 문건은 『敎務敎案檔』(臺北: 臺灣"中央硏究院"近代史硏究所編刊), 제1, 2집에도 수록되어 있다.

전통적 농경 체제 속에서 중국인들의 생활반경은 매우 제한되었다. 조상 대대로 자기만의 고정된 작은 천지 안에서 삶을 일군 중국인들은 누에가 부지런히 실을 토해 고치를 만들지만 동시에 그물처럼 겹겹이 짜인 실로 인해 바깥세상과 단절되는 것같이 살고 있었다.

종법宗法과 농업사회 속에서 태생한 윤리형 중국 전통문화도 "자기 방어적"自守性 특성을 띠고 있다. "화이지변"華夷之變, 중화와 이민족을 나누고 차별하는 사상이 강조한 요지는 중국문화로 오랑캐를 교화시키는 것이 아니라 오랑캐를 물리치는 것이다. 역대의 제왕들은 공자를 제왕들의 세상을 벗어나 "저 하늘 밖 세상"으로 나아가게 할 생각이 없었다. "미개한 민족", "오랑캐족"들은 중국 성인공자의 교화를 받을 만한 가치가 전혀 없었다. 서양 "사교"邪敎의 침해와 능욕에 대해 황제들은 서양엔 서양 종교가 있고 중국엔 중국의 성스런 가르침이 있으니 서로 침범하지 않아야 한다고 이구동성으로 강조하였다.

그러나 상공업을 근본으로 하게 된 서방세계는 중국인들이 미처 깨닫지 못한 사이에 궐기하여 발 빠르게 전 세계를 누볐다. 또한 서양 측 기독교문화에는 중국과 다른 논리가 있었다. 즉 그들의 하나님은 서양에만 속하지 않고 전 세계와 우주의 유일한 참 하나님이라는 것이었다. 그러므로 세상 모든 곳에 가서 복음을 전하고 "마귀"를 몰아내는 것은 당연한 사명이었다. 십자가의 사자들은 이를 누구에게도 전가할 수 없는 거룩한 사명으로 여기고 이역만리로 쉴 새 없이 나아가 복음을 전파하였다. 서양의 상인, 군인과 정객들은 십자가 사자들을 뒤따랐다.

중국이 오랫동안 실시한 쇄국정책은 서양 식민주의자들의 손발을 묶지 못했다. 오히려 자신의 감각기관과 뇌를 봉쇄해버렸다. 그 심각한 결과는 다음의 사실로도 볼 수 있다. 방대한 양의 『청조문헌통고』淸朝文獻通考는 오대주五大洲설에 대해 코웃음 치며 이는 고대 중국인 추연鄒衍이 논한 "대구주"大九洲에 관한 황당한 신화를 답습하는 것에 불과하며 "황당무계한 것을 언급하고 있다"고 확신하였다. 청초에 이르러서도 중국에는 포르투갈, 스페인, 프랑스 등을 구분할 줄 아는 이들이 드물었다. 이

국가들을 합해 "부랑기"佛朗機로 호칭하였다. 부랑기가 어디에 있는지에 대해서는 청나라 인사들이 편찬한 『명사』明史에 "부랑기는 말라카에서 가깝다"고 당당하게 기록하였다. 그 오차가 어찌 만리뿐일까? 이러한 저급하고 잘못된 지식은 후세에 전해지고 사람들에게 잘못된 판단을 내리게 하였다. 청말에 이르러 이른바 "사리에 밝은 명사들" 가운데도 이러한 주장에 갇힌 이들이 적지 않았다. 일반 사대부와 백성들의 폐쇄적 상황이 어떠하였는지 가히 상상이 간다.

무슨 여호와니 예수 그리스도니 그들은 전혀 알고 싶어 하지 않았다. 그들은 단지 자신들의 울타리 안의 노란 피부, 검은 눈의 사람들만을 보아왔고, 마음속 "사람"의 형상은 마치 이래야만 한다고 여겼다. 거기에다 자신들의 나라는 세상 한가운데 자리 잡고 있다고 확신하였다. 그런데 갑자기 들이닥친 이상하게 생긴 자들을 마주하니 어찌 이들을 황량하고 외진 바다 모퉁이에서 온 괴물로 여기지 않을 수 있겠는가. 이들을 어찌 입에 담거나 바라 볼 수 있으랴! 그러므로 평소 학문을 인정받고 광서 연간 재상 반열에 자리에 있던 서동徐桐 선생도 서양인을 보기만 하면 부채로 얼굴을 가렸으며, 심지어 서양 사물을 언급하는 중국인들조차 만나기를 거절하였다. 중국인의 전통 생활환경과 밀접한 바깥세상에 대한 이런 무지는 청말 반양교 유언비어들의 외적 표현이나 내적 근원과 긴밀히 연계되었다.

몽매함과 민감함

청말 반양교 유언비어를 야기시킨 또 하나의 중요한 원인은 근대 과학기술에 대한 무지함이다. 선교사들이 중국인들의 신체를 해친다는 갖가지 소문들을 보면 거의 다 선교사들의 독특한 사악한 술법과 기이한 용도와 관계되었음을 알 수 있다.

눈과 심장 등의 신통한 효험

유언비어의 몽매함을 예로 들면 중국인의 눈을 파내면 여러 기이한 용도로 쓸 수 있다는 것이었다. 첫째는 납을 은이 되게 하는 묘약을 만드는 데 쓰인다고 하였다. 납 백 근이면 은 여덟 근을 만들고 나머지 92근은 납의 원가로 되팔 수 있다는 주장이다. 다음으로는 거울을 만드는 데 쓰인다고 하였다. 파낸 중국인들의 눈을 약초, 월경수, 태환胎丸, 태와 약재로 만든 환약과 함께 찧어 풀처럼 만든 다음 유리에 바르면 사람의 "눈동자와 눈썹 하나하나까지도 참 모습처럼" 비춰주는 최고의 거울이 되어 큰 이익을 얻게 된다는 것이었다. 셋째는 전선電線을 만드는데 사용되고, 넷째는 사진을 찍는 데 사용된다는 등이었다.

또한 선교사들이 사람의 심장을 파내는 것도 쓸모가 있어서라고 하였다. 노신魯迅은 "논조상지류"論照相之類, 사진에 관해서라는 글에 어느 노부인이 말한 연유를 옆에서 들었다고 말하고 있다.

> 그들은 사람의 심장을 파내 기름으로 달인 다음 등불을 밝혀 땅바닥 여기저기를 비춰. 사람의 마음은 늘 재물을 탐하므로 보물이 묻힌 곳을 비추면 불꽃이 구부러지지. 그들은 바로 그 밑을 파서 보물을 가져갔어. 양놈들은 다 이렇게 해서 돈이 많은 거야.[161]

기본적인 과학기술의 상식과 담을 쌓은 이런 류의 유언비어들도 역사적 비극의 낙인이 깊게 찍혀 있지 않은가? 4대 발명과 고대 과학기술을 앞서 이끈 나라 중국이지만 근대 과학기술의 이정표는 늦도록 세우지 못하였다. 명말청초 천주교 선교사들을 통해 전해진 근대 과학의 빛은 제한된 옅은 무지개였는데 그마저도 금교禁敎의 실시로 신속하게 소멸되었다. 후세 사대부들 중 양광선 같은 자들은 많아지고 서광계 같은 이들은 점점 더 드물었다. 제왕들 가운데도 강희康熙 황제처럼 과학을 애호한 제왕은 더 이상 없었고 가경嘉慶 황제처럼 "기교"奇巧, 기이한 기술 또는 제

---

161. 『魯迅全集』(北京: 人民文學出版社, 1981), 第1冊, 182.

품를 배설물처럼 하찮게 여긴 황제가 오히려 대표적이었다. 가경 황제는 근엄하게 말했다. 서양의 기이한 물건들은 "배고플 때 먹을 수 없고, 추울 때 입을 수 없으니 힘써 근절하여야 할 것이다." "시계란 때를 아는데 사용하는 것에 불과하며, 일반 백성들 중에는 시계 없는 자가 많다. 그렇다고 동이 트면 일어나고 해가 지면 쉬며 일구는 생업을 망쳤는가? 하물며 자명조自鳴鳥, 새 모양의 자명종 같은 것들이 있으니 더더욱 배설물 같지 않은가!"[162]

"기묘한 기술과 미혹케 하는 물건"奇技淫巧에 대한 멸시 풍조는 완강한 사회적 심리로 오랫동안 이어졌다. 그러므로 청말 서양의 근대 과학기술을 배우고 도입하는 데에도 서양이 중국의 대문을 열어젖힐 때 동원한 군함과 대포로부터 시작하지 않을 수 없었다. 근대 과학기술의 도입을 시작한 인사들 또한 "오랑캐 것으로 중국을 변화시키려 한다"는 누명과 "귀노"鬼奴, 양놈들의 노비 류의 오명을 뒤집어쓸 정도였다.

청말 반양교의 여론 가운데는 선교사들이 "교예"巧藝, 정교한 기예/재주로 중국에 해를 끼친다는 비난이 흔했다. 화근은 마테오 리치에게로까지 거슬러 올라갔다. "그가 기이한 물건을 만들고 천문을 논했다"고 질책했다. 또한 "통탄스럽게도 명 왕조가 그에게 홀렸는데 청 왕조도 서양의 역법을 사용하여 역수曆數, 일월성신이 운행하는 도수度數, 천운를 추산한다"고 울분을 토하며 힐난하였다. 이런 심리의 지배를 받는 사람들이 어찌 사진 촬영에 관한 과학지식을 이해할 수 있었겠는가? 위와 같은 유언비어 가운데 다음과 같은 논리를 어렵지 않게 찾아볼 수 있다. 사람의 눈동자만이 물체의 모습을 반영한다. 그렇다면 서양인들이 사진을 찍기 위해서 눈을 파내어 사용하지 않겠는가? "서양 거울"은 사람의 눈으로 보듯 깨끗한 이미지를 비춘다. 그렇다면 거울의 뒷면에 칠하는 그 신기한 물질을 만들 때 어찌 눈과 관계가 없을 수 있는가? 서양인들은 모두가 그렇게 돈이 많다는데 어찌 "납으로 은을 만들어 내고" "등불을 밝혀 보물을 캐내는" 류의 기이한 기술에 의지하지 않겠는가? 그런데 오

---

162. 『清實錄·仁宗』, 卷55, 720.

직 중국인들의 눈과 심장만이 이런 데 요긴하게 쓸모가 있다. 이는 "천조상국"天朝上國, 중국의 귀한 자손이기에 그러하며 "반인반수"반은 인간 반은 짐승의 서양 오랑캐 몸의 장기는 이런 효능이 없다는 것이었다. 이 또한 일종의 아Q정신阿Q精神, 아Q의 과대망상증의 발로라고 하지 않을 수 없다.

과학에 있어서는 어린애

이상과 같은 이들의 입과 붓끝에서는 "서양"과 관련된 모든 사물은 다 "사악"하지 않을 수 없었다. 교회 측에서 응용하는 서양의 외과 의술도 "낫지 않으면 오장육부를 도려내서 보고, 질병의 상황을 살펴 책자로 펴낸다"며 이 또한 사악한 죄목으로 지적당했다. 이런 인식 수준에 머물고 있는 이들이 청말 사회에는 한둘이 아니었다. 예를 들면 증국번의 조부는 서양 의약을 올바르지 않은 의술이라며 평생 혐오하고 사용을 거부하며 후세에 "가훈"으로 받들게 하였다. 비록 이들이 주한周漢이나 최간崔暕처럼 반양교 "걸작"을 남기지 않았지만 그들의 후손들이 분연히 일어나 "서양 오랑캐의 것을 베끼고, 기독교를 받아들인" "월비"粵匪, 태평천국 운동을 일으킨 인물들과 죽도록 싸운 것을 보면 이들이 중국 성현들의 가르침에 충격을 주는 서양 종교와 함께 서양 의학도 좋아하지 않으리라는 것은 확실하다. 이 정도 집안사람들의 과학적 소양이 이 모양인데 이들보다 더 늦은 시기에 양무洋務를 전담한 관신官紳들의 상태는 어떠하였는지 살펴보도록 하겠다.

미국 선교사 W. A. P. 마틴丁韙良은 중국 최초의 양무학당인 경사동문관京師同文館에서 총교습總敎習, 교무처장을 역임하였다. 한번은 그를 도와『만국공법』萬國公法을 번역한 고위 관원 4명을 초청하여 전보를 발송하는 공연을 참관케 하였다. 그러나 공연을 다 본 다음 그들은 일고의 가치도 없다는 듯이 마틴에게 다음과 같이 말하였다. "중국은 위대한 제국으로서 전보 없이도 이미 4천 년간 나라를 세웠소." 그러자 마틴은 의도적으로 서양 노리개 몇몇을 꺼내서 그들로 하여금 갖고 놀게 하였다. 그랬더니 그들은 매우 흥미를 보이며 자석 물고기와 자석 거위를 잡는데 적지 않은 시간을 보내고, 작은 노리개들을 어루만지며 손에서 내놓기를 애석해 하였다. 이에 마틴은 중국 지식인에 대해서 보복성을 띤 평가를 이같이 내렸다. "문학에 있어서 그들은 어른이다. 그러나 과학에 있어서는 어린아이다."[163]

지식층의 상황도 이러하였으니 일반 백성들의 과학적 수준은 미루어 짐작할 수 있을 것이다. 그러므로 이들이 과학 상식에 어긋나는 반양교 유언비어를 굳게 믿고, 유포하고 자극을 받는 것은 전혀 이상한 현상이 아니었다.

유언비어의 또 다른 초점—성性의 문제

청말의 복잡한 반양교 유언비어를 정리할 때 우리는 눈에 띄는 한 사실을 간과할 수 없다. "성"性이 거의 모든 내용의 초점이라는 것이다. 선교사들은 모두 "음면수심"淫面獸心의 색마로 묘사되었다. 공공연히 음란을 자행하는 것이 마치 그들의 주요 사역이 된 듯하였다. 모든 종교 의식과 활동이 모두 음란과 관련되고 줄거리 또한 상당히 구체적이었다. 예를 들면 널리 전해지고 영향력이 매우 컸던 반양교 선전물 "호남합성공격"湖南合省公檄에는 선교사가 부녀자들을 간음하는 상황을 이렇게 기술하고 있다.

> 선교사가 사악하지 않은 듯이 옷깃을 여미고 단정하게 앉아 있으면 부녀자들이 그 앞에 무릎을 꿇고 절을 한다. 선교사는 선단仙丹이라는 환약을 주는데 실은 미약媚藥이다. 이를 복용하면 정욕에 불타 참을 수 없게 되고 부녀자들이 자진해서 참여하게 된다. 선교사가 부녀자들과 음행을 하는데 이름하여 배꼽을 대고 기를 모으는 것이다. 선교사는 원래 방술房術에 능하고 부녀자들도 이를 탐하고 즐거워한다. 이를 행한 부녀자들은 자기 남편을 쓰레기처럼 여긴다.

---

163. 顧長聲, 『從馬禮遜到司徒雷登--來華新教傳教士評傳』, 213.

"천하에 가장 마음 아픈 자" 최간이 편찬한 『벽사기실』闢邪紀實이란 증거자료에는 선교사들의 여러 범죄 사례들을 수록하고 있다. 그 중 대부분이 성문제와 관계가 있는데 대부분 황당무계한 내용들이다. 예를 들면 어떤 내용은 상담湘潭, 호남성 중동부 도시 지역의 어떤 사람이 입교하였다. 세례를 받는데 온몸에 안락함을 느껴 그의 부인과 며느리도 입교하도록 강요하였다. 며느리는 의구심에 시어머니가 선교사와 건물로 들어가 세례 받는 것을 기다려 건물 틈으로 무슨 일을 하는지 엿보았고 아래와 같은 상황을 보게 되었다.

> 시어머니가 교주와 마주 앉자 부끄러워하는 듯하였다. 교주가 물을 머금고 공중에 뿜자 시어머니는 옷을 벗고 맨 몸으로 바닥에 누웠다. 교주도 맨 몸이었다. 물을 생식기에 뿌리고 가슴을 문질렀다. 그러자 창자가 생식기에서 나왔다. 교주는 이를 잘라 작은 병에 넣은 다음 생식기에 약을 넣고 문질렀다. 그 후 얼굴을 마주하고 서로 손을 맞잡고 대야를 십여 차례 돌다 갑자기 팔을 기대고 손을 뒤집어 잡고 십여 차례 돌았다. 시어머니는 지친 듯 보였고 교주는 다시 눕게 한 다음 다시 물을 뿌리고 갑자기 일어나 전과 같이 맞잡고 돌았다. 이렇게 세 차례를 한 후 통간하였다. 통간 후 대야에 앉게 하여 몸을 씻기고 다시 물을 뿌리자 시어머니는 잠에서 막 깬 듯하였으며 교주와 함께 옷을 입고 나오며 온몸이 개운하다고 말하였다.[164]

선교사들이 신체에 상해를 입힌다는 말에도 생식기와 성적 부위를 벗어나지 않는다. 「호남합성공격」湖南合省公檄에 다음과 같은 말이 있다.

> 이 종교에는 홍환紅丸과 흑조黑棗를 취하는 것이 있다. 처녀에겐 홍환, 부녀자에겐 흑조라 하였다. 취하는 방법은 이렇다. 선교사가 입교한 부녀자를 같은 용기에서 몸을 씻게 한다. 나체로 침상에 안아

---

164. 天下第一傷心人, 『闢邪紀實』(淸同治十年重刻本), 下卷, 14.

올린 뒤 부녀자의 등허리를 문지른다. 꼬리뼈에 이르러 작은 칼로 찔러 피가 나오게 한 다음 허벅지를 가까이 대고 기氣를 취해 피에 관통을 시킨다. 이를 악한握汗이라고 하며 부녀자는 이미 의식을 잃은 생태이다. 반듯이 누운 자세로 자궁이 보이는데 자식을 낳은 자는 모양이 꽃이 핀듯하고 검은 색의 막을 입힌 알갱이 같은 것이 있다. 선교사는 이를 칼로 도려내어 용기에 넣는다. 자식을 안 낳은 자는 꽃술을 내보인 꽃봉오리 같고 산호처럼 싱그럽다. 선교사는 그 안에 구슬 같은 것을 찾아 소중하게 간직하였다. 취할 것을 취한 뒤 나머지는 자궁에 넣었다. 부녀자는 무엇을 한지도 모른 가운데 원기가 소실되어 약으로 연명을 하며 평생 임신을 못하게 된다.

부녀자의 생식기와 유방을 도려낸다는 것은 반양교 여론에 흔한 이야기였다. 심지어는 생식기를 개당 관은關銀, 세관에서 세금 징수용으로 쓰던 은화 3냥에 판다는 구체적 언급도 있다. 남자일 때는 성기를 자르고 아동들은 "동정"童精을 흡취한다고 하였다. 선교사들이 못 생기고 냄새를 풍긴다는 것도 대개는 성과 관련 있다고 여겼다. "생리에 의한 출혈은 하나님이 내린 소중한 것이라고 말하여 여인들이 생리를 하면 다투어 마셨다(이른바 "홍천"紅泉을 마신다는 것). 여인들의 흘린 피는 목욕재계용으로 사용하였고, 얼굴에 바르고도 닦지 않았다." "그러므로 양놈의 몸에서 나는 악취는 그 피가 비경脾經, 비장의 기능을 조절하는 경맥으로 갔기 때문"[165]이라고 하였다. 서양 국가와 사회도 난륜亂倫을 일상으로 하는 더럽고 타락한 온상으로 묘사하였다.

비정상적 성심리

유가의 전통적 도덕원칙에 의하면 성은 원래 언급을 금한 영역이다. 그러나 반양교 유언비어에는, 특히 사신士紳들에게서 나온 많은 선전물 속에는 이 금기영역이 오히려 가장 주목을 끄는 이슈가 되었다. 그 원인

---

165. 天下第一傷心人,「闢邪歌」,『反洋教書文揭帖選』, 12.

은 성은 "정절"이란 문제와 관계되어 봉건적 윤리도덕을 수호함에 있어 도외시할 수 없는 내용이었고, 오랜 금기로 인한 성에 대한 사람들의 무지와 왜곡에서 찾아볼 수 있다.

성심리에 지배되는 인간의 성행위는 한편으론 동물적 본능이자 다른 한편으로는 사회적 제약을 받는 자연적이며 사회적이라는 이중의 속성을 갖고 있다. 한漢 민족을 주체로 한 중화민족은 성과 관련되어서는 신중하고 엄숙한 전통적 미덕을 유지하였다. 이는 소중히 여겨져야 할 전통이다. 그러나 봉건적 강상綱常, 삼강오상 · 예교禮敎, 예의교화禮儀敎化로 전통사회의 규범을 뜻함는 사람들의 성적 심리와 활동을 왜곡시키고 밀폐시켰다. 서양의 중세기 신권계율神權戒律의 해로움보다 더하면 더했지 못하지 않았고, 시간적으로도 더 장기적이었다. 엄숙한 모습의 "성인"聖人들이 음란 방지를 위해 만든 "비장의 무기"는 "견벽청야주의"堅壁淸野主義, 진지를 굳게 지키고 진지주위를 비우는 발상였다. 즉 남녀 사이에는 손도 잡으면 안 되고, 함께 섞여 앉아도 안 되고, 길을 함께 걸어도 안 되고, 서로 문병을 해서도 안 되고, 심지어 부부도 함부로 서로를 가까이해서는 안 되었다. 성과학性科學을 홍보하고 성교육을 실시하는 것은 차치하더라도 기본적인 성지식을 얻는 정상적인 경로에도 더럽고 추악하다는 경고판을 즐비하게 세웠다.

이런 사회적 분위기는 한편으로는 많은 사람들로 하여금 성에 관한 기초 상식도 없도록 하였다. 위에서 언급한 유어비어 가운데 "홍환紅丸과 흑조黑棗를 취"하고 "동정童精을 흡취"한다는 설은 분명한 사례가 아닐 수 없다.

또 한편으로는 비정상적 성의식을 갖게 하여 과민한 신경반응을 나타내고 근거 없이 의심하게 하였다. 남녀가 함께 있으면 음란할 수밖에 없고, 신부가 건물에 들어오면 반드시 말 못할 비밀隱私이 있게 된다고 생각하게 했다. 심리학적 측면에서 볼 때 타인의 어떤 동기에 지나치게 과민하다는 것은 자신에게도 비슷한 동기가 잠재되어 있음을 반영하는 것이다. 이는 특히 신사紳士 계층들에게서 나타나고 있다. 이들의 붓 끝에서 나온 선전물엔 교회 측의 음란한 정사情事가 거듭거듭 생생하고도 상세히 묘사되고 있다. 이는 그들의 성적 호기심과 충동과 욕망이 일정 정도 반영된 것이라고 말할 수 있다.

청말의 뛰어난 인물 담사동譚嗣同은 그의 저서 『인학』仁學에서 이런 이치를 언급하고 있다. "상자 속에 물건을 감추고 사람들로 하여금 보지 못하게 하면 보고자 하는 마음이 더욱 간절해진다." 중국은 관습적으로 성性을 "엄격히 금지하고 부끄러운 것으로 여기고 금기시하였는데 이는 오히려 그 속에 지극한 달콤함이 있기에 아끼고 비밀스러워 한다는 것을 가르치는 것이 아닐 수 없다." 이런 결과 "역류하는 물은 막을수록 물이 늘어나고 물의 힘도 강해져서 결국 못 막게 되고 범람에 의한 재앙은 수습할 수 없게 된다!" 사실 "남녀가 성관계를 갖는 것은 서로가 원해서이며 부끄러워 할 필요가 전혀 없다." 만약 서양처럼 공개적인 과학적 해석에 "그림을 덧붙여 상세히 설명하였다"면 오히려 사람들은 그저 그런가 보다고 여기고 예삿일이 되었을 것이다.

담사동의 이런 식견은 봉건사상을 계몽하고자 선구적 지식인이 취한 노력의 일환이라고 말할 수 있다. 이는 반양교 유언비어가 나타낸 우매하고 낙후된 사상과는 분명한 대조를 이루고 있다. 설령 선교사들 가운데 도덕적으로 타락한 자들이 있다 할지라도 당시 반양교 여론의 성 관련 문제 제기는 매우 과장되었다고 분명히 말할 수 있다. 또한 반양교에 동원된 원시적 "근거"는 단지 중국의 예교禮敎, 전통사회의 규범와 크게 다른 서양의 남녀 간의 정당한 교제 방식에 있지 않았나 라고 말할 수 있을 것이다.

제12장 신학문의 창구

학교를 세우고 신문사를 경영하고 병원을 개원하는 등으로 선교사들이 여러 문화사역에 참여함은 사람들로 하여금 하나님을 믿게 하려는 것이었다. 그러나 중국인들은 일반적으로 "미끼"만 삼키고 낚시 바늘에는 좀처럼 걸리지 않았다.

출판과 학교 설립

중국에 온 선교사들은 처음부터 복음과 함께 서양문화도 전하는 사명을 짊어졌다. 아편전쟁 이후엔 수많은 문화사역에 더 적극적이었으며 서양 학문의 동진東進에 중요한 역할을 감당하였다. 이는 전통에서 근대로 진입하는 중국에게 상당히 큰 영향을 주었다. 용과 하나님이 칼부림을 벌이며 충돌하였던 과거 모습과는 대조적이었다.

간행물이란 새로운 정원

선교사들의 중국에서의 출판사업은 로버트 모리슨馬禮遜으로부터 시작되었다. 중국대륙에 첫 발을 내디딘 개신교 최초의 선교사 로버트 모리슨은 중국에 27년간 머물렀고 많은 일을 하였다. 그중 상당한 시간과 정력을 문화사역에 쏟았다. 결과물로 2세트의 책을 꼽을 수 있다. 하나는 그가 번역해서 출간한 『신천성서』神天聖書이다. 이는 중국어로 최초로 완역되어 중국에 소개된 기독교 성경이다. 또 다른 『영화자전』英華字典은 모두 6권, 합계 4,595쪽으로 구성되었다. 이는 중국 영한사전의 효시이다. 이밖에도 그의 발의와 기획을 통해 영어 정기간행물 『중국총보』中國叢報, Chinese Repository와 중국어 정기간행물 『동서양매월통기전』東西洋每月統紀傳이 창간되었다. 『동서양매월통기전』은 중국 최초의 근대 중국어 정기간행물이다.

중국인 조력자들과 함께 성경을 번역하고 있는 모리슨 선교사

아편전쟁 후 교회의 재중 출판사업은 빠르게 발전하였다. 19세기 말 중·외 신문 잡지를 포함하여 외국인이 중국에서 창간·발행한 간행물은 170종에 이르렀다. "같은 시기 우리나라중국의 신문 잡지 총 간행물의 약 95%에 해당하였고, 대부분이 교회 혹은 선교사 개인 명의로 창간한 것이다."[166] 간행에 적극적인 교회 출판기구는 10여 곳에 달하고, 그곳에서 수천 권의 서적을 출판하였다.

교회 측의 출판물은 종교적인 것과 세속적인 것으로 나눌 수 있다. 세속적 출판물의 비중은 시간이 가면서 갈수록 더 증가하였다. 자료에 의하면 동치同治 6년(1867) 이전 50여 년간 중국에서 출판된 개신교의 비종교 저작물은 108종이었다. 출판된 전체 서적의 약 14% 정도이다. 19세기 말에 이르자 비종교 저작물은 수백 종에 달하였고 증가율도 종교류를 능가하였다. 종교류 간행물들도 순수한 종교적 내용만 담고 있지는 않았다. 세속적 출판물의 내용을 살펴보면 중국과 서양 사회의 정치, 경제, 군사, 과학, 문화, 환경과 풍속 등으로 분야가 상당히 넓고 다양하였다. 그중 "서학"西學 관련 각 분야 출판물은 항상 최다 비중을 차지하였다.

---

166. 方漢奇, 『中國近代報刊史』(太原: 山西人民出版社, 1981), 上冊, 18.

묵해서관과 광학회

영국의 개신교 선교사 메드허스트Walter Henry Medhurst, 麥都思는 도광 23년인 1843년 상해에 "묵해서관"墨海書館을 세웠다. 그와 또 다른 영국 국적의 선교사 알렉산더 와일리Alexander Wylie, 偉烈亞力가 차례로 경영하였다. 묵해서관은 청말 대표적인 교회 서국書局이었다. 전도용 홍보물 외에도 과학기술류의 서적도 번역 출판하였다. 가장 유명한 것으로는 『속기하원본』續幾何原本을 꼽을 수 있다. 이는 명말 서광계와 마테오 리치가 번역한 『기하원본』을 이은 후속 9권으로 중국의 저명한 수학자 이선란李善蘭과 알렉산더 와일리가 공동 번역하였다. 두 사람은 『담천』談天, 윌리엄 허셜 W. Herschel의 『천문학개론』 등의 과학기술 작품도 공역 출판하였다. 이선란뿐만 아니라 화형방華衡芳, 서수徐壽 등 중국의 저명한 과학자들도 묵해서관과 깊은 관계가 있다.

이 서관의 작업은 당시 사람들의 흥미를 끌었다. 명성에 이끌려 서관을 참관하고 서관에 남아서 봉직한 왕도王韜는 관내의 시설과 작업 상황에 대해 다음과 같이 기술하고 있다.

> 활자판 기기로 인쇄하는 것은 독창적이었다. 나는 특별히 시간을 내서 가보았다. 대나무 울타리에 화분대, 국화와 난이 심겨 있는 정원은 야외의 정취를 느끼게 하였다. 건물 안에 들어서자 책들과 책꽂이가 가득했다. … 선반은 소가 끌었고 굴대는 나는 듯이 회전하였다. 하루에 몇천 번을 인쇄할 수 있다고 하였다. 정말 능란하고 재빨랐다. 서관 건물은 모든 창을 유리로 만들었다. 빛은 약간의 틈새도 없이 실내를 밝혀 정말 유리의 세상이었다. 활자판은 동서로 배열되었는데, 알파벳字典 순서로 안배하여 질서 정연하였다.[167]

왕도王韜는 이 서관에서 일하며 서학의 기초를 닦았다. 그는 『영국지』英國志 편집을 돕고자 친구인 장돈복蔣敦復을 영국 개신교 선교사 뮤어에

---

[167] 鍾叔河, 『走向世界--近代中國知識分子考察西方的歷史』(北京: 中華書局, 1985), 144에서 재인용.

드William Muirhead, 慕維廉에게 소개하였다. 이 책은 중국에서 출판된 첫 영국통사와 지리서이다.

"광학회"廣學會는 개신교가 중국에 세운 가장 큰 출판기구였다. 광서 13년(1887) 상해에서 출범하였다. 처음엔 "동문서회"同文書會라 불렀는데 후에 "광학회"로 고쳤다. 창립자는 영국인 개신교 선교사 윌리엄슨Alexander Williamson, 韋廉臣이었다. 그는 티머시 리처드李提摩太와 함께 독판督辦을 역임하며 광학회를 차례로 주관하였다. 광학회의 주요 참여자는 뮤어헤드, 에드킨스Joseph Edkins, 艾約瑟, 존 알렌Young John Allen, 林樂知, W. A. P. 마틴丁韙良, 길버트 레이드Gilbert Reid, 李佳白 등의 영·미 개신교 선교사들이었다. 이 기구가 표방하는 취지는 "서양의 학문으로 중국의 학문을 넓히고, 서양의 신학문으로 중국의 구학문을 넓힌다"는 것이었다. "광학회"의 명칭은 여기에서 유래되었다.

광서 16년(1890)에서 선통 3년(1911)까지 광학회가 출판한 서적은 약 4백 종에 달한다. 비종교 서적이 180여 종, 종교서적이 150여 종에 달하고, 나머지는 종교와 비종교 사이에 속한 서적들이었다. 비종교류와 중간 유형이 전체의 60% 이상으로 인쇄량은 전체 수량의 80% 이상을 점하였다. 초판과 재판을 합하면 모두 백여 만 권에 달하였다. 비종교류 중 30여 종은 자연과학류에 속하고 나머지는 인문, 사회과학류였다.

광학회는 정기간행물도 출판하였다. 그 중 『만국공보』萬國公報가 가장 유명하다. 이는 교회 측이 운영한 중국어 신문·잡지 가운데 가장 오래되고 널리 발행되었으며 영향도 제일 컸다. 이 간행물의 전신前身은 존 알렌林樂知이 주편主編한 『교회신보』教會新報였다. 후에 개명되며 1874년 『만국공보』로 개명, 1883년 정간 게재 내용도 조정되었다. 특히 광학회에 소속된 뒤 1889년 복간 이 간행물은 시사평론과 중외中外의 중대한 정치 사건과 법령을 더 비중 있게 게재하였고, 종교 내용은 오히려 주요 내용이 못되었다. 이 간행물은 유신운동維新運動 시기에 영향이 컸는데 한때 근 4만 부가 발행되어 거의 전국 방방곡곡으로 널리 유포되었다.

『만국공보』만이 아니라 광학회에서 출판한 기타 서적도 유신운동에 영향을 주었다. 광서 황제는 서양의 법을 참고하고 서양 학문을 이해하고자 129종의 새 책을 모아 읽었는데 광학회에서 출판한 것만 89종에 달했다.[168]

존 프라이어 John Fryer, 傅蘭雅의 공헌

존 프라이어

교회의 출판기구 이외에도 일부 선교사들은 청 정부에 예속된 출판기구에서 임직하였다. 이 또한 소홀히 여겨져서는 안 될 것이다.

당시 청 왕조에서 운영하는 서학간행물 출판기관은 크게 두 곳이었다. 한 곳은 경사 동문관京師同文館에 속하고 또 한 곳은 강남제조국江南製造局의 부설기관이었다. 이 두 곳의 출판업무는 사실상 개신교 선교사 W. A. P. 마틴丁韙良과 존 프라이어에 의해 각각 주도되었다. 두 곳의 규모는 광학회만 못하였지만 출판물의 전문성은 더 분명하였다. 동문관은 주로 양무洋務 지식에 관한 서적을, 강남제조국은 과학기술 분야의 서적을 출판하였다.

영국인 존 프라이어는 특별히 언급할 만하다. 그는 1860년대 초 중국에 도착하고 동치 7년(1868) 강남제조국의 번역관翻譯館으로 정식 초빙되어 28년 동안 재직하며 많은 기여를 하였다. 존 프라이어는 전형적인 "세속파" 선교사였고 정의감이 넘치는 인물이었다. 그는 서양 학문 특히 과학기술 지식을 전하는 것을 자신의 사명으로 여겼다. 어느 논평은 그가 이를 "중국인들로 하여금 기독교를 믿게 하는 것보다도 더 우선시하였다"고 말하는데 터무니없는 말은 아니다. 그는 강남제조국에서 서양 서적을 번역하고 출판하는 일을 "이 존경할만한 오래된 나라로 하여금 전진하여" "문명을 향해 나아가도록" 도움을 주는 "유력한 수단"으로

---

168. 鍾叔河,「老來失計親豺虎」,『李鴻章歷聘歐美記』(長沙: 湖南人民出版社, 1982), 23.

강남제조국 내 번역관

여겼다. 이를 위해서 그는 맡은 일에 혼신의 힘을 기울였다. 혹은 혼자서 혹은 다른 이들과 협력하며 백 몇십 부의 서양 서적을 번역하거나 저술하였다. 그는 이직 후에도 계속해서 강남제조국을 위해 약간의 책자를 번역하고 저술하였다. 그의 저서 대부분은 자연과학 분야의 서적들로 수학, 물리, 화학, 항해, 채광採鑛, 기계, 야금, 생물, 농업, 의학, 군사기술 등 여러 학과의 서적들을 두루 포함하고 있다.

유감스럽게도 이 서적들은 여러 조건의 제한을 받아 효력을 충분히 발휘하지 못하였다. 그럼에도 불구하고 상당한 영향을 끼쳤다. 학문과 사상계의 신파 인물들이 적지 않게 도움을 받았기 때문이다. 예를 들면 강유위康有爲는 서양 학문을 탐구하기 위해서 강남제조국에서 번역한 모든 번역서를 구입하였다. 담사동譚嗣同은 그의 명작 『인학』仁學과 그의 글 "에테르Ether설"以太說 가운데 "에테르"에 관한 개념을 존 프라이어가 번역한 『치심면병법』治心免病法에서 취하였다.

존 프라이어는 선교사 신분이었지만 주로 중국에 유익한 문화사업에 종사하였다. 이는 청말 선교사들의 "다양한 유형"의 역할 중 대표적 사례로 회자된다.

청말 교회 측이 중국에서 출판사업을 운영하고 출판사업에 참여한 상황을 총체적으로 보면 주요 목적이 "문서선교"를 통해 중국에 "영적 전쟁"저자는 "정신적 정복"이라고 함을 진행하는 것이었음을 배제할 수 없다. 그들은 출판사업이 이 목적에 도달하는 가장 신속하고도 효과적인 길이라고 생각했다. "다른 방법들은 수천 명의 두뇌를 변화시키지만 문서선교는 수백만 명의 두뇌를 변화시킬 수 있어" 중국에서 주요 간행물의 출판을 지킬 수만 있다면 "이 나라의 머리와 등뼈를 통제하는 것"[169]이라고 여겼다. 어떤 내용의 출판이 되었든지 최종 목적은 다 선교를 위한 것이었다. 이밖에 다량의 기타 문서는 식민침략과 중국인을 노예화하기 위한 공공연한 준비 작업이었다. 교회 측의 중국에서의 출판사업은 선교만을 위한 것이 아니라 식민침략을 돕는 수단도 불가피하게 되었던 것이다.

그러나 객관적 영향에서 본다면 교회 측의 중국에서의 출판사업은 일정 정도 중국문화의 갱신과 사회발전을 촉진시켰다. 신문과 정기간행물은 근대사회 정보 전달의 주요 방법 중 하나이다. 당시 많은 사람들이 교회 측이 출판한 다양한 새로운 간행물들을 접하였다. 정보의 전달은 중국사회의 폐쇄적 상태를 타파하고, 정보가 소통되는 사회적 환경과 분위기를 조성하고, 서민들의 사회참여 의식을 계도하는 데 도움이 되었다. 또한 중국인들이 서양을 알고 세계의 큰 흐름을 이해하는 것을 도와 의식을 갱신시키고 새로운 사조, 새로운 트랜드, 새로운 가치를 추구하도록 자극하였다. 아울러 교회 출판기구가 중국에서 가장 먼저 사용한 근대 인쇄기술은 중국에 유입된 응용과학 기술 분야의 중요한 항목이 되었다.

귀곡선생의 근거지

"귀곡선생"鬼谷先生[170]이 공자 문하생으로 근거지를 쟁탈하려 한다. "귀곡선생"이란 당시 중국 사람들이 교회 측의 학교 설립과 나아가 선교사들의 중국의 양무교육洋務敎育에 개입하는 것을 빗대어 부른 말이다.

---

169. 티머시 리처드의 이야기, 方漢奇, 『中國近代報刊史』, 上冊, 19.
170. 이 책의 저자는 "귀곡선생"鬼谷先生이란 용어를 사용하였다. 귀곡선생은 중국 전국시대 사람으로 원래 이름은 왕후王詡이다. 종횡가縱橫家의 시조이고, 소진蘇秦과 장의張儀가 그의 제자였다. 그는 귀곡에 은거하며 스스로를 귀곡선생이라 칭하였다. (역자 주)

교회가 학교를 설립하고 교육에 종사하는 것은 아편전쟁 이전부터 시작되었다. 중국에 도착한 로버트 모리슨은 종교 인재 육성을 사역의 일환으로 삼았다. 그러나 당시 중국은 금교 시기였다. 그는 화교들이 많이 모여 살고 중국과 가까운 남양의 말라카를 기지로 삼고 그곳에서 사역하고 있는 밀른 William Milne, 米憐 선교사에게 학교 설립을 지시하였다. 1820년 "영화서원"英華書院이라고 부르는 교회학교가 정식으로 문을 열었다. 입학한 학생들은 대

밀른

부분 남양에 거주하고 있는 화교 자녀들이었다. 로버트 모리슨 사후 그를 기념하기 위해서 중국에 거주하는 외국인들은 도광道光 16년(1836) 광주廣州에 "모리슨교육회"馬禮遜敎育會를 결성하였다. 교육회가 표방한 취지는 학교 창설과 기타 방법을 통해 중국의 교육을 개진하고 촉진한다는 것이었다. 이 교육회가 세운 "모리슨학당"馬禮遜學堂은 도광 19년(1839) 마카오에서 정식으로 개교하였다.

아편전쟁 후(1842, 1843) 모리슨학당과 영화서원은 모두 홍콩으로 옮겨졌다. 두 학교는 미국 개신교 선교사 로빈스 브라운Samuel Robbins Brown, 布朗과 영국 선교사 제임스 레게James Legge, 理雅各에 의해 각각 이끌어졌다. 학교의 규모는 계속 확장되고 교육과정도 정규화 되었다. 예를 들면 모리슨학당에서는 중국어 외에 서양 학문으로 영어, 지리, 역사, 산술, 대수, 기하, 초등기계학, 생리학, 음악 등의 과목이 개설되었다. 훗날 중국 신新학문의 저명한 인물 용애容閎와 의사 황관黃寬도 이 학교 출신이다. 이들은 로빈스 브라운의 도움을 받아 그와 함께 미국으로 건너가 유학하였다.

도광 24년(1844), 영국의 "동방여자교육회"東方女子敎育會, the Society for the Promoting Female Education in the East는 영파寧波에 여학교寧波女塾를 세웠다.

중국의 교회학교 중 최초의 여학교이다. 이후 하문廈門, 상해上海, 복주福州 등지에도 교회학교가 잇달아 설립되었다. 1850년대 홍콩 및 개항장 내의 교회학교는 약 50개 소, 학생은 천여 명에 달하였다. 모두 소학교였고, 입학생들은 주로 가난한 집 자녀들이거나 집 없는 이들이었다. 모든 비용은 학교에서 제공하였다.

선교사가 복주에 세운 "200일학교"200天學校

발전의 자취

1860년대 이후 중국 내지 선교사역이 번창해지면서 교회학교도 확연하게 증가하였다. 1870년대 중반까지 십여 년 사이 교회학교의 총 규모는 8백 개로 증가하고 학생은 2만 명에 달하였다. 여전히 소학교 위주였지만 소수의 중고등학교(약 전체 학교 총수의 7%)도 생기기 시작하였다. 이 시기의 교회학교 가운데 개신교가 창립한 학교는 350개, 학생은 약 6천명 정도였다. 나머지는 천주교에 소속되었고 총규모는 개신교를 능가하였다. 비교적 이름 있는 개신교 측 학교로는 등주登州의 몽양학당蒙養學堂, 훗날 "문회관"文會館으로 개칭, 북경의 숭실관崇實館, 상해上海의 배아학당培雅

學堂과 도은학당度恩學堂, 항주杭州의 육영의숙育英義塾 등이 있다. 천주교는 상해의 성방제서원聖芳濟書院, 천진天津의 구진중학당究眞中學堂, 상해의 숭덕여교崇德女校 등을 운영하였다.[171]

1870년대 후기 교회 측의 재중 교육사업은 빠른 속도로 발전하였다. 개신교 측이 특히 두드러졌다. 광서 3년(1877)에 개최된 개신교의 재중 선교사 제1차 전국대회에서는 교육사역의 강화를 주요 의제로 삼고 학교교과서위원회 즉 "익지서회"益智書會를 설립하였다. 광서 16년(1890) 제2차 전국대회를 거행할 때까지 위원회는 84종의 교과서, 50종의 지도와 도표를 편집 출판하였다. 내용은 대개 비종교적이었고 3만여 권을 판매하였다.[172] 1890년의 대회에서는 익지서회를 "중화교육회"中華教育會로 확대 개편하며 교과서와 기타 관련 사역을 더욱 강화하였다.

19세기 말까지 교회학교의 총수는 약 2천 개로 증가하고 학생은 4만 명 이상이 되었다. 전체 학교 중 중고등학교가 점하는 비율은 10%까지 높아졌고 대학교의 초기형태(고등학교 안에 대학교의 학급을 증설함)도 나타나기 시작하였다. 개신교 측 학교와 학생 수는 큰 폭으로 증가하고 학생 자원도 좋은 편이었다.

20세기로 진입하여 중국 복음사역의 "황금기"가 도래하면서 교회의 교육사업은 더욱 발전하였다. 청 왕조가 멸망하기까지의 10여 년 사이 교회학교의 수와 학생 인원은 기하급수적으로 증가하였다. 학교의 규격과 등급도 확연히 향상되었다. 특히 대학교의 정식 설립과 발전은 이러한 향상을 확인시켜주고 있다. 이 시기에는 몇몇 교회 대학교가 잇달아 창립되었다. 천주교에 속한 상해의 진단대학震旦大學 외에는 모두 개신교에 속하였다. 소주蘇州의 동오대학東吳大學, 상해의 성요한대학聖約翰大學과 호강대학滬江大學, 광주廣州의 영남대학嶺南大學, 항주杭州의 지강대학之江大學, 성도成都의 화서협화대학華西協和大學, 무창武昌의 화중대학華中大學, 남경南京의 금릉대학金陵大學 등을 들 수 있다.

---

171. 顧長聲,『傳教士與近代中國』, 227.
172. 費正清 편,『劍橋中國晚淸史』, 上冊, 621. (원서명: John K. Fairbank ed., *The Cambridge History of China*, Volume 10, *Late Ch'ing 1800-1911*, Part 1.)

W. A. P. 마틴과 동문관의 학생들

교회학교 외에도 일부 선교사들은 교회학교가 아닌 기타 학교에서 가르치거나 심지어는 교무를 이끌었다. W. A. P. 마틴丁韙良이 대표적이다. 그는 동치 8년(1869)부터 청 정부의 양무학당洋務學堂인 경사동문관京師同文館에서 25년간 총교습總敎習, 교무처장을 역임하였다. 광서 24년(1898) 저명한 경사대학당京師大學堂이 신정新政, 청말 개혁정치의 성과로 탄생하였다. 마틴은 또다시 경사대학당의 총교습을 맡았고 청 조정으로부터 이품정대二品頂戴, 이품은 직급을 말하고, 정대는 직급에 따라 장식한 모자를 말함를 수여받았다. 이 사건은 미국에서 한때 많은 사람들의 입에 오르는 뉴스가 되었다. 마틴이 임기 내에 청빙한 중국인과 외국인 교사들은 거의 모두가 다 교계 인물들이었다.

교회학교이든지 교회 측 인사가 관계된 비非교회학교이든지 모두 교회 측의 필요에 따라 인재를 육성하려고 힘썼다. 등주登州의 문회관文會館을 오랫동안 주관하며 엄연한 직업교육가가 된 미국의 개신교 선교사 윌슨 마티어Calvin Wilson Mateer, 狄考文는 학생들로 하여금 기독교로 개종하게 할 뿐만 아니라 "하나님의 유력한 대리인"[173]이 되게 하여야 한다고 선언하였다. 반세기 가량 상해의 성요한대학聖約翰大學 총장을 역임한 미국인 선교사 호크스 포트Francis Lister Hawks Pott, 卜舫濟는 "우리의 학교와 대학교는 바로 중국에 세운 웨스트포인트사관학교"[174]라고 더 솔직하게 말하였다.

이런 것들을 떠나서 교회 측(특히 개신교 측)에서 실시한 서양식 교육은 과거科擧시험 지향적이지 않았다. 교회 측 교육은 실생활에 도움이 되

---

173. 顧長聲, 『從馬禮遜到司徒雷登--來華新敎傳敎士評傳』, 284 번역문.
174. 『基督敎在華傳敎士大會記錄』(1890년), 497, 위의 책, 394에서 재인용.

북경의 어느 교회학교의 수업 모습

지 않고 재능을 속박하는 과거시험을 위한 교육은 무시하고, 체계적인 근대지식 과목을 가르쳤다. 폐단이 난무한 중국의 전통교육 체제와 비교하면 낡은 것을 타파하고 새로운 것을 세우는 계몽적 의미가 분명하였다. 이러한 교육은 중국의 전통교육 방식과 내용의 갱신을 자극하였다. 이른바 "귀곡선생"이 공자 문하생의 영역을 쟁탈한다는 말은 바로 이러한 상황을 반영한 말이다. 윌슨 마티어도 중국교육에는 옛 가르침古訓을 으뜸으로 여기고, 내용이 "인仁 · 의義 · 예禮 · 지智 · 효孝 · 제悌 · 충忠 · 신信"에 지나지 않아 교육의 범위가 너무 좁다고 지적하며 중국에 교육제도를 개혁하고 보통학교, 직업학교, 대학교, 여학교를 두루 세우고 사 · 농 · 공 · 상 관련 과목을 교육에 포함시킬 것을 건의하였다. 중국은 동문관에서 경사대학당의 설립까지, 관학官學, 정부가 설립한 학교의 개조에서 신식 사립학교가 세워지기까지 교회 측의 영향을 직간접적으로 받지 않은 것이 없다. 여학교의 설립은 더더욱 교회 측이 시작하고 중국이 따라하였던 것이다. 뿐만 아니라 지식의 전수에 있어서도 구학당에서는 배울 수 없는 신지식을 습득하게 하여 배우는 이들에게 많은 유익을 주었다.

교회학교의 서양 교사와 중국 학생들

이중 구원

도광 15년(1835) 겨울 광주성 신두란가新豆欄街에 안과의원이 개원되었다. 치료를 받으려는 사람들이 줄을 이었고 대개는 가난과 질병이 맞물린 불쌍한 사람들이었다. 안질에 걸린 사람도 있었고 기타 질병으로 진료를 받고자 하는 사람들도 있었다. 환자들 맞이에 분주한 서양 의사가 있었으니 바로 미국인 선교사 피터 파커Peter Parker, 伯駕이다. 교회 측의 재중국 의료사역은 이로부터 전개되었다.

최초의 서양 의원

피터 파커

피터 파커는 의학박사였고 중국에서의 의료사역을 위해 소속된 선교회로부터 파송 받았다. 그가 의원을 개원한 첫 해, 치료한 환자는 2,100여 명에 달했다. 그의 명성을 듣고 방문하여 참관한 이들은 6, 7천 명이나 되었다. 아편전쟁이 발발할 때까지 피터 파커가 치료한 환자는 거의 만 명에 육박하였고 모두 무료 진료였다. 특별히 언급할 만한 것은 임칙서林則徐가 광주에서 아편무역 문제를 해결할 때 피터 파커에게 치료를 받았다는 것이다. 피터 파커는 임칙서만을 위해 일련 번호 6565인 무료차트를 만들었다. 그는 임칙서에게 천식 치료제와 복부를 감싸는 복띠(임칙서는 탈장을 앓고 있었음)를 건네주었다.[175]

그러나 의료사역을 통한 선교 효과는 크지 않았다. 아편전쟁 이후 선교는 양성화되었고 피터 파커는 모든 가능한 장소와 기회와 수단을 동원해 환자들에게 복음을 전하였다. 하지만 진료를 받은 이들 가운데 복음에 흥미를 보이는 이는 상당히 드물었다. 의원에서 정기적으로 피터 파커의 선교사역을 도운 양발梁發에 의하면 삼년 반 동안 예배에 초청된 만 오천 명 중 "진심으로 진리(즉 기독교교의)를 연구하는 사람은 단지 3명이었고 세례를 받은 사람은 한 사람도 없었다"[176]고 한다.

그러나 의원은 계속 운영되었고 갈수록 점점 더 확장되었다. 피터 파커가 함풍 5년(1855) 외교관으로 부임하게 되자 다른 미국인 선교사 글래스고 커John Glasgow Kerr, 嘉約翰가 이 사역을 이었다. 함풍 9년(1859) 광주 남쪽으로 옮겨 재건한 다음엔 "박제의원"博濟醫院으로 개칭하고, 글래스고 커는 19세기 마지막 년도까지 원장을 역임하였다.

의학 분야에서의 글래스고 커의 사역 성적은 매우 뛰어났다. 그가 소개하는 바에 의하면 그가 진료한 환자들은 74만 명에 달했으며 4만 9천여 환자에게 외과수술을 해주었다고 한다. 그리고 150여 명의 인재들에게 서양 의학을 교육시켰다고 한다. 또한 34종의 서양 의학과 의약 서적을 편집 번역하고, 서양의 의학과 의약을 소개하는 최초의 중국어 간행물(처음엔 『광주신보』廣州新報, 후에는 『서의신보』西醫新報라 명함)을 창간하였다. 개신교의 재중 의학단체 "중화박의회"中華博醫會의 제1대 회장을

---

175. 顧長聲, 『從馬禮遜到司徒雷登--來華新敎傳敎士評傳』 중 "피터 파커"伯駕에 관한 내용.
176. 麥沾恩 著, 胡簪雲 譯, 上海廣學會 重譯, 『中華最早的佈道者 梁發』(원서명: G. H. Mcneur, *Liang A-Fa: China's First Preacher, 1789-1855.*), 『近代史資料』, 1979年, 第2期, 206.

역임하고, 영향력 있는 서양 의학 학술간행물 『박의회보』博醫會報를 창간하고, 중국의 첫 정신병 전문의원을 세우기도 하였다.[177]

19세기 말까지 "박제의원"과 같은 규모와 수준의 교계 의원은 많지 않았다. 당시 천주교와 개신교 측의 재중 의료기관의 대략적인 규모를 보면 개신교에 속한 크고 작은 의원과 진료소는 약 40여 곳이었다. 천주교에 소속된 곳도 몇십 곳이었다. 의원들은 비교적 큰 도시에 분포되어 있었다. 어떤 의원은 개설시 중국 관원 혹은 그 가족의 직접적인 지원을 받기도 하였다. 예를 들면, 기독교에 속한 천진天津의 닥터마기념의원 馬大夫紀念醫院은 이홍장의 부인으로부터 자금을 기부받았다. 멕켄지John Kenneth Mackenzie, 馬根濟 의료선교사가 그녀의 목숨을 구해주었기 때문이다.[178]

20세기에 들어서도 의료사역은 교회 측의 재중 기타 사역처럼 전례 없이 빠른 속도로 발전하였다. 의료기관은 배로 증가하였고 규모도 확대되었다. 또한 순수한 "자선적"慈善的 성격에서 영리적 사업으로 천천히 전환되었다.

영혼 구원

교회 측의 중국에서의 의료사역도 그의 출판과 교육사역처럼 종교적 성격과 식민 색채를 띠었다. 환자에 대한 "육체 구원"은 최종적으로 "영혼 구원"을 위함이었다. 의료사역을 펼친 가장 직접적인 목적은 이른바 "사람들의 신뢰를 얻고, 이를 통해 그 아름답고도 흠 없는 기독교를 점차 받아들이도록 길을 닦는 것"이었다. 의료사역은 복음사역에 종속되었던 것이다.

교회 측은 눈앞의 효과 여하로 성패를 논하지 않았다. 그들의 입장에서 보면 "자선"사업 가운데 의료를 통한 선교보다 더 똑똑한 것은 없었

---

177. 顧長聲, 『從馬禮遜到司徒雷登--來華新教傳教士評傳』 중 "嘉約翰"John Glasgow Kerr에 관한 자료와 소개 참조.
178. 멕켄지 의료선교사가 기독교런던회의원基督教倫敦會醫院에서 사역할 때 이홍장이 부인의 치료를 의뢰하고, 부인이 완치된 뒤 기부를 하여 기독교런던회의원을 런던회시의원倫敦會施醫院으로 확장하였고 이후(1924) 닥터마기념의원으로 발전하였다. (역자 주)

다. 의료선교는 중국인의 편견과 악의 등의 장애물을 제거하는 데 궁극적으로 일조하고, 동시에 서양의 과학과 발전을 위해 길을 열어줄 수 있을 것으로 생각했다. 이로써 그들의 장기 목표는 사람의 마음을 사는 것이었음을 구체적으로 인지할 수 있다.

의료종사 선교사들 가운데는 진실된 종교적 신앙이 요구하는 인도주의에 입각해서 중국으로 건너와 의료사역에 헌신한 이들이 적지 않다. 전체적으로도 교회의 의료사역은 중국에 도움이 되었다. 여러 환자들이 병고에서 벗어날 수 있었을 뿐만 아니라, 서양의 의학과 의약의 과학지식이 전파되어 관련 인재들을 육성할 수 있었다. 교회의 의료사역은 소위 "자선적" 성격만이 아니라 과학문화의 성격이 강한 사업이기도 하였으니 이 점을 특히 중시할 필요가 있다.

금연운동

교회 측은 사회풍습을 개선하는 면에서도 적지 않은 "선행"을 행했다.

중국에서의 아편의 범람은 원래 열강이 제공한 화근이었다. 청말 전쟁의 피해를 입은 첫 번째 사례가 바로 "아편전쟁"이다. 십자가의 사자들은 이 전쟁에 대해 마음 아파하지 않았다. 오히려 이는 "하나님께서 중국의 대문을 여는데 사용한 수단이었다"고 여겼다.

그러나 아편의 폐해가 중국에서 점점 더 심각하게 확대되어 "아편을 만들기 위해 주야로 달이는 연기가 하늘 가득하고" "죽인 사람이 족히 억만 명이 된다"는 상황을 마주하면서 십자가 진영 안에서도 금연을 외치는 소리가 흘러나왔다. 그들은 아편의 해로움에 관해 조사하였고 통계를 냈으며, 아편의 해로움을 논하고 금연을 권하는 글을 발표하였다. 전문적인 홍보책자도 출판하였다. 재중 개신교 선교사들의 전국대회에서도 금연을 주요 의제 중의 하나로 채택했다.

교회 인사들 중에는 북경의 "계연대회"戒烟大會, 금연대회, 광주의 "권계아편공회"勸戒鴉片公會 등의 금연단체를 조직한 이들도 있었다. 모두 금연에 영향력을 발휘하였다. 광서 16년(1890) 개신교 전국대회에서 통과된 금연 의제 중에는 전국에 금연총회와 각지에 분회를 설치할 것을 건의하는 항목이 있었다. 이는 금연조직을 발전시키는데 상당히 작용하였다. 그들은 또한 교회의 의료기관을 이용해 아편중독자들에게 금단 치료를 실시하였다. 적지 않은 교회의원과 진료소에서 이 진료 항목을 특설하였다. 심지어는 전문의원도 세웠다. 영국의 개신교 선교사 존 더전John Dudgeon, 德貞은 북경에서 이 의료사역에 종사하였고 성과도 뚜렷하였다.

어떤 선교사들은 아편의 수출금지를 본국에 촉구하여 화근을 제거하고자 노력하였다. 1874년 재중 영국 선교사들은 "영화금지아편무역협회"英華禁止鴉片貿易協會, The Anglo-Oriental Society for the Suppression of the Opium Trade를 조직하였다. 존 더전, 티머시 리처드李提摩太 등이 적극적으로 지지하였고 제임스 레게理雅各는 발기인 중 1인이었다. 1878년 영국으로 돌아온 제임스 레게는 어느 아편무역반대대회에서 격앙된 어조로 아편무역에 반대하였다. 아편무역은 악한 교역으로 수천수만의 중국인들에게 피해를 주고 영국과 중국 간 정상적인 무역 발전에도 불리하다며 아편무역업자들에게 "악행을 멈추고 선을 행하라"고 호소하였다.

선교사들이 비록 종교적 도덕의 필요에 의해 이 분야의 사역을 진행하였지만 금연에 대한 사회적 여론 확산을 도왔고, 환자들을 치료하는데 도움을 주었기에 칭찬할 만하다.

전족금지운동天足運動 및 기타

전족纏足은 부녀자의 몸과 마음의 건강을 심각하게 파괴하는 낡은 풍습이다. 하지만 중국에서는 이미 몇백 년간 이어지고 성행하였다. 교회 측은 이 풍습에 반대하여 교회학교의 여학생은 전족을 못하게 하였다. 육영당育嬰堂에서도 여아에게 전족을 하지 않았다. 교회 인사들은 여러 지역에 전문 조직을 만들어 전족을 멈추도록 권하는 홍보사역을 추진하였다. 교회의 재중 문화사역을 격찬한 영국인 리틀 부인Alicia Little 또는 Mrs. Archibald Little, 立德夫人은 전족 반대에 힘쓴 대표적 인물이다. 그녀는 상해에 "천족회"天足會를 설립하고 무석無錫, 소주蘇州, 양주揚州, 진강鎭江, 남경南京 등지에 분회를 두고 광학회를 통해 출간한 간행물로 전족 반대를 널리 홍보하였다. 어떤 해에는 10만 권 이상의 홍보책자를 배포하였다. 그녀는 예배당을 이용해 강연하고 홍보하는 데에도 주의를 기울였다. 이러한 활동은 중국의 신파新派, 양무파와 변법파 등 인사들이 추진한 "천족운동"天足運動의 전개에도 도움이 되었다.

이 밖에도 교회 측은 동혼童婚, 유아결혼, 부모들이 미리 정하는 태내 혼사, 미성년 여아를 며느리로 거두는 등의 낡은 관습에도 반대하였다.

교회 측은 유기된 영아들을 수용하였는데 이 또한 당시의 사회적 풍습과 관계가 있다. 천주교는 어린이 자선사업을 특히 중시하였다. 천주교 측의 교인 늘리기와 깊은 관계가 있다. 천주교 측은 영세 인원수를 늘리는 가장 간편하고 경제적인 방법으로 유기된 영아에게 세례를 베푸는 것을 택한 것이다. 서민들의 보편적인 가난함과 일부 지역의 신생아(주로 여아)를 익사시키는 악습은 고갈되지 않는 영아 공급원이 되었다. 형편이 어려운 가장이 눈물을 머금고 아이를 데려오거나, 영아 한 명에 엽전 몇십 닢이란 저가低價로 교회 측이 거두었다. 「황포조약」黃埔條約 체결을 위해 파견된 특사 라그레네Théodore de Lagrené를 수행하여 중국에 온 프랑스 천주교 선교사 클라브랭Stanislas Clavelin, 葛必達은 상해 일대에 머물면서 영아사역에 힘을 쏟았다. 모든 수단과 방법을 동원해서 수많은 영아를 사들이고 세례를 주었기에 그에게는 "영아 사냥꾼"이라는 별명이 붙었다. 이런 이들은 영아들의 육체적 생명을 존중했다기보다는 영아들이 "천국" 가는데 더 큰 관심이 있었다. 당시 영아의 사망률이 낮지 않았지만 그래도 이 사역을 통해 적지 않은 아이들이 구조되었다.

구제 역시 중요한 사역이었다. 당시 재해 지역의 중국관원 조차 교회 측의 구제는 "중국인들의 마음을 도적질 하는 것"임을 알고 있었다. 이런 면에서는 선교사들은 "이재민의 사냥꾼"이 된 것이다. 그러나 교회 측의 "한 수레의 땔나무에 붙은 불"을 보며 뿌린 "한 잔의 물"도 궁극적으로는 중국인에게 도움이 되었다.

도움과 참여

19세기 말 20세기 초 중국의 변혁 과정 중에도 일부 선교사들의 모습이 자주 눈에 띄었다. 선교사들과 함께한 이들은 당시 신파新派, 아래의 "개혁파", 양무파, 변법파 등 인사들이었다. 이들은 하나님을 좋아하지 않았다. 하지만 하나님의 사자들이 가져온 세속적 서양 학문은 거절하지 않았다. 그러므로 선교사들의 도움에 의지하는 신파와 쇄신에 참여하는 선교사들의 관계가 자연스레 조성되었다.

세상을 내다보는 창구

아편전쟁의 포성은 "개혁파"를 흔들어 깨웠다. 그들을 가격한 것은 서양의 함선과 대포인 "장기"長技, 뛰어난 기술였다. 그러나 이 정도로는 개혁파로 하여금 "서양의 장기를 배워 서양을 제압하여야 한다"師夷長技以制夷라고 외치게 하기에는 역부족이었다. 왜냐하면 이 외침은 본능의 직감적 반응에서만 터져 나온 것이 아니라 세상의 흐름에 대한 초보적 이해를 통해 갖게 된 이성적 인식에 더 기인하였기 때문이다. 이러한 인식에 도달하기 위해서는 반드시 "문화의 창구"라는 도움이 필요하였다. 나라 밖을 한 걸음도 나가보지 못한 임칙서林則徐와 위원魏源 등이 아무리 까치발을 하며 머리를 치켜들어도 이 창구를 통하지 않고는 바깥세상을 볼 수 없었기 때문이다.

이 창구는 주로 선교사들에 의해 제공되었다. 마테오 리치 등이 구멍을 냈지만 곧 틀어막혔다. 그 후 로버트 모리슨 등이 중국에 입국하기까지 중국과 서양 국가 간에는 상당한 거리감이 있는 상태였다. 비록 서양 국가의 상인과 선원들이 중국에 오고, 중국의 장인匠人과 하층 노동자 쿠리苦力들이 서양 국가로 갔지만 이들의 낮은 문화적 소양으로 문화의 전파와 교류에는 한계가 있었다. 교류는 문화적 소양이 비교적 높고 동시에 문화사업을 주요 업무로 삼는 선교사들(특히 개신교 선교사들)을 통해서 가능해졌다. 선교사들의 수년간의 사역을 통해서 비로소 지리, 역사, 정치 정세, 풍습 등 분야에 초보적인 소통이 이루어졌다. 미국의 한 저명한 학자는 "19세기 대부분의 기간 동안 미국인은 선교사들의 눈을 통해 아시아를 관찰하였다"[179]고 말한 적이 있다. 중국은, 적어도 임칙서林則徐와 위원魏源 같은 인물들이 활동하던 시대에는 중국에 온 선교사들을 통해서 서양을 이해하기 시작하였다.

이는 당시의 "눈을 떠 세상을 보자"開眼看世界는 대표작들 가운데 관련 자료의 출처를 통해서 확인할 수 있다. 임칙서가 편역을 주관한 『사주지』四洲志, 『사주지』의 기초 위에 위원이 확대 편저한 『해국도지』海國圖志, 서계여徐繼畬의 『영환지략』瀛寰志略 및 광동성廣東省의 학자 양정남梁廷枏의 『해국사설』海國四說 등의 대표작들 가운데 서양 국가에 관한 내용들은 모두 선교사들이 전해주었거나 선교사들이 직접 편찬한 서적과 간행물들 내에서 채택하거나 근거한 것들이었다. 심지어는 선교사들의 구술 자료까지도 포함되었다.

예를 들면 『해국사설』 안의 「합성국설」合省國說은 미국의 역사와 지리를 체계적으로 소개하고 있는데 많은 양을 E. C. 브리지먼神治文 선교사가 중국어로 펴낸 『아메리카 합중국지략』美利哥合省國志略, 후에 『연방지략』聯邦志略으로 개명에 근거하고 있다. 『영환지략』의 집필 계기와 기초 자료도 모두 미국인 개신교 선교사 데이비드 아빌David Abeel, 雅裨理과 밀접한 관계가 있다. 서계여는 복건성 포정사布政使로 재직할 때 데이비드 아빌과 만날 기회가 몇 번 있었다. 데이비드 아빌은 그 기회를 이용해 복음을 전하고자 하였고, 반대로 서계여는 그를 통해 기타 분야의 서양

서계여

---

179. 泰勒·丹涅特, 『美國人在東亞』, 474. (원서명: Tyler Dennett, *Americans in Eastern Asia*.)

학문에 대한 가르침을 청하고 여러 서학 서적들을 구한 것이다. 데이비드 아빌도 그가 "세계 각국 상황에 대한 알고픔이 천국의 진리를 경청하는 것보다 더 절박해 보였음"을 깊이 느낄 수 있었다고 회고하였다. 서계여는 『영환지략』에서 데이비드 아빌의 이름을 여러 번 언급하면서 일부 내용은 그로부터 제공받았음을 밝히고 있다.

변혁을 위한 협력

19세기 중엽 중국에는 양무洋務를 일으키는 열기가 일어났다. 양무파는 서양의 과학기술로 중국문화의 주요 결함을 메우려고 시도하였다. 그들은 관영 번역기구를 세우고, 근대기업을 창업하고, 신식교육을 창시하는 등 일련의 조치를 취하였다. 이를 위해 그들은 외국인으로부터 상당한 도움을 받았고, 그 중 상당수는 바로 외국인은 선교사들이었다.

쌍방이 서로 협력하였는데 양자 모두가 원해서 가능하였다. 대표적 사례로는 W. A. P. 마틴丁韙良이 동문관同文館에서, 존 프라이어傅蘭雅가 강남제조국江南製造局 번역관에서 협력한 것을 들 수 있다. 또한 매우 영향력이 있는 일부 선교사들은 양무파 실세들의 책사가 되기도 하였다. 예를 들면 티머시 리처드李提摩太는 이홍장李鴻章 및 좌종당左宗棠과 긴밀한 접촉을 가졌다. 양무 사상가들 중에는 적지 않은 인물들이 선교사들과 밀접하게 왕래하였다. 당시의 여론에서 회자되는 이야기를 살펴보면 양자는 적어도 표면적으로는 일치하는 주장이 많았다. 양무파들처럼 티머시 리처드도 "중체서용"中體西用을 부르짖었다. 물론 리처드의 의도와 실제 내용은 중국의 양무파 인사들과 완전히 같을 수 없었다. 그러나 어찌되었든지 선교사들은 실천적으로나 여론적으로나 양무운동의 추진에 기여한 것은 분명한 사실이다.

선교사들은 학회와 간행물을 통해 유신운동維新運動에 영향을 미쳤을 뿐만 아니라 더 많은 범위에서 유신파와 "협력"하였다. 광서 21년(1895) "공거상서"公車上書[180]가 있은지 얼마 안 되어 티머시 리처드는 북경으로

---

180. 강유위와 양계초가 거인舉人 수천 명과 연명하여 광서 황제에게 일본과 맺는 불평등조약 「시모노세키조약」馬關條約을 체결하지 말아달라는 상서문. (역자 주)

올라가 강유위와 회동하였고 양측은 의기투합하였다. 티머시 리처드는 양측이 "그렇게 많은 공통점이 있음"에 경탄하였고, 강유위 또한 "중국을 혁신하는 사업"에 티머시 리처드와 협력할 것을 분명히 하였다. 양계초梁啓超강유위의 제자는 티머시 리처드의 비서로도 일한 적이 있다. 강학회強學會 성립 후엔 티머시 리처드와 길버트 레이드李佳白 등이 가입하였다. 백일유신百日維新, 유신운동 기간(1898) 티머시 리처드는 북경으로 상경하여 강유위 등과 함께 기획하고 일하였다. 정변이 일어난 후에도 티머시 리처드는 자신의 처소에서 양계초, 담사동 등이 참석한 비밀회의를 열고 광서 황제의 구출문제와 기타 대응할 내용들을 논의하였다. 강유위 등이 탈출할 수 있었던 것도 티머시 리처드의 직접적인 도움이 있었기에 가능하였다.

물론 티머시 리처드 등과 중국의 유신파 인사들은 "동상"同床인 듯 보였지만 실상은 "이몽"異夢이었음은 말할 나위가 없다. 객관적으로 보아도 선교사들의 유신운동에 대한 지원 및 촉진엔 한계가 있을 수밖에 없었다. 이 시기 유신파 인사들은 다양한 루트를 통해서 서학西學을 접할 수 있었고 또한 필요에 따라 능동적으로 선택하고 이용하였던 것이다. 더 이상 교회 측에서 전해주는 것에 국한되지 않았음은 엄복嚴復의 여러 번역서를 통해서 확인할 수 있다.

금빛 가을인데 을씨년스럽다

20세기로 들어서면서 중국에서의 "복음사역"의 발전은 마치 금빛 가을 같았다. 그러나 눈에 띄는 사실은 서양 학자들도 분명히 감지한 바와 같이 중국의 문화와 정치 혁신에 있어서 "선교사의 참여와 영향이 급속하게 감소"[181]하여 "금빛 가을"과 조화롭지 못한 을씨년스러움을 보였다는 것이다. 청말의 최후 10여 년간 손문孫文을 대표로 한 혁명파 인사들은 서양문명을 충분히 능동적으로 취사선택하고 이로써 중국을 환골탈태 시키려고 하였다. 10여 년간 많은 혁명 사상가, 활동가가 출현하고,

---

181. 費正清 편, 『劍橋中國晚清史』, 上卷, 364. (원서명: John K. Fairbank ed., *The Cambridge History of China*, Volume 10, *Late Ch'ing 1800-1911*, Part 1.)

해외 유학이 붐을 이루었으며 혁명 서적과 간행물도 우후죽순처럼 발행되었다. 반면 이 시기 교회 측 인사들이 전한 서학의 내용들은 점점 보수적이고 낙후되는 듯 보였다. 또한 그들은 혁명운동에 대해서도 처음부터 냉담하고 적대적이었다.

예를 들면 티머시 리처드는 여러 번 손문을 만나서 혁명을 포기하고 개량改良을 택할 것을 권하였다. 거절당하자 그는 손문에게 "그렇다면 우리는 각자의 길을 갈 수밖에 없군요. 나는 정부에 대해서 그를 일깨워야지 무너뜨려서는 안 된다고 믿습니다"라고 입장을 바로 밝혔다. 티머시 리처드는 심지어 성경에 "칼을 사용하는 자는 칼로 망한다"는 말로 혁명을 모질게 저주하였다.

손문은 혁명의 길로 나아간 이래 줄곧 기독교 신앙을 유지했다. "나의 혁명정신은 기독교인들로부터 도움 받은 바가 많다"고 믿고 있었다. 손문만이 아니라 그의 동지들 가운데도 평생 기독교인으로 산 이들이 있다. 그들의 종교적 신앙이 혁명과 상충하지 않을 수 있었던 것은 그들이 순수한 신앙을 간직하였고, 기독교 교리와 당시 외국의 통제를 받는 교회를 구별할 수 있었기 때문이다. 손문은 "교리는 정말로 귀하다." 그러나 "교회는 현 제도 아래에서 청년들을 마취시키고 제국주의자들에게 이용당할 가능성이 있다"[182]고 매우 분명하게 말한 적이 있다.

전반적으로 볼 때 우리가 말한 소위 "도움과 참여"에 있어서 20세기 이전과 이후의 상황에는 큰 차이가 있었다. 이전에는 맨 먼저 세상을 바라본 임칙서와 위원 등이나 그 후의 양무파와 유신파 인사들도 모두 다 선교사들이 전해주는 것으로부터 일정 정도 도움을 받았다. 그러면서 그들은 이익이 될만한 "거래"를 하였던 것이다. 즉 "선교사들이 팔려는 물건은 사들이고자 했지만 선교사들이 거래하면서 몰래 감추어 놓은 조건은 받아들이지 않으려고"했던 것이다. 역사적 사실은 "서양의 지식을 수용하면서도 종교를 거절하는 게 가능할 뿐만

---

182. 陸丹林, 『革命史譚』(重慶: 獨立出版社, 1945), 105.

아니라, 전자가 후자를 반대하는 무기가 될 수 있음"[183]을 증명하고 있다. 이는 당시의 관계자들이 하나님 측에 대해서 "차가우면서"도 "뜨거울 수" 있었던 비결이었을 것이다. 20세기 이후에는 선교사들로부터 도움 받는 가치가 급속히 절하되었다. 이는 중국의 근대화가 약진하고 가속되고 있음을 반영하고 있다. 이로써 "용"중국의 내적 요인內因의 강화만이 결정적 의미를 갖고, 외적 힘外力의 자극선교사들로부터의 도움과 역할은 궁극적으로는 보조적 기능만을 할 수 있음을 확인하게 된다.

특별한 유전자

교회 측의 재중 문화사업과 문명적 행위, 시국의 필요에 도움을 주거나 참여함에 있어서 개신교의 활약과 모습은 천주교보다 매우 뛰어났다. 개신교 선교사들은 청말 하나님의 전선戰線에서 주인공의 역할을 하고 있었다.

일찍이 아편전쟁 이전부터 개신교 측이 매서운 기세로 중국에서의 선교활동을 몰아붙일 때 중국의 천주교도들은 여전히 마테오 리치 시대에 대한 향수에 젖어 교황청에 리치와 같은 "덕망과 재능이 뛰어나고 학문에 조예가 깊은" 인사들을 파송해 줄 것을 요청하였다. 이것만이 천주교를 널리 알리는 "유일한 지름길"이며 무한히 밝은 미래를 열게 된다고 하였다.[184] 그러나 리치는 끝내 다시 나타나지 않았다. 청말 몇십 년간 피비린내 나고 불타는 상황 속에서 오히려 천주교 선교사들의 야만적인 모습만 더 자주 눈에 띄었다.

개신교 세력도 동일한 식민주의 전장에 동원된 여러 병과 중 하나의 병과일 수밖에 없었는데 어떻게 동시에 세속적 "문명사업"을 경영하는 열정을 나타낼 수 있었을까? 어떻게 당시 중국에 있는 천주교 세력보다 "문명"적 자질이 더 높아 보였을까? 어떻게 서양 학문이 동양으로 전해

---

183. 費正淸 편, 『劍橋中國晚淸史』, 上卷, 634, 617. (원서명: John K. Fairbank ed., *The Cambridge History of China*, Volume 10, *Late Ch'ing 1800-1911*, Part 1.)

184. 史式徽, 『江南傳敎史』, 第1卷, 387-388. (원서명: J. De la Serviére, *Histoire de la Mission Du Kiang-Nan*.)

지는 과정에 운반자의 역할을 천주교보다 훨씬 잘 감당하였을까? 원인은 복합적이지만 그의 "유전자" 특성에 특히 주목할 만하다.

서방세계에서 오랫동안 진행된 종교개혁의 중요한 흐름 중 하나는 "거룩함에서 세상 속으로"이다. 개신교는 종교개혁의 산물이다. 아울러 개신교가 중국에 들어와 활동한 19세기는 서양의 문화와 사회가 몇백 년간의 질풍노도와 같은 개혁을 거치면서, 헌것은 타파하였지만 새것은 아직 다 세우지 못한 "단열"斷裂 상태였다. 유럽 민족은 벗어나야 할 정신적 공허함과 초조함에 갇혀 있었고 그 결과 종교적 열정이 다시 고조되었다. "종교 부흥"이 다시 나타나는 듯하였고, 이런 모습은 개신교에서 더 분명하였다. 결국 자본주의의 발전과 식민지 확장에 따라 해외 선교 사역도 함께 발전하게 되었고, 19세기는 기독교 확장의 이른바 "위대한 세기"[185]가 된 것이다.

16세기 유럽 종교개혁의 선구자 마틴 루터

이 시기 개신교의 부흥과 확장을 이끌고 추진한 인물들은 주로 비교적 높은 문화적 소양을 갖춘 새로운 타입의 지식인들이었다. 그들은 근대 이성주의의 영향을 받으며 자연과학과 인문과학의 발전에 대해서 개방적이었고 환영하는 태도를 보였을 뿐만 아니라 종교와 세속문화와의 관계를 조화시키려고 노력하였다. 즉 종교로 정신세계를 위무하고 세속문명을 흡수하여 종교에 활력을 불어넣으려고 노력하였다. 이에 개신교는 사회와 문화에 깊은 영향을 미치고, 종교의 시대적 개혁도 이뤄냈다. 이로써 개신교는 미증유의 풍성함과 참신성을 갖추

---

185. 미국학자 Latourette의 『基督教擴展史』, 제6권은 "위대한 세기: 1800-1914"로 제목을 달았다. (원서명: Kenneth Scott Latourette, *A History of The Expansion of Christianity*. Volume 6, *The Great Century: North Africa and Asia 1800 A.D. to 1914 A.D.*) 이곳에서 인용한 관련 내용의 출처는 李華興의 「他山之石, 可以攻玉--評『劍橋中國晚清史』」(『歷史研究』, 제4期, 1988년)이다.

고 사회생활의 각 영역에 동참하는 기능機能도 크게 강화되었다. 이러한 흐름 속에 해외 선교도 자연스레 같은 특징을 나타냈다. 그러나 보수적인 천주교는 이러한 면에서 훨씬 뒤쳐진 모습을 보였다.

19세기 중국에 온 많은 개신교 교단들을 살펴보면 절대다수는 19세기 초 신앙부흥운동의 산물이었다. 세속문화사업과 사회참여에 열중하는 성향이 매우 강했다. 이로 볼 때 청말 중국에 온 개신교 선교사들과 천주교 선교사들의 "문명" 간 수준의 격차는 결코 우연한 것이 아니었다.

물론 이럼에도 불구하고 이러한 "문명"도 결국은 식민정복의 한 방식일 뿐이었다. 19세기 말 미국 대통령에 취임한 윌리엄 매킨리William McKinley는 "선교사들은 문명의 개척자였다"라고 말한 적이 있다. 이 말의 의미는 해외 확장과 밀접하게 결합된 선교사들의 선교활동을 통해 정확히 해석된다. 그러나 어찌 되었든지 하나님의 사자들의 세속적 "문명"활동은 당시 용의 나라 중국에서 어느 정도의 조화를 이루어냈다. 그때의 중국과 서양의 문화융합文化融合은 이러한 내용적 측면에서 주로 실현되었던 것이다.

나가는 말

선통宣统 3년 8월19일(1911년 10월10일) 저녁, 무창기의武昌起義의 총성은 새 시대를 알리는 폭죽소리가 되었다. 82일 후, 즉 1912년 양력 설 저녁 손문孫文은 지세가 험준하다는 남경에서 중화민국 임시대총통에 취임하였다. 2월12일, 청나라 황제는 퇴위를 선포하였다. 남에서 북에 이르는 중국 대지 위에 공화共和를 상징하는 오색기五色旗가 날리며 청 왕조의 황룡기黃龍旗를 대신하였다.

이는 청 왕조의 멸망만이 아니라 2천여 년을 이어온 봉건황제체제의 종말을 고하는 것이었다. 용의 나라에겐 거대한 역사적 발전이 아닐 수 없다. 그러나 군벌 원세개袁世凱와 단기서段祺瑞 같은 자들이 혁명의 열매를 가로채므로 민족 독립과 인민의 민주를 쟁취하는 혁명 과업은 완성되지 못했다. 이에 용과 하나님의 관계구도에도 근본적인 변화가 일지 않았다. 다만 국제 및 중국 정세의 급격한 변화에 따라 용과 하나님의 관계사 활극活劇에도 새로운 장면과 줄거리가 등장하였다. 특히 언급할 만한 것은 용 측의 "비기독교운동"非基督敎運動과 하나님 측의 "토착화"운동이다.

비기독교운동은 정치적으로나 문화적으로 청나라 말기의 반양교운동에 비해 새로운 차원으로 발전하였다. 비기독교운동은 당시 활기차게 발전하는 민족해방운동의 중요 구성요소로서 중화민족의 강화된 반침략反侵略, 독립쟁취 의식을 드러냈다. 문화적 의미로는 신문화운동의 영향을 받은 사상·문화계와 온 민족은 문화에 대한 선별 의식과 능력이 눈에 띄게 강화되어, 서양의 "민주"와 "과학"은 열렬히 반기되 하나님이 그 자리를 대신하기를 원치 않았다. 비기독교운동은 외국 교회 세력에게 전에 없는 심각한 타격을 가하였다. 20세기 이래 교회 측의 중국에서의 복음사역의 "금빛 가을"은 잠깐 모습을 보이다 사라져 버리고 이내 한겨울의 위태로운 곤경에 빠지게 되었다.

교회 측의 토착화운동 취지는 중국 땅의 기독교회가 외국 수도회와 선교회파송단체의 "양육"을 벗어나 중국 국적의 성직자들이 교회를 주관하여 "양교"洋敎의 이름을 내리고 "중화"라는 간판을 다는 데 있다. 즉 이른바 "교회로 하여금 중국문화와 결혼하여 서양의 색채를 지워버리자"는 것이었다.

이 운동은 외국 교회 세력의 응급처치로서 동기로 말한다면 중국인을 무대 전면에 꼭두각시로 내세우고 자신들은 무대 뒤에서 제어함으로 사람들의 눈을 홀리고, 중국인민의 각성으로 생성된 혐오감과 반양교 정서를 완화시키려는 것이었다. 또한 중국인의 마음 속에 하나님에 대한 매력을 높여 날로 고취되는 중국인의 민족의식을 그리스도를 위해 쓰이도록 하는 것이었다. 의심할 바 없는 "전진을 위한 후퇴" 전략인 것이다.

로마의 성 베드로 대성당

이는 외국 교회 세력이 위기와 곤경에 처한 결과로 양보하지 않을 수 없었다. 나아가 주관적 의도와는 달리 객관적 결과는 점점 더 많은 중국인이 성직을 담당하게 되고, 교회 운영에 참여하였으며 그들 대다수는 애국적이었다. 그들은 쟁취를 통해 교회에서의 실질적 지위가 계속 향상되었다. 중국 땅에 외국인에 의해 교회가 제어되는 상황은 더 이상 존재하지 않게 되었다. 이는 기독교가 중국에서 정상적으로 발전하는데 기초가 되었고 기본 패러다임이 되었다.

물론 이로써 사태에 마침표를 찍은 것은 아니다. 시국은 끊임없이 변화하였고 용과 하나님 양측 모두는 새로운 대응을 끊임없이 이어갔다. 이제 잠시 발걸음을 멈추고 용과 하나님의 관계사를 되돌아보면 이러한 결론을 내릴 수 있지 않을까 싶다.

--- 문화적 품격에서 본다면 용과 하나님은 각자의 특성을 지녔다. 범세계적 문화교류의 진전으로 양측의 만남은 필연적이었다. 그러나 "혈액형"의 차이로 완전한 소통을 이루거나 친화적일 수 없었으며, 상호 배척은 본능적이었다. 하나님이 용의 나라에 정착하기 위해서는 진정한 토착화과정을 거칠 수밖에 없다.

--- 하나님은 특정 여건에서 세속문화를 매개/운반하는 역할을 담당하기도 한다. 용의 나라에게 이런 역할은 하나님의 종교성 자체보다 더 적극적 의미가 있었다. 또한 바로 이런 면에서 비교적 화목한 분위기를 이끌어내고 강한 역량도 나타냈다. 특히 개몽적 의미의 근대과학문화를 용 측에게 매개할 때는 더욱 그러하였다.

--- 정치적 요소는 용과 하나님의 관계사에 시종 중요한 제약적 기능으로 작용했다. 아편전쟁 이후엔 더더욱 특이한 상황을 만들었다. "선교"는 식민침략의 도구로 상당히 전락되어 용 측에 심각한 손상을 입혔다. 문화적 의미에 있어서의 하나님에게도 이는 일종의 모독이었다. 청말 중국과 외국 간의 문화교류는 불평등한 여건 속에서 진행되어 심각한 왜곡 현상을 나타냈다. 양측의 정상적인 문화교류를 실현하기 위해서는 평등한 정치관계가 조성되어 교류의 든든한 버팀목이 되어야 한다.

--- 종교왕국 안에 있는 하나님에 대해서 용의 후예들, 즉 중국인들은 한편으론 전통적 낯선 느낌을 갖고 있었으며 여러 특별한 요인들로 인해 하나님에 대한 저항감이 더욱 가중되었다. 다른 한편으로 중국인들은 회피할 수 없는 접촉의 과정을 통해 하나님에 대한 이해와 인식이 끊임없이 깊어졌고, 하나님을 믿는 자의 절대적 수도 계속 증가하였다. 이는 인류의 종교신앙에는 문화적, 정치적, 지역적, 민족적 또는 그 외 어떤 것으로도 넘을 수 없는 절대적 성역이 존재하지 않는다는 것을 입증하고 있다.

주요 참고문헌

阮元 校刻.『十三經註疏』. 北京: 中華書局, 1980 影印本.
朱熹.『四書集注』. 長沙: 嶽麓書社, 1987 標點本.
『新舊約全書』. 北京: 中國基督教協會、中國基督教三自愛國運動委員會, 1988.
『資治通鑑』. 北京: 古籍出版社, 1956 標點本.
『唐會要』. 北京: 中華書局, 1955 標點本.
『全唐文』. 北京: 中華書局, 1983 影印本.
『元史』. 北京: 中華書局, 1976 標點本.
『明史』. 北京: 中華書局, 1974 標點本.
谷應泰.『明史紀事本末』. 北京: 中華書局, 1977 標點本.
『清實錄』. 北京: 中華書局 影印本.
[法]樊國梁 撰.『燕京開敎略』. 淸光緖三十年北京救世堂鉛印本. (원서명: Favier, Pierre Marie Alphonse. *Péking: Histoire et Description*)
[英]阿·克·穆爾.『一五五〇年前的中國基督敎史』, 北京: 中華書局, 1984 中譯本. (원서명: Moule, A. C. *Christians in China Before the Year 1550*)
『柏朗嘉賓蒙古行紀·魯布魯克東行紀』. 北京: 中華書局1985年中譯本。(원서명: Giovanni. *Ystoria Mongalorum*; Guillaume de Rubrouck. *Itinerarium Fratris Willielmi de Rubruquis de ordinefratrum Minorum, Galli, Anno gratiae 1253 ad partes Orientales*. 영문명: Rubruck, William. *The Journey of William of Rubruck to the Eastern Parts of the World 1253-55*)

張星烺.『中西交通史料滙編』. 輔仁大學1930年刊本; 中華書局, 1977 整理本.

[意]利瑪竇、[法]金尼閣.『利瑪竇中國劄記』. 北京: 中華書局, 1983 中譯本. (영문명: Ricci, Matteo and Trigault, Nicolas. *China in the Sixteenth Century: the Journals of Matthew Ricci: 1583-1610*)

徐昌治 輯.『破邪集』. 北京圖書館藏 陳垣先生遺本.

王重民 輯校.『徐光啓集』. 上海: 上海古籍出版社, 1984.

楊光先.『不得已』. 中州, 1929 影印本.

陳垣 輯錄.『康熙與羅馬使節關係文書』. 北平: 故宮博物院, 1932 影印本.

康熙帝玄燁.『庭訓格言』. 光緒二十三年刻本.

徐宗澤 編著.『明清間耶穌會士譯著提要』. 北京: 中華書局, 1989 影印本.

『教務教案檔』. 臺北: 臺灣"中央研究院"近代史研究所編、刊.

『籌辦夷務始末·咸豐朝』. 北京: 中華書局, 1979.

『籌辦夷務始末·同治朝』. 北平: 故宮博物院, 1930 影印本.

『清季外交史料·光緒朝』. 北平: 本書編纂處, 1931 鉛印本.

王鐵崖 編.『中外舊約章滙編』. 北京: 三聯書店, 1957.

王明倫 選編.『反洋教書文揭帖選』. 濟南: 齊魯書社, 1984.

[法]史式徽.『江南傳教史』. 上海: 上海譯文出版社, 1983 中譯本. (원서명: J. De la Serviére. *Histoire de la Mission Du Kiang-Nan*)

李剛已 等撰.『教務紀略』. 南洋官報局, 光緒三十一年刻本.

天下第一傷心人.『闢邪紀實』. 清同治十年重刻本.

[德]花之安.『自西徂東』. 上海廣學會, 1899 印本. (영문명: *Civilization: A Fruit of Christianity* 또는 *Civilization: China and Christian*)

[英]宓克.『支那教案論』. 南洋公學譯書院 鉛印中譯本. (원서명: Alexander Michie. *Missionaries in China*)

『曾國藩全集·詩文』. 長沙: 嶽麓書社, 1986.

『李文忠全書』. 光緒末 金陵刻本.

『張文襄公全集』. 北平: 文華齋, 民國十七年刊本.

『養知書屋文集』. 光緒十八年刊本.
湯志鈞 編.『康有爲政論集』. 北京: 中華書局, 1981.
湯志鈞 編.『章太炎政論集』. 北京: 中華書局, 1977.
夏東元 編.『鄭觀應集』. 上海: 上海人民出版社, 1982.
『中國近代史資料叢刊·太平天國』. 上海: 上海人民出版社, 1957.
『太平天國印書』. 南京: 江蘇人民出版社, 1979.
金毓黻 等編.『太平天國史料』. 北京: 中華書局, 1955.
『太平天國文書匯編』. 北京: 中華書局, 1979.
『中國近代史資料叢刊·義和團』. 上海: 上海人民出版社, 1957.
王治心.『中國基督教史綱』. 臺北: 文海出版社 近代中國史料叢刊本.
王治心.『中國宗教思想史大綱』. 上海: 中華書局, 1933.
徐宗澤.『中國天主教傳教史概論』. 上海: 聖教雜誌社, 1938.
羅香林.『唐元二代之景教』. 香港: 中國學社, 1966.
『陳垣史學論著選』. 上海: 上海人民出版社, 1981.
方豪.『中國天主教史人物傳』. 北京: 中華書局, 1988 影印本.
查時傑.『中國基督教人物小傳』(上卷). 臺北: 中華福音神學院出版社, 1983.
[法]J·謝和耐.『中國文化與基督教的衝撞』. 瀋陽: 遼寧人民出版社, 1989 中譯本. (원서명: Gernet, Jacques. *Chine et christianisme*, 영문명: *China and the Christian Impact: a Conflict of Cultures*)
秦家懿、孔漢思.『中國宗教與基督教』. 香港: 三聯書店(香港)有限公司, 1989 中譯本.
王文傑.『中國近代史上的教案』. 福州: 福建協和大學中國文化研究會, 1947.
[英]詹姆士·里德.『基督的人生觀』. 北京: 三聯書店, 1989 中譯本. (원서명: Reid, James. *Facing Life with Christ*)
楊森富.『中國基督教史』. 臺北: 臺灣商務印書館, 1968.

楊真.『基督教史綱』. 北京: 三聯書店, 1979.

張維華.『明淸之際中西關係簡史』. 濟南: 齊魯書社, 1987.

[美]馬士.『中華帝國對外關係史』. 北京: 三聯書店, 1957、1958年版 第一、二卷中譯本, 商務印書館, 1960 第3卷 中譯本. (원서명: Morse, Hosea Ballou. *The International Relations of the Chinese Empire*)

[美]泰勒·丹涅特.『美國人在東亞』. 北京: 商務印書館, 1959 中譯本. (원서명: Dennett, Tyler. *Americans in Eastern Asia*)

[美]威羅貝.『外人在華特權和利益』. 北京: 三聯書店, 1957 中譯本. (원서명: Willoughby, Westel W. *Foreign Rights and Interests in China*)

周一良 主編.『中外文化交流史』. 鄭州: 河南人民出版社, 1987.

[美]費正清 編.『劍橋中國晚淸史』. 北京: 中國社會科學出版社, 1985 中譯本. (원서명: Fairbank, John K. ed. *The Cambridge History of China*, Volume 10, *Late Ch'ing 1800-1911*)

馮作民 編著.『西洋全史』. 臺北: 臺灣燕京文化事業有限公司出版.

[英]李約瑟.『中國科學技術史』. 北京: 科學出版社 中譯本. (원서명: Needham, Joseph. *Science and Civilisation in China*)

顧長聲.『傳敎士與近代中國』. 上海: 上海人民出版社, 1981年版 1983年第二次印刷本.

顧長聲.『從馬禮遜到司徒雷登--來華新敎傳敎士評傳』. 上海: 上海人民出版社, 1986.

張力、劉鑒唐.『中國敎案史』. 成都: 四川省社會科學院出版社, 1987.

張綏.『東正敎和東正敎在中國』. 上海: 學林出版社, 1986.

方漢奇.『中國近代報刊史』. 太原: 山西人民出版社, 1981.

鍾叔河.『走向世界』. 北京: 中華書局, 1986.

부록: 삽화 출처

『中國大百科全書·中國歷史』. 北京: 中國大百科全書出版社, 1992.

『中國大百科全書·宗教』. 北京: 中國大百科全書出版社, 1988.

熊月之.『西學東漸與晩淸社會』. 上海: 上海人民出版社, 1994.

張力、劉鑒唐.『中國敎案史』. 成都: 四川省社會科學院出版社, 1987.

劉志琴 主編.『近代中國社會文化變遷錄』. 杭州: 浙江人民出版社, 1991.

趙健莉 編著.『庚子之變圖志』. 濟南: 山東畵報出版社, 2000.

『老天津』. 南京: 江蘇美術出版社, 1998.

顧衛民.『基督敎與近代中國社會』. 上海: 上海人民出版社, 1996.

余三樂.『早期西方傳敎士與北京』. 北京: 北京出版社, 2001.

蘇萍.『謠言與近代敎案』. 上海: 上海遠東出版社, 2001.

閔傑.『戊戌風雲』. 上海: 上海書店出版社, 1998.

朱漢國 主編.『普通高中課程標準實驗敎科書·歷史』第三冊. 北京: 人民出版社 樣書.

『馬可波羅遊記』. 福州: 福建社會科學技術出版社, 1981 中譯本.

『徐光啓集』. 上海: 上海古籍出版社, 1984.

『利瑪竇中國札記』. 北京: 中華書局, 1983.

〔日〕平川祐弘.『利瑪竇傳』. 北京: 光明日報出版社, 1999 中譯本.

李蘭琴.『湯若望傳』. 北京: 東方出版社, 1995.

『曾國藩全集·奏稿』(一). 長沙: 岳麓書社, 1987.

蘇雙碧.『洪秀全傳』. 北京: 大地出版社, 1989.

山曼.『八仙信仰』. 北京: 書苑出版社, 1994.

〔英〕吉伯特·威爾士·亨利·諾曼.『龍旗下的臣民』. 北京: 光明日報出

版社, 2000 中譯本.

〔美〕E. A. 羅斯.『變化中的中國人』. 北京: 時事出版社, 1998 中譯本.

〔葡〕費爾南·門德斯·平拓 等.『葡萄牙人在華見聞錄』. 澳門文化司署、東方葡萄牙學會、海南出版社、三環出版社, 1998 中譯本.

劉素麗 等主編.『世界美術名家名作·傳世名畫』(四). 烏魯木齊: 新疆青少年出版社, 1999.

滕德永 編著.『文化之源·曲阜』. 呼和浩特: 遠方出版社, 2004.

『聖經小百科』. 臺北: 臺灣貓頭鷹出版社, 1997.

(翻拍技術操作 董雲中)

용龍과 하나님上帝
기독교와 중국전통문화

2021. 2. 26 초판 발행
저　자 ● 동총림
역　자 ● 우심화
만든이 ● 최순환
만든곳 ● 도서출판 모리슨
등　록 ● 제 22-2116호(1998. 12. 17)
주　소 ● 경기도 여주시 대신면 윤촌2길 29-2
전　화 ● 031-881-4935, 010-2354-4935
E-mail ● morisoon@hanmail.net
ISBN ● 979-11-91498-00-4 03230

값 18,000원